アメリカで遊学・永住権ガイド

学ぶ・働く・結婚する

AMERICA

山本美知子
YAMAMOTO MICHIKO
グローバルJネットワーク

亜紀書房

はじめに

この本は、アメリカ渡航を考えている人にぜひ読んでもらいたい一冊です。

その動機には、

・ニューヨークの摩天楼が見たい
・グランドキャニオンに沈む夕陽を見てみたい
・アメリカでホームステイをしてみたい
・異文化体験をしながら英語を勉強したい

という素朴なものから、

・カレッジや大学で勉強して学位をとりたい
・アメリカで働いてキャリアアップしたい
・国際結婚をして彼（彼女）と一緒に暮らしたい
・永住権を取得して新たな人生を始めたい

という目的がはっきりしたものまで、いろいろあることでしょう。

素朴な憧れであれ、目的がはっきりしたものであれ、「行きたい！」という内なる声に耳を傾けるのは、大切なことだと思います。

海外渡航や留学関連のほとんどの本が「海外に行くなら、目的意識を持って臨みましょう」とアドバイスしています。これは正論なのですが、正論すぎて面白くもなんともありません。そんなことは、読者の皆さんだって十二分にわかっていることでしょう。

アメリカに行く動機が〝物見遊山〟的なものであったとしても、あとの人生の核になるようなエネルギーの素を見つけられたら、それでいいのではないでしょうか。そんな気持ちもあって、本書では「遊学」したい人から「永住」したい人まで広範囲の読者の方々を対象に、ノービザを含めた渡航ビザやグリーンカードについて解説しています。

アメリカ遊学とアメリカ永住の間には、それほどの違いはありません。「永住権」と言えば「移民」という言葉を連想し、〝悲壮〟な決心をして海を越えていく日本人を思い浮かべますが、それはかつてのイメージです。今では、永住権はアメリカで合法的に生活するための権利、労働するための権利として考えられていて、「永住するかどうかの結論は出ていないけど、とりあえずアメリカで働きたいから永住権をとろう」という考えの人が、多く申請しています。

本書では学生ビザや就労ビザのことだけでなく、仕事や結婚を通して永住権を申請する方法や抽選永住権についても詳しく解説していますので、参考にしてください。

本書は１９９４年発行の『アメリカ遊学から永住権までＱ＆Ａ１００』を土台にして大幅に加筆・修正した『アメリカ渡航応援ＢＯＯＫ』（２００５年発行）をさらに加筆・修正してデータを更新し、題名を『アメリカで遊学・永住権ガイド』と変えて、発行したものです。本書が約15年にわたって、アメリカ渡航を考える人にとってのロングセラー本となり、題名も含めて何度も改訂されていることは、このうえない喜びです。渡米を計画している人は、本書の他に、亜紀書房のアメリカ実用シリーズ『充実新版 アメリカで働くためのＱ＆Ａ１００』『新版 アメリカ暮らし すぐに使える常識集』『アメリカで結婚・出産・子育ての安心ガイド』もあわせてお読みください。

本書はできるかぎり新しい情報を盛り込むようにしていますが、ビザ申請の手続きは頻繁に改訂されますので、インターネットで再確認したり各機関に問い合わせるなどして、常に最新情報を得るように心がけてください。

もっと他に情報がほしい、個別に相談に乗ってほしいという読者の方々のために、「グローバルＪネットワーク」は会員制をとっていて、隔月で機関誌を発行しています。また、自分でビザを申請したい人は、グローバルＪネットワーク発行のマニュアル『学生ビザ申請マニュアル』『就労・渡航ビザ申請マニュアル』『婚約・結婚による永住権申請マニュアル』をお読みください。内容や入手方法については、巻末の資料を参照してください。

２００９年８月

グローバルＪネットワーク

代表　山本美知子

アメリカで遊学・永住権ガイド　目次

PART 1　ビザと永住権

PART 2 各種教育機関の選び方

頑張って卒業しよう!

PART 3　抽選永住権の応募方法

PART 4　アメリカで仕事をするときの必須事項

PART 5　仕事を通した永住権取得法

PART 6　アメリカで結婚するときの必須事項

板さんは引っぱりだこだよ

PART 7 結婚・家族を通した永住権取得法

PART 8 各種ビザの申請法

DATA　各種手続きに関する資料

PART 1

ビザと永住権

まず初めに、あなたは何日くらいアメリカに滞在したいと思っていますか？　90日以内なら、ビザなしで入国できます。それ以上なら、渡航ビザを取得します。でも9.11テロ以降、入国・滞在の取り締まりが厳しくなってきています。ここでは、無事に入国する方法、入国してからの注意点についてレクチャーします。

01

まずはビザについて知ろう

非移民ビザと移民ビザ（永住権）

アメリカに行くには、観光、留学、就労、永住などその渡航目的に応じて**ビザ**（査証）を申請する必要があります。アメリカのビザには大きく分けて、「**移民ビザ**（Immigrant Visa）」と「**非移民ビザ**（Nonimmigrant Visa）」の2種類があります。非移民ビザはAからRまでの種類があり、それぞれ番号で分類されています（２４６～２４７頁参照）。

これとは別に**ビザ免除プログラム**（Visa Waiver Program）があり、アメリカが認めている35カ国の国民は、90日以内の観光・商用を目的とする渡航であれば、ビザがなくても入国することができます。日本は35カ国のうちのひとつなので、**ノービザ渡航**が可能です（20頁参照）。

■移民ビザ

移民ビザは**永住権**とも言われ、アメリカに永住することを許可するビザです。

定められた**書類の提出**と**面接審査**の後、提出した必要書類がA４サイズ相当の封筒に密封された状態で返されます。この書類そのものが移民ビザと呼ばれるもので、アメリカに入国して最初に訪れた空港で、これを入国審査官に提出します。

婚姻ビザ（Kビザ）は分類としては非移民ビザとなっていますが、実質的には移民ビザと同じ扱いです。入国後90日以内に滞在資格をKビザから永住者へと切り替えることを条件に、ビザが発給されるからです。

■非移民ビザ

非移民ビザは**一定期間のみアメリカに滞在**することを許可するビザで、「アメリカでの滞在が一時的で、申請者が帰国すること」を前提として発給されます。

非移民ビザには大きく分けて、通学を許可する**学生ビ**

ザと就労を許可する**就労ビザ**があります。

留学で渡航する場合は、移民局に外国人留学生の受け入れを認められている教育機関から**入学許可証**（I－20）を発行してもらって、学生ビザを申請します。

仕事で渡航する場合は、雇用主にスポンサーになってもらうか、書類を作成してもらって、就労ビザを申請します。就労ビザによってはアメリカの労働局や移民局に請願をして許可が下りてからでないと、申請できないものもあります。


性別・年齢別にみる日本人渡米者の数（2008 年）

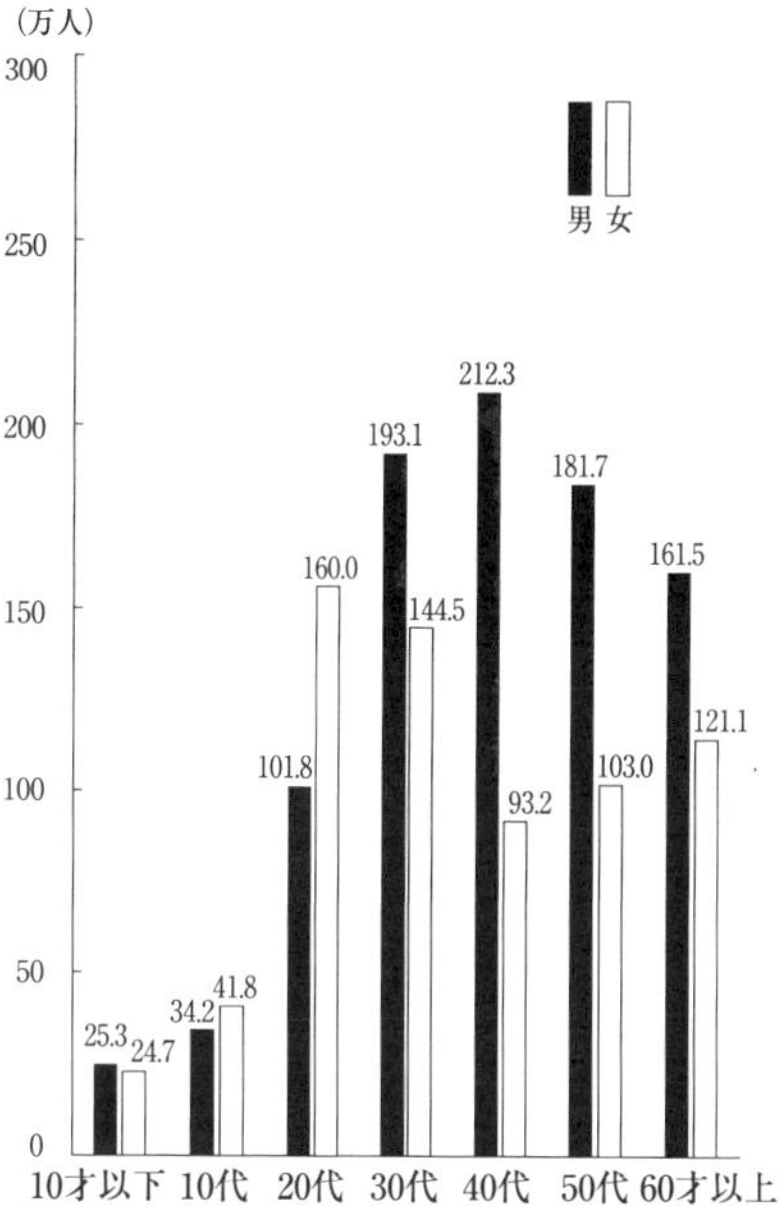

【注】『出入国管理統計年表』の資料より作図。

非移民ビザ保持者の**配偶者**と21歳未満の**未婚の子供**にはビザが発給されます（BビザとQビザは例外）。ビザの種類によっては、移民局に申請すれば、配偶者が働ける場合もあります（２４６～２４７頁参照）。

■非移民ビザの発給と却下

非移民ビザが発給されると、パスポートにシールが貼られ、氏名、生年月日、ビザの種類、有効期限、就労や通学の受入機関などが記載されます。

非移民ビザの申請が却下されると、パスポートのページに、Application Received と書かれた文字と日付が記入されます。いったん申請が却下されると、その後、ビザ免除プログラムを利用してのノービザ渡航が難しくなるため、たとえ数日間の渡航でも観光や商用ビザの申請が必要となってきます。

ビザが却下される理由のほとんどは、「日本とのつながりが薄く、アメリカに長期滞在しようとしていて、短期間のうちに日本に戻る意志がない」といったものです。

ビザが却下されたことに対して納得がいかない場合は、再申請をすることができます。ただし、却下の理由を翻すことのできる書類の提出が必要です。

02

ビザ免除プログラム

短期間ならノービザ渡航

■ノービザ渡航

「ビザ免除プログラム（Visa Waiver Program）」が認められた**35カ国**（左頁囲み参照）の国民は、**90日未満の観光・商用を目的とする渡航**であれば、ビザがなくてもアメリカに入国できます。

アジアでビザが免除されている国は日本、韓国、シンガポール、ブルネイの4カ国です。日本人のビザ免除が実施されたのは１９８８年12月16日からです。

カナダやメキシコから陸路でアメリカに入国する際にもビザ免除プログラムが適用されます。

■適用を受けるには

ビザ免除の適用を受けるには、**有効なＩＣチップが搭載されたパスポート**と**往復チケット**もしくは**次の目的地へのチケット**を持っていることが条件となっています。

また、電子渡航認証システム（ESTA:Electronic System for Travel Authorization）にオンライン登録をして、渡米前に認証を受けていなくてはなりません。ＩＣチップ搭載のパスポートやＥＳＴＡについては、24～25頁を参照してください。

ビザ免除で入国した場合、アメリカ国内で滞在期間の延長や在留資格の変更をすることはできません。

■ノービザ渡航ができない場合

次のような渡航者は、ビザ免除プログラムでの入国は認められていませんので、短期間の観光・商用渡航でも観光ビザ・商用ビザ（22～23頁参照）を申請する必要があります。

・かつて入国拒否にあった人
・オーバーステイしたことのある人
・強制送還されたことのある人
・重大な伝染病を患っている人

・有罪判決の可否にかかわらず逮捕歴のある人
・犯罪記録（恩赦や大赦などの法的措置がとられた場合も含む）のある人
・パスポートの紛失、盗難の報告をしたことがある人

また、かつてビザを申請して却下された人は、入国が難しくなるので観光ビザを申請したほうがいいでしょう。

■取り調べに備えて

アメリカに**何回も出入りしている人**や、1回の滞在が**1カ月以上の長期にわたる人**は、別の場所で取り調べを受けることがあります。

もし取り調べを受けそうになったときは、以下の書類（英文）を提示するといいでしょう。日本語の書類には、英文の翻訳を添付してください。

・旅行日程表
・銀行の残高証明書
・日本での身分を証明する書類（在学証明書、在職証明書、休暇証明書、配偶者の渡航同意書など）

これらの書類は別の場所で取り調べを受けそうになったときに提示すればよく、最初から見せる必要はありません。

■滞在中に外国旅行する場合

ビザ免除で滞在している間に隣国のカナダやメキシコに短期旅行をする場合、90日の滞在の中に挟み込むという形で日数をカウントされます。

たとえば、アメリカ滞在60日目からカナダへ10日間旅行してアメリカへ再入国したとしても、2回目のアメリカ滞在1日目になるのではなく、1回目の滞在の71日目とみなされます。

したがって、90日滞在したあと、カナダへ数日間旅行して、アメリカに再入国しようとしても、滞在日数分をすべて消化したとみなされ、新たな入国を認めてくれないので注意が必要です。

ビザ免除プログラム参加国（35カ国）

アンドラ、オーストラリア、オーストリア、ベルギー、ブルネイ、デンマーク、フィンランド、フランス、ドイツ、アイスランド、アイルランド、イタリア、韓国、日本、リヒテンシュタイン、ルクセンブルグ、モナコ、オランダ、ニュージーランド、ノルウェイ、ポルトガル、サンマリノ、シンガポール、スロベニア、スペイン、スウェーデン、スイス、英国、チェコ、エストニア、ハンガリー、ラトビア、リトアニア、スロバキア、マルタ

03

長めに滞在する必要があれば……

観光ビザと商用ビザ

■長期間滞在できる観光・商用ビザ

ノービザ渡航の場合、90日未満しか滞在できませんが、「観光ビザ（B－2）」や「商用ビザ（B－1）」が発給されると**90日以上滞在することができ**、滞在期間の延長も可能です。

ただし、日本人にはビザ免除が適用されているため、**長期滞在を納得してもらえるだけの理由**がないかぎり、観光・商用ビザは発給されないのが現状です。

しかし、かつてアメリカへの入国拒否にあった人やビザの申請が却下された人は、再び入国拒否される可能性が高いので、たとえ90日以内の滞在でもBビザを申請したほうがいいでしょう。

■観光ビザとは

「観光ビザ（B－2）」を申請するには、次のいずれかの理由が必要です。

・親族や知り合いの家に子供が生まれて、**ベビーシッター**を頼まれている（その家族が書いた手紙が必要）。
・**病人の世話**を頼まれている（その病人が書いた手紙と医師の診断書が必要）。
・病気や怪我の**治療**を受ける（日米双方の医師が書いた手紙や診断書が必要）。
・州政府から認可された団体で**ボランティア**をする（団体からの受け入れを認める手紙が必要）。
・**通学**したい学校があるが、学生ビザの申請に必要なI－20を発行してくれないので、観光ビザを申請する（学校からの手紙が必要）。
・**研修**を受け入れてくれる機関があるが、Jビザ申請に必要なDS－２０１９を発行してくれないので、観光ビザを申請する（受入機関からの手紙が必要）。
・就労ビザで赴任する**息子・娘夫婦についていく**（息子・娘の手紙が必要）。

・観光ビザや商用ビザで渡航する**家族に付き添って**渡航する（メインとなる家族と一緒に申請すれば、申請者本人の手紙だけでOK）。

■商用ビザとは

「商用ビザ（B－1）」は、ビジネスビザとも呼ばれています。ビザを申請するには、次のいずれかの理由が必要です。また、滞在期間中の給料が日本にある会社から支払われることが条件となっています。

・取引、商談、買い付け、マーケットリサーチを行う。

・日本の支社をアメリカに設立するための準備をする。

・会合やセミナーに出席する。

ビザを申請する際、日本の会社に、渡航理由、滞在期間、給料の保証などを綴った手紙を書いてもらいます。

永住を許可するグリーンカード

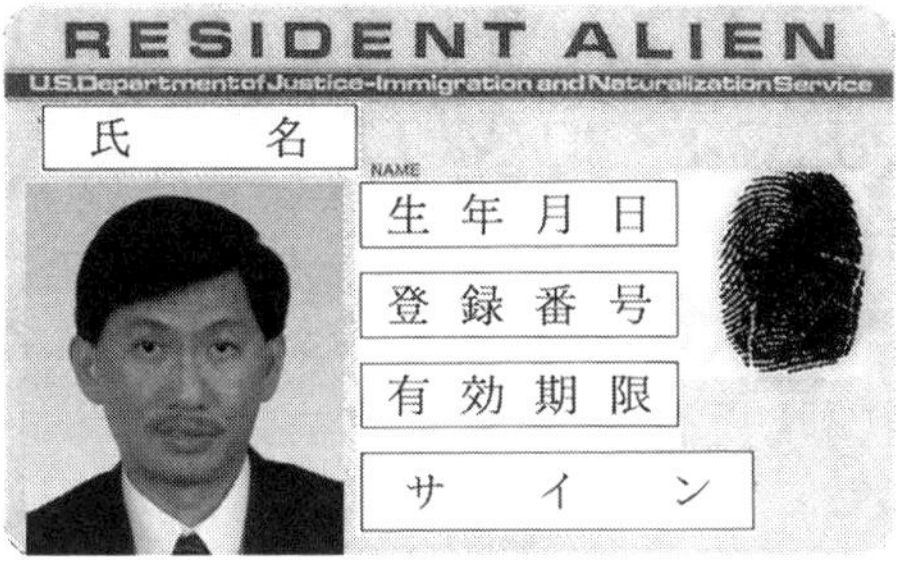

【注】かつては斜め横向きの顔写真だったが、2004年8月以降、正面向きに変更された。

■テロ事件以降変更あり

2001年の9・11同時多発テロ事件が起こるまで、Bビザ保持者は最初の入国時に6カ月の滞在許可が認められていました。しかしテロ事件以降、特別な理由がないかぎり、**入国時に許可される滞在期限は1カ月**となりました。

また、以前は入国後に滞在資格を変更することができましたが、テロ事件以降は、あらかじめ入国時に許可を得ていないかぎり、変更できなくなりました。

日本人の場合、しかるべき理由があれば、今まで通り6カ月の滞在を認められることが多いようですが、すべては入国係官の自由裁量にかかっています。

04

テロ事件以降、出入国の取り締まり強化

出入国管理のコンピューターシステム

■「US - VISIT」

国土安全保障省が開発したＵＳ－ＶＩＳＩＴ（U.S. Visitor and Immigrant Status Indicator Technology）は、アメリカへの外国人入国者の顔写真や指紋をコンピューターに記録して出入国を一元管理する外国人登録システムです。アメリカ国民と訪問者の安全向上、合法的な旅行・通商の迅速化、完璧な出入国システムの確保を目標とし、アメリカ訪問者のプライバシー保護にも注意が払われています。

ＵＳ－ＶＩＳＩＴは、２００４年1月から非移民ビザを保持する入国者に対して、同年9月末からはノービザ渡航者に対して実施されています。

■入国時の写真撮影と指紋採取

アメリカを訪れた外国人入国者は、入国時に**写真撮影**と**指紋採取**を受けます（外交官、13歳以下、80歳以上、カナダ人、メキシコ人は除外）。

該当者は左右の人差し指をガラス板に置き、カメラに顔を向けることを求められます。指紋はインクを使用しない新型指紋スキャナーが使用され、２つの指紋が電子的に記録されます。

これらは15〜20秒間で記録され、採取された情報は、テロリストのデータベースなどで照合されます。

■「ESTA」

国土安全保障省が開発したＥＳＴＡ（Electronic System for Travel Authorization）は、ノービザ渡航者の個人情報をコンピューターに記録する電子渡航認証システムです。

ビザ免除プログラムが認められている国のノービザ渡航者は、渡航前にオンラインで事前に登録をして、認証を受ける必要があります。事前登録をしないと、入国の

際にトラブルとなるので、注意が必要です。

ＥＳＴＡは、２００９年1月から、実施されています。

〈オンライン登録へのウェブサイト〉

http://japan.usembassy.gov/j/visa/tvisaj-esta2008.html

■ICチップ搭載のパスポート

アメリカ政府は、ビザ免除プログラム参加国に対し、ＩＣチップ搭載のパスポートを所持することを要求しています。

ただし、日本など古くからビザ免除が認められている国の国民は、パスポートが２００６年10月26日以前に発行されたものであれば、ＩＣチップが搭載されていなくてもかまいません。

韓国など２００８年末からビザ免除が認められるようになった国の国民は、必ずＩＣチップ搭載のパスポートを所持している必要があります。もし搭載されていない場合は、新しいパスポートを取得するか、ビザを申請する必要があります。

■出国時の指紋採取

出国時のチェックも２００４年から実施されています。国際空港・海港に自動のセルフサービスコーナーが設置されていて、該当者はそこで**渡航文書の読み取り**と、**指紋採取**（インクを使用しない装置）を受けます。ここには係員がいて、わからなければ手助けしてくれます。

このように訪問者の出国が確認され、不法滞在の有無がチェックされます。この記録は今後のアメリカ再入国の際、入国審査の参考資料となります。

■不法滞在

不法滞在者はＵＳ‐ＶＩＳＩＴに記録されます。

移民法では**6カ月以上不法滞在**をした場合は**3年間の再入国禁止**、**1年以上不法滞在**をした場合は**10年間の再入国禁止**となっています。

法律では特に定められていませんが、たとえ6カ月未満の不法滞在でも、再入国が認められないことがほとんどです。

05
パスポートと同じくらい大事な書類
I－94（滞在許可証）

■2つの入国審査ブース

アメリカへ入国すると、最初の入国地で入国審査を受けます。

入国審査のブースは、大きく分けて「アメリカ市民・永住権保持者用」と「非移民ビザ保持者・ノービザ渡航者用」の2つです。

後者のブースで入国審査を受けるためには、「I－94」と呼ばれる**滞在許可証**に記入して提出します（29頁資料参照）。入国審査官が、I－94に滞在期間を記入して、パスポートにホッチキスでとめてくれます。I－94は大事な書類ですので、出国の日までパスポートと一緒に大事に保管しましょう。

■I－94の記載項目

I－94の用紙は、アメリカに向かう飛行機の中で配られます。**非移民ビザ保持者**には**白色の「I－94」**が、**ノービザ渡航者**には**緑色の「I－94W」**が配られます。永住権保持者は、I－94を提出する必要はありません。

I－94の記載項目としては、「氏名」「生年月日」「国籍」「性別」「パスポート番号」「航空機便名」「居住国」「搭乗地」「アメリカ滞在先の住所」があります。

この他に非移民ビザ保持者に対しては、「査証発行地」「査証発行日」の項目もあります。

ノービザ渡航者の場合、「アメリカ滞在先の住所」にホテル名を記入すれば、住所を書く必要はありません。予約していなくても、問題ありません。

■ノービザ渡航者への質問項目

I－94とI－94Wは、表面はほぼ同じですが、裏面はかなり違っています。ノービザ渡航者の場合、I－94Wの裏面にある以下のような質問に対しイエス・ノーで答えなければなりません。

A．伝染病、精神病、麻薬患者か。

B．破廉恥罪を含む犯罪あるいは規制薬物に関する違反を犯して逮捕されたり、複数の犯罪を犯して合計5年以上の禁固宣告を受けたことがあるか。

C．スパイ、テロ活動に関係したことがあるか。

D．アメリカで働くつもりか。国外退去、強制送還されたことがあるか。虚偽申告によって、ビザ取得や入国をしたことがあるか。

E．親権を与えられているアメリカ市民から、その被親権者を拘束したことがあるか。

F．ビザ申請の却下、ビザ取り消し、入国拒否をされたことがあるか。

G．追訴の免除を主張したことがあるか。

ノービザ渡航者はこれらの質問に答えたあとに、氏名、国籍、生年月日、日付を記入して署名をします。非移民ビザ保持者のI－94には、このような質問項目や署名の欄はありません。

■署名の意味

入国審査官は入国の可否、滞在期限の決定に関して自由裁量権を持っています。ノービザ渡航者に署名させるのは、**入国審査官の判断に全面的に従わせ、その判断に対する抗議を放棄させる**ための意味合いがあります。

I－94Wには「権利の放棄」について、以下のように記載されています。

「私は私の入国許可の可否についての入国審査官の決定に対する再審理のいかなる権利または抗議のいかなる権利をも、また亡命の申請事由を除き強制退去に対し抗議するいかなる権利をもここに放棄します」

つまり、ノービザ渡航者は入国審査官が決定する入国の可否に対して、抗議の余地がないことになります。

■出国時にI－94を返納

出国するときにI－94は回収され、移民局に報告されます。

回収するのは、航空会社や船会社のスタッフです。そのため、オーバーステイしたとしても、出国できなかったり罰金を支払わされたりといったことはありませんが、オーバーステイをしていれば、そのデータが記録され、次回の再入国の際に入国を拒否されることになります。

06

うっかり返しそびれることもある

回収忘れのI－94を返納するには

■I－94の回収

アメリカを出国するときに、I－94（滞在許可証）が回収されます。船舶、飛行機で出国する場合は、当該会社のスタッフが回収します。陸路で出国する場合は、出入国の係官が回収します。

たまにI－94が回収されないことがあります。その場合、アメリカを出国した事実が移民局に正しく伝わらず、次回の再入国の際、入国拒否される可能性があります。

特に**陸路で出国するときには注意**が必要です。陸路の場合、係官はその出国者がまたすぐに入国するものだとみなして、I－94を回収しないことが多いからです。

たとえば国境を接しているナイアガラの滝や、デイトリップの多いサンディエゴやシアトルの国境などでは、出国者が言い出さないかぎり、回収されません。これらの国境地では、すぐにアメリカに戻るのであればI－94を回収されないように、そのまま出国するのであればI－94を回収してもらうように注意する必要があります。

■回収忘れがあったら

もしI－94を回収されないままアメリカを出国したり、回収忘れのI－94を勝手に処分してしまった場合は、以下の**書類を移民局に郵送**し、出国記録の訂正を行わなければなりません。

アメリカ大使館・領事館は関係ないので、郵送しないようにしてください。また、提出書類はすべて英文で作成するか、英文翻訳を添付します。提出書類はコピーをとって、保管しておきましょう。

〈提出する書類〉

・事情を説明した英文の手紙

・アメリカ出国の際に使用した航空機の搭乗券のオリジナル

・アメリカ出国後に他の国に入国した記録も含め、パス

ポート上に押印された出入国スタンプのコピー（出入国スタンプが押印されたすべてのページおよび写真入りの個人情報ページ）
・その他補足書類のコピー
・アメリカ出国後にアメリカ以外の国で就労したことを証明する日付入りの給与明細書
・アメリカ以外の国での滞在や居住を証明する銀行通帳（アメリカ出国後の取引日付が記載されているもの）
・アメリカ以外の国の学校に在学していることを証明する在学証明書（該当者のみ）
・アメリカ以外の国に滞在または居住していることを証明するクレジットカードの利用明細書（アメリカ出国後に利用した日付および名前が明記されたもの。ただし、カード番号は削除すること）

〈郵送先〉
DHS-CBP SBU
1084 South Laurel Road
London, KY 40744

I－94（滞在許可証）

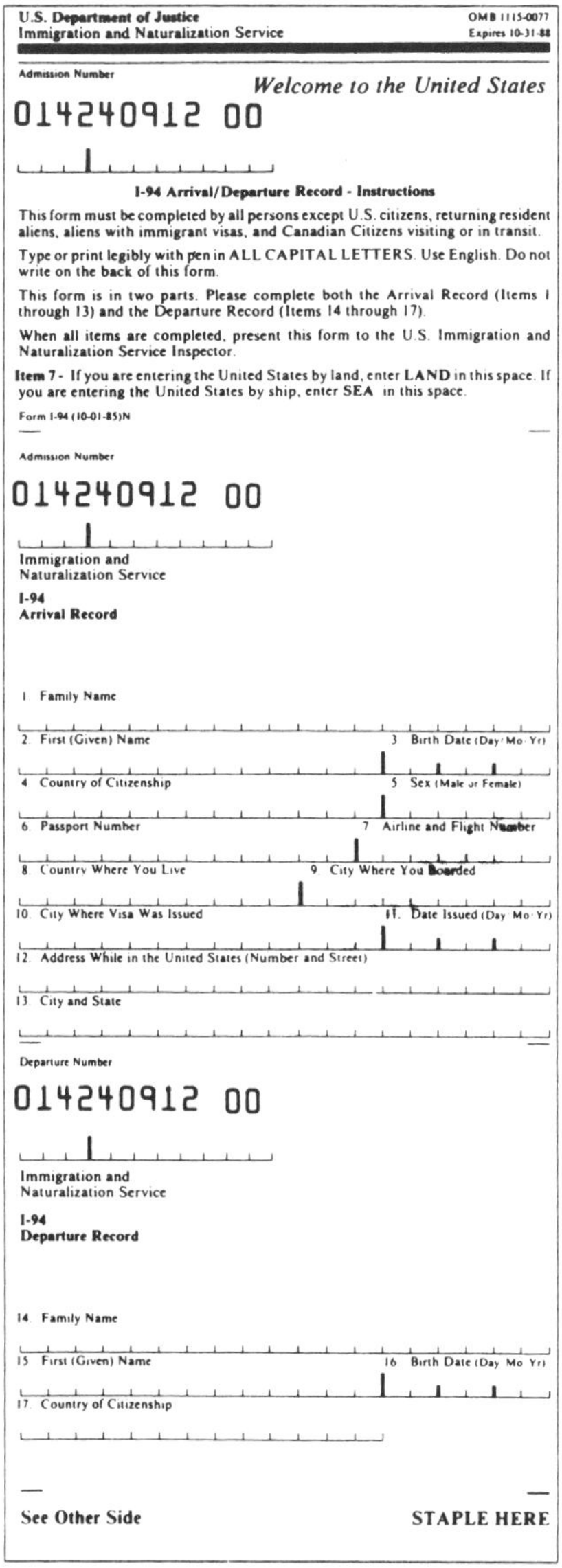
U.S. Department of Justice
Immigration and Naturalization Service
OMB 1115-0077
Expires 10-31-88

Admission Number
Welcome to the United States
014240912 00

I-94 Arrival/Departure Record - Instructions

This form must be completed by all persons except U.S. citizens, returning resident aliens, aliens with immigrant visas, and Canadian Citizens visiting or in transit.

Type or print legibly with pen in ALL CAPITAL LETTERS. Use English. Do not write on the back of this form.

This form is in two parts. Please complete both the Arrival Record (Items 1 through 13) and the Departure Record (Items 14 through 17).

When all items are completed, present this form to the U.S. Immigration and Naturalization Service Inspector.

Item 7 - If you are entering the United States by land, enter **LAND** in this space. If you are entering the United States by ship, enter **SEA** in this space.

Form I-94 (10-01-85)N

Admission Number
014240912 00

Immigration and
Naturalization Service
I-94
Arrival Record

1. Family Name
2. First (Given) Name
3. Birth Date (Day/Mo/Yr)
4. Country of Citizenship
5. Sex (Male or Female)
6. Passport Number
7. Airline and Flight Number
8. Country Where You Live
9. City Where You Boarded
10. City Where Visa Was Issued
11. Date Issued (Day/Mo/Yr)
12. Address While in the United States (Number and Street)
13. City and State

Departure Number
014240912 00

Immigration and
Naturalization Service
I-94
Departure Record

14. Family Name
15. First (Given) Name
16. Birth Date (Day/Mo/Yr)
17. Country of Citizenship

See Other Side　　**STAPLE HERE**

07

入国を拒否されないためには

ノービザ渡航者の審査は厳しい

■入国審査官のチェック項目

アメリカの入国審査官は、外国人渡航者を審査するとき、その渡航者がビザ上のトラブルを犯してブラックリストに載っていないか、ビザを申請して却下されたことがないかどうか、犯罪に関係がないかどうか、麻薬を持っていないかどうか、目的にあった渡航をしてきた人物かどうかをチェックします。

入国審査官は入国者のパスポートを見ながらコンピューターチェックをしたあと、入国者の顔写真を撮影し、指紋を採取します。

■疑いをかけられないために

ビザが免除されているゆえか、ノービザ渡航者に対する入国審査は比較的厳しく、少しでも不審な点があると、別室に連れていって詰問したり、荷物を検査したりします。ときには入国拒否もあります。

たとえば**1年のうち何度も渡航している人**や、1回の滞在が**1カ月以上の長期滞在者**に対しては、アメリカで通学するのではないか、就労するのではないか、結婚するのではないかといった疑いを持ってかかります。

疑いをかけられないために、ノービザで何度も渡米している場合は、次のような対策を立ててください。

①**I－94の記入の仕方を工夫する**

I－94（29頁参照）には、アメリカの滞在先を書く欄があります。友人がいたとしても、滞在先をホテルにするほうが、よりツーリストらしくていいでしょう。記入するホテルに予約をしていなくても問題ありません。

②**ひっかけ質問に注意する**

入国審査官の質問は、「どんな目的で来たか」「どこへ行くか」「かつてアメリカに来たことがあるか」「何回アメリカに来たか」などですが、たまにひっかけ質問をしてくることがあります。

たとえば、「ボーイフレンド（ガールフレンド）がいるのか」「通学する学校の名前は」「働くつもりなのか」といった具合です。

ボーイフレンド（ガールフレンド）は恋人を意味するので、うっかり「イエス」と答えないようにしましょう。「イエス」と答えると、その恋人と結婚するだろうと判断され、入国拒否されてしまうことがあります。

③書類を準備しておく

以下の書類を準備しておき、疑いをかけられて別室に連れていかれそうになった場合に見せてください。これらはあくまでも疑いをかけられたときに見せるもので、最初から見せる必要はありません。

証明書は英文で書くか、英文翻訳を添付します。

・アメリカでの旅程表
・十分な滞在資金があるという証明書（日本の金融機関の残高証明書、トラベラーズチェックなど）
・日本とのつながりを示す書類

また、アメリカでの滞在は短期間であり、生活の基盤はあくまで日本にあるということを証明するために、以下の書類を準備してください。

・勤め人の場合……働いている会社に在職証明書もしくは休暇証明書を作成してもらいましょう（自分で英文でつくって、上司にサインをしてもらうという形式でいいでしょう）。日本の会社での名刺なども提示するといいでしょう。

商用でいく場合は、会社から「××という仕事の用件で、山田太郎をアメリカに出張させます」といった内容の手紙を書いてもらいます。

・学生の場合……在学証明書
・主婦の場合……配偶者が書いた渡航同意書

④チケットの買い方を工夫する

1カ月以上滞在するチケットやオープンチケットを持っていると疑われることがあるので、予定変更可能なチケットを購入して、とりあえずは短期間滞在の帰国日を予約して、入国してから現地で予約を変更するという方法があります。

ただし、③に挙げた書類を提示できる人は、長い滞在期間のチケットであっても心配する必要はありません。

08

ずっとアメリカに住みたい人は

永住権（グリーンカード）の取得

■グリーンカードとは

アメリカの移民局から永住を認められると「**Alien Registration Card（外国人登録証）**」が発行されます。

現在はピンク色ですが、かつてカードの表面の色がグリーンだったため、通称「グリーンカード」と呼ばれています。カードのみならず、永住権そのものを意味するときにも、グリーンカードという呼称が使われています。

テレホンカードと同じサイズのカードには、名前、生年月日、外国人番号（Alien Number）、有効期限が書かれ、写真、指紋、自筆の署名が記載されます（23頁参照）。

カードは10年ごとに更新しますが、これは運転免許証の書き替えのように形式的なもので、更新を続けるかぎりアメリカに滞在することができます。

■就労ビザとの違い

「就労ビザ」はアメリカで就労している人に対して期限つきで滞在を認めているのに対し、「永住権」は**本人がアメリカに居住していてその状態の存続を望むかぎり、就労していようといまいと、滞在を認めています。**

つまり永住権を持っている人は、退職・転職をしたとしても移民局に届ける必要はなく、どこで働いても何回転職しても自由です。たとえ無職になろうとも、アメリカに滞在することができます。

■永住権保持者の義務

永住権保持者には、次のような義務が生じます。

納税義務はもちろんのことですが（就労ビザで働いている人も、不法就労で働いている人も納税している）、18～26歳の男性には**徴兵台帳（Selective Service）への登録義務**が生じます。この登録を拒否することもできますが、その場合には将来市民権の申請はできないことになります。

永住権を取得しても**日本国籍はそのまま**です。日本で掛けていた年金をそのまま払い続けて受給資格者になれば、年金の給付を受けることも可能です。

■市民権の取得

永住権を取得してから**5年**経つと、**市民権を取得する資格**を得ます。アメリカ市民と結婚した場合は、3年経つとその資格が得られます。その期間中は「道徳的によい性質を維持していなければならない」とされています。また、定められた期間の少なくとも半分は、実際にアメリカに滞在していなければなりません。

移民局に**帰化申請**を提出すれば、**帰化試験**（口頭テスト）があって、審査が行われます。合格すれば**帰化市民**の誕生です。帰化の申請をする直前の少なくとも3カ月間は、その州や移民局の管轄区域に住んでいなければなりません。

市民権を取得したら日本国籍を失い、アメリカ国籍、アメリカのパスポートを持つことになります。アメリカには生まれながらのアメリカ市民と、途中からアメリカ人になった帰化市民が存在するというわけです。ちなみに、帰化市民には大統領になる資格がありません。

■永住権と市民権の違い

永住権で呼び寄せることができる家族は、配偶者と21歳未満の未婚の子供だけですが、市民権を取得すると、**親、子供、兄弟姉妹を呼び寄せることが可能**になります。将来、親を呼んで一緒に暮らしたいと考えている人は、市民権を取得すれば「親に永住権を発給してほしい」という申請を出すことができます。

永住権と市民権の大きな違いは、永住権保持者には選挙権・被選挙権がないことと、州によっては永住権保持者は公務員として採用してもらえないことです。

また、市民には生活保護が適用されますが、永住権保持者は連邦政府の福祉改革法案の成立により、生活保護金やフードスタンプ（生活困窮者に配布される無料の食糧切符）などの受給は認められないことになりました。未成年の子供がいる低所得家庭への扶助や、低所得者・老齢者のための健康保険に関しては、各州政府の決定にかかっています。

アメリカで普通に生活していく上では、永住権と市民権はほとんど違いがないと言われています。そのため、日本人は永住権を取得しても日本国籍を保持したままで市民権を取得しない人が大多数です。

09

年間の移民枠あり 永住権を申請するには

■永住権の発給枠

アメリカは年間80万～１００万人の移民を受け入れています。永住権の申請は、一部の例外を除いて、申請者本人ではなく**家族や雇用主などがスポンサー**（請願者）となって行います。

永住権保持者は「**移民（Immigrant）**」と呼ばれます。移民というと、悲壮な決心をして海を越えていく人々を思い浮かべますが、それはかつてのイメージで、現在では永住権はアメリカで合法的に生活するための権利、労働するための権利と考えられています。

日本人の場合、「永住するかどうかの結論は出ていないけれど、とりあえずアメリカで働いて生活したい」という理由で永住権を申請する人が多いようです。

永住権には年間の**移民枠**（67万５０００人）があり、申請してから取得できるまでの**待ち時間**は立場によって異なります。

アメリカ市民の両親、配偶者、21歳未満の未婚の子供は移民枠に入りません。よって年間発給数に制限はないため、申請から取得までの待ち時間はありません。ただし、申請者が多いため、アメリカの移民局で申請すると事務手続きに時間がかかります。日本のアメリカ大使館で申請すれば、それほど時間はかかりません。

■永住権の申請

永住権を申請するには、次のような方法があります。

①**結婚などの家族関係を通して申請する**（２１０頁参照）

家族にアメリカ市民か永住権保持者がいれば、その人にスポンサーになってもらって申請することができます。

その人がアメリカ市民の場合、両親、配偶者、子供、兄弟姉妹のスポンサーになることができ、永住権保持者の場合、配偶者、21歳未満の未婚の子供のスポンサーに

永住権取得者の内訳

（単位：人）

	2000年	2005年	2007年
家族呼び寄せ移民	235,092	212,970	194,900
①市民の子（21歳以上）	27,635	24,729	22,858
②永住者の配偶者と未婚の子	124,540	100,139	86,151
③市民の子（既婚者）	22,804	22,953	20,611
④市民の兄弟姉妹	60,113	65,149	65,280
雇用移民	106,642	246,877	162,176
①傑出した才能の保持者	27,566	64,731	26,697
②専門職従事者	20,255	42,597	44,162
③熟練職従事者	49,589	129,070	85,030
④宗教関連従事者	9,014	10,133	5,481
⑤投資家	218	346	806
直近の親族	346,350	417,815	494,920
配偶者	196,405	259,144	274,358
子供	82,638	94,858	103,828
親	67,307	82,113	116,734
難民	56,091	112,676	54,942
亡命者	6,837	30,286	81,183
抽選永住権当選者	50,920	46,234	42,127
総数	841,002	1,122,257	1,052,415

【注】①は第1カテゴリー、②は第2カテゴリーを表す。以下同じ。
出典：U.S.Immigration and Naturalization Service, Statistical Yearbook

なることができます（永住権保持者は、両親、兄弟姉妹、既婚の子供のスポンサーにはなれません）。

②仕事を通して申請する（１４８頁参照）

仕事をしている場合、雇用者にスポンサーになってもらって申請することができます。

雇用者がいない場合は申請できませんが、例外として、特別な才能のある人は自己申請できます。ただし、国際的な賞の受賞者など、その分野での有名人に限られます。

③分散移民として申請する（86頁参照）

「抽選永住権」に当選して申請するケースもあります。当選者の配偶者と21歳未満の未婚の子供にも永住権が発給されます。

④投資を通して申請する（１５８頁参照）

50万～１００万ドルの投資をして、現地で5～10人のフルタイム従業員を雇うことを条件に申請することができます。

これらの移民枠以外に、難民や政治亡命者にも永住権が発給され、不法滞在者に対して救済措置として永住権が発給されることもあります。

10

オーバーステイに要注意

不法滞在者にならないためには

■不法移民と潜在移民

正式に永住権を取得した人々は「移民」と呼ばれますが、アメリカには不法に滞在する外国人が数多く存在し、「**不法移民**」と呼ばれています。

その数は数百万人と言われ、カリフォルニアの農場ではこういった人々の労働力がなければ、農作業そのものが成り立たないとも言われています。

結婚や仕事を通して永住権を申請して結果を待っている人々も多く、時が来れば移民になる人々は「**潜在移民**」とも呼ばれています。

1996年に改正された移民法は「不法移民」「潜在移民」にとっては衝撃の大きいものでした。

永住権を申請して面接審査が行われる時点で6カ月以上不法滞在をしていれば、永住権取得の道が事実上閉ざされてしまうことになったのです（かつては罰金を払えば永住権が発給されていました）。

例外として、アメリカ市民と結婚してアメリカで永住権を申請する場合は、不法滞在者でも永住権を取得することができます。結婚相手が永住権保持者の場合は、この措置は適用されません。

■不法滞在者とは

不法滞在者には、大きく分けて2つのケースがあります。ひとつは入国審査を受けずに**密入国**した人々、もうひとつはノービザや非移民ビザで入国して、滞在期限が切れても**オーバーステイ**している人々です。

後者の場合、知らぬ間に不法滞在していることもあります。たとえばFビザ（学生ビザ）の場合、入国時に「D/S（Duration of Status）」という滞在資格が認められます。これは学校に通っているかぎり、年数に関係なく滞在を認められています。ビザの有効期限とは関係ありません。

アメリカの推定「不法滞在者」数

（単位：千人）

出身国	2000年	2006年
❶メキシコ	4,680	6,570
❷エルサルバドル	430	510
❸グアテマラ	290	430
❹フィリピン	200	280
❺ホンジュラス	160	280
❻インド	120	270
❼韓国	180	250
❽ブラジル	100	210
❽中国	190	190
❿ベトナム	160	160
その他	1,950	2,410
総数	8,460	11,550

居住州	2000年	2006年
❶カリフォルニア	2,510	2,830
❷テキサス	1,090	1,640
❸フロリダ	800	980
❹イリノイ	440	550
❺ニューヨーク	540	540
❻アリゾナ	330	500
❼ジョージア	220	490
❽ニュージャージー	350	430
❽ノースカロライナ	260	370
❿ワシントン	170	280
その他	1,750	2,950
総数	8,460	11,550

出典：U.S. Department of Homeland Security, Office of Immigration Statistics, “Estimates of the Unauthorized Immigrant Population Residing in the United States”

　しかし、ひとたび学校に通学しなくなれば、いくらビザの期限が有効であったとしても、滞在資格がなくなってしまいます。

■グレース・ピリオド

　滞在資格がなくなったあと、合法的に滞在が許された期間を「グレース・ピリオド」と呼びます。

　Fビザ保持者の場合、**学業修了後60日間**は合法的に滞在できます。ただし、学業の途中で勝手に学校に行かなくなった場合のグレース・ピリオドは15日間です。

　病気で休学を余儀なくされた場合は、そのことを学校側に届け出れば考慮されます。届けを出さない場合、15日後に不法滞在となります。

　学校は、在籍しているにもかかわらず出席しない学生について、移民局に報告するように求められています。

　H−1Bなどの**就労ビザ**は退職したり失職した段階で、滞在資格を失ってしまいます。**グレース・ピリオドは基本的にはありません**が、新たに雇用主を見つける場合、ケースバイケースですが、60日以内であれば延長を認めてくれることがあります。

11

保険や年金はよく考えて

渡米の前にしておくこと

■国外転出届

海外で長期滞在をする場合、役所に**国外転出届**を提出します。出発日の2週間前から受け付けてくれます。社会人の場合、届け出をしないと居住者としての納税の義務が継続されるので注意が必要です。転出先の住所が確定していなければ、滞在予定の国名と市を伝えます。

■住所変更届

ひとり暮らしの人や、家族全員で渡米する人は、**銀行**や**郵便局**に住所変更の届けを提出します。郵便物は、届け出をした日から1年間、希望の住所に転送してくれます。

■健康保険

アメリカでは、健康保険は所属する機関（会社や学校など）を通して加入するか、民間の保険に加入します。民間の保険は、一定の滞在期間を満たさないと加入できないこともあります。そのためアメリカですぐに健康保険に加入できない場合は、日本で**海外旅行保険**に加入するか、日本の自治体の**国民健康保険**制度を利用することになります。

海外旅行保険はアメリカでかかった医療費用の10割、国保を利用する場合は7～8割が還付されます。

もしアメリカでも国民健康保険を受けたければ、国保に新規加入もしくは継続加入し、毎月掛け金を払う必要があります。掛け金は前年度の収入を基礎にして算出されます。

国保の加入者は、日本に滞在していることになるため、役所に国外転出届をする必要はありません。

■年金の手続き

20～60歳の日本人は国民年金、厚生年金、共済年金のいずれかに加入して掛け金を支払う義務があります。いわゆる年金の強制加入です。

ただし、**海外在住期間中は任意加入**扱いとなります。強制加入ではないので、加入して掛け金を支払うかどうかは自分で決めればいいわけです。つまり、国民年金に**任意加入**して掛け金を支払うか、その期間**支払いを休止**するか、の2つの方法があるわけです。

年金を受給するためには25年以上掛け金を払っていなければなりませんが、**海外で住んでいた期間はカラ期間**とみなされます（ただし、この適用を受けるには、国外転出届を提出しておく必要があります）。

たとえば15年しか年金を払っていなくても、海外に在住した期間が10年以上あれば、受給資格期間を満たしていることになり、給付の対象となります。その場合は受け取る給付金は少なくなります。

永住権を取得してアメリカに永住する場合も、海外に一時滞在する場合とまったく同じです。カラ期間を含めて受給資格期間を満たしていれば、どの国に住んでいようとも、老年になって給付を受けることができます。年金関連の詳細については、役所の国民年金課で相談するといいでしょう。

■税金の確定申告

就労していた人が渡米前にその年の税金の確定申告をすると、ほとんどの場合、払いすぎていた所得税が還付されます。

たとえば２００４年の所得税の申告は翌年２００５年3月15日までに行いますが、その年に更なる収入がないのであれば、渡航前に確定申告をしていくことができます。

ただし、前年の所得を対象にして課税される住民税は、渡米した翌年も支払わなくてはならないので、その手続きもしておくといいでしょう。

■国際運転免許証の取得

現地で運転免許証を取得するまでの間、運転免許証として利用できるのが「国際運転免許証」です。

都道府県の運転免許試験場に出向けば、その日のうちに発行されます。最寄りの警察署でも発行してくれますが、数週間後に郵送での発行となります。

交付された日から1年間有効です。

12

渡米したらすぐにすること

しないでいると法律違反になることも……

■日本領事館に在留届けを提出

日本国籍を有する日本人は、アメリカに**3カ月以上滞在**する場合、滞在地域を管轄する日本大使館または領事館に**在留届け**を提出するように求められています（オンラインでの登録も可能）。アメリカ国内での転居、他国への転居、日本への帰国の際も届けを提出します。

在留届けは、現地で災害や政治暴動などの緊急事態が発生したり、傷害や交通事故が起こった際に、日本人の身元の確認をするデータとなります。

〈外務省の関連ウェブサイト〉

http://ezairyu.mofa.go.jp/

■移民局に住所変更通知（AR-11）を提出

外国人がアメリカで**住所変更**をした場合、移民局に通知をすることが法律で定められています（オンラインでの登録も可能）。通知を怠ると法律違反となるので注意が必要です。

住所変更から10日以内に届け出をします。しかし、申請書類には旧住所と新住所を記載する欄はあっても、いつ移動したかを記載する欄はありません。

新渡米者は、新居が決まったらとりあえず提出するといいでしょう。その際は旧住所をホテルや知人宅など最初に滞在したところにします。

郵送の場合は、書類は書留（Certified Mail）で送り、申請した証拠として受領証を保存しておきましょう。

〈オンライン登録の場合・以下のサイトにアクセス〉

・https://egov.uscis.gov/crisgwi/go?action=coa.cr.Residence

〈申請用紙をダウンロードして郵送する場合〉

・http://www.uscis.gov/ へアクセス

・「Immigration Forms」「Change of Address」「Download AR-11」と順番にクリック

住所変更通知（AR-11）

Department of Homeland Security
Bureau of Citizenship and Immigration

OMB No. 1615-0007; Exp. 10/31/04

Alien's Change of Address Card

NAME (Last in CAPS) (First) (Middle)

I AM IN THE UNITED STATES AS:
☐ Visitor ☐ Permanent Resident
☐ Student ☐ Other . . . . (Specify)

COUNTRY OF CITIZENSHIP

DATE OF BIRTH

COPY NUMBER FROM ALIEN CARD
A

PRESENT ADDRESS (Street or Rural Route) (City or Post Office) (State) (ZIP Code)

(IF ABOVE ADDRESS IS TEMPORARY) I expect to remain there ____ years ____ months

LAST ADDRESS (Street or Rural Route) (City or Post Office) (State) (ZIP Code)

I WORK FOR OR ATTEND SCHOOL AT: (Employer's Name or Name of School)

(Street Address or Rural Route) (City or Post Office) (State) (ZIP Code)

PORT OF ENTRY INTO U.S.	DATE OF ENTRY INTO U.S	IF NOT A PERMANENT RESIDENT, MY STAY IN THE U.S. EXPIRES ON: (Date)
SIGNATURE	DATE	

AR-11 (Rev. 06/17/03)Y

ALIEN'S CHANGE OF ADDRESS CARD

This card is to be used by all aliens to report change of address within 10 days of such change.

The collection of this information is required by Section 265 of the I&N Act (8 U.S.C. 1305). The data used by the Bureau of Citizenship and Immigration Service for statistical and record purposes and may be furnished to federal, state, local and foreign law enforcement officials. Failure to report is punishable by fine or imprisonment and/or deportation.

This card is not evidence of identity, age, or status claimed.

Public Reporting Burden. Under the Paperwork Reduction Act, an agency may not conduct or sponsor an information collection and a person is not required to respond to an information collection unless it displays a currently valid OMB control number. We try to create forms and instructions that are accurate, can be easily understood, and which impose the least possible burden on you to provide us with information. Often this is difficult because some immigration laws are very complex. This collection of information is estimated to average 5 minutes per response, including the time for reviewing instructions, searching existing data sources, gathering and maintaining the data needed, and completing and reviewing the collection of information. Send comments regarding this burden estimate or any other aspect of this collection of information, including for reducing this burden to: Bureau of Citizenship and Immigration Services, HQRFS, 425 I Street, N.W., Room 4034, Washington, DC 20536; OMB No. 1615-0007. ***Do not mail your completed form to this address.*** **MAIL YOUR FORM TO THE ADDRESSES SHOWN BELOW:**

U.S. DEPARTMENT OF HOMELAND SECURITY
Bureau of Citizenship and Immigration Services
Change of Address
P.O. Box 7134
London, KY 40742-7134

For commercial overnight or fast freight
U.S. DEPARTMENT OF HOMELAND SECURITY
Bureau of Citizenship and Immigration Services
Change of Address
1084-I South Laurel Road
London, KY 40744

13

さまざまな日系人コミュニティー

困ったことが起きたら

■SOSが発生したら

緊急を要す事態が発生したときは、**911番**にダイヤルします。公衆電話からかける場合、コインを入れる必要はありません。電話をかけると、通信センターのオペレーターに、かけた場所の住所と電話番号が表示される仕組みになっています。

オペレーターが出たら、警察（Police）、火事（Fire）、救急車（Ambulance）のうちのいずれの緊急事態が起こったのかを告げます。救急車を呼ぶ場合、日本と違ってアメリカでは有料です（ロサンゼルス地域で約１００ドル）。

警察は緊急を要する場合には駆けつけてくれますが、泥棒などの場合は来てくれないと思ったほうがいいでしょう。それほど急を要さない場合は、所轄の警察署や消防署へダイヤルします。

電話番号は地区別電話帳に掲載されているので、あらかじめ調べておきましょう。わからないときは**0番**にダイヤルすれば、オペレーターと話ができます。

■困ったときは

困ったことが起きて日本語で相談に乗ってもらいたいときは、44頁でリストアップした機関に連絡をとってみるといいでしょう。

ＬＩＳＴ①で紹介したソーシャルサービス機関は、いずれも州公認の非営利団体で、電話をかければ無料で相談に応じてくれます。マンツーマンの面接相談が必要な場合は、訪ねていく前に電話での予約が必要です。

ビザ一般に関する質問をはじめとして、結婚・離婚・家庭内暴力などの家庭問題、ドラッグ・エイズなどの青少年問題、職場での差別や不当逮捕など人権に関わる問題まで、広く相談に乗ってくれます。

連絡した機関で解決できない場合は、他の機関を照会してくれます。照会された機関に日本語のわかる人がいなければ、通訳サービスがつく場合もあります。

■日系のソーシャルサービスを支えるもの

44頁で取り上げたソーシャルサービス機関は、日系社会を基盤としたコミュニティー活動から生まれました。アメリカの日系人は、マイノリティー（少数民族）として生活しています。マイノリティーとしての権利を擁護するために、コミュニティー活動が始まりました。

活動資金はさまざまな財団の助成金、公的機関からの事業委託金、寄付、会費などから捻出されます。

アメリカには「企業も利益の一部を地域社会に還元すべきだ」という〝フィランソロピー〟の考え方があります。そういった考え方を反映してか数多くの財団が存在し、資金援助を求める市民運動団体に助成金を提供しています。そして助成金を獲得したＮＰＯ（Non Profit Organization）は独自の活動を草の根的に展開しています。

たとえば「小東京サービスセンター」が提供している日系ヘルプラインも、主にその活動の趣旨と必要性を認めた機関や個人からの資金援助によって運営されています。営利目的ではありませんが、活動には資金が必要なため、常に寄付（カンパ）は歓迎しています。これらの機関へ寄付すると、確定申告をする際に、税控除の対象となります。

財団の助成金、寄付の税控除……こういったアメリカの制度が、ＮＰＯの草の根運動を支えていると言っていいでしょう。

■みんなで支えるボランティア活動

ソーシャルサービス機関の活動は、専従のスタッフとボランティアで構成されています。困ったことがあって相談した人が、後にボランティアとなって活動に参加したり、ボランティアが有給の専従スタッフになるといったケースも少なくないようです。

いずれの機関もボランティアを歓迎しているので、活動に興味のある方は、ボランティアを申し出てみるといいでしょう。

お金のある人はカンパを、時間のある人はボランティアを……。こういった考え方が、日系コミュニティーのソーシャルサービス活動を支えています。

LIST ① 日本語で連絡できる機関

〈ニューヨーク地域〉

■JASSI（通称・ジャシィ）
Japanese American Social Services Inc.
100 Gold Street, Lower Level, New York
TEL:212-442-1541
http://www.jassi.org/index_J.html

■ニューヨーク日系人会
Japanese American Assoc. of NY, Inc.
15 W. 44th St., 11th Fl., New York
TEL:212-840-6942 http://www.jaany.org/
健康・生活相談、法律相談、移民法の相談、税金の相談などに無料で応対。移民法の相談は毎月第3木曜日。法律事務所の弁護士が各自のケースに応対。要予約。

〈ロサンゼルス地域〉

■小東京サービスセンター（LTSC）
Little Tokyo Service Center
231 East 3rd St., #G-106, Los Angeles
TEL:213-473-3030 http://www.ltsc.org/

〈サンフランシスコ湾岸地域〉

■のびる会（Nobiru-kai）
Japanese Newcomer Services
1840 Sutter St. #207, San Francisco
TEL:415-922-2033

〈ホノルル地域〉

■日米ボランティア協会
US-JAPAN Volunteer Association
TEL:808-942-2023

LIST ② 日本語のホットライン

■日系ヘルプライン
1-800-645-5341
または 213-473-1633
小東京サービスセンターが提供。訓練を受けたボランティアが応対。南カリフォルニア地域の住民は無料で利用が可能。アルファベット・ダイヤルを利用して 1-800-NIKKEI-1 と覚えておくと便利。

■留学生ホットライン
213-473-1630
http://ryugakusei.ltsc.org/
小東京サービスセンターが提供。訓練を受けたボランティアが応対。ロサンゼルス地域に住む留学生が対象。

■ワールドヘルプライン
日本人のための24時間ホットライン
アガペハウスが提供。ハワイを含む全米から無料で利用が可能。24時間受付。電話番号は公開されていない。あらかじめ以下のサイトの説明文を読んで、指示通りに登録をして、ワールドヘルプラインのカード（無料）を発行してもらう必要がある。フリーダイヤルは、カードに記載されている。
http://www.jhelp.com/jpn/agape/index.html#2

LIST ③ 日本語でのカウンセリング

■日米カウンセリングセンター
Hamilton-Madison House,Japanese Clinic
253 South St. 3rd Fl, New York
TEL:212-720-4560/4561

■ニューヨーク・アジア人女性センター
New York Asian Women's Center
39 Bowery, PMB375 New York
TEL:1-888-888-7702/212-732-5230
DVや性的暴行の被害にあった人のための支援団体。24時間ホットライン、緊急用シェルター、裁判支援あり。

■日系ファミリー・カウンセリング・プログラム
Nikkei Family Counseling Program
231 E. 3rd. St., #G-106, Los Angeles
TEL:213-473-3030
http://www.ltsc.org/

■日系家庭カウンセリングセンター
Japanese Family Service Agency
1255 Post Street, #600, San Francisco
TEL:415-474-7310

PART 2

各種教育機関の選び方

アメリカの学校に通いたい人は、余裕を持って1年半くらい前から準備をしましょう。え？　語学力不足で希望の大学に行けない？そんな人には“2段階作戦”“3段階作戦”をお教えしましょう。資金不足で不安？　そんなあなたには、奨学金や教育ローン、アルバイトをご紹介します。とにかく、頑張って卒業すれば、可能性はぐんと広がりますよ。

01

州によって異なるカリキュラム

アメリカの教育システム

アメリカには文部省に当たるものがなく、各地域の教育は**州の学校区にある教育委員会**（Board of Education）**が管理**し、カリキュラムの決定、教科書の選定、教師の採用などを行っています。

　教育費用は主として地区住民の固定資産税と州政府からの補助金（生徒の学校出席日数をベースに算出）で賄われます。そのため地区によって予算額が違い、学習環境や学力レベルに格差があるのが現状です。

■小中高校

　義務教育に関する規定も州によって異なりますが、小学校入学前の幼稚園教育1年を義務教育の一環としているところが多く、**12年生（高3に相当）までは無試験・無料**で教育を受けられます。

　学校のシステムについても、6・6制、6・3・3制、8・4制と多岐にわたっています。高校を卒業しないで中退する生徒は、全米平均で25パーセントにのぼります。

　小学校の低学年の間は、日本と同じように担任教師が全教科を教えるという形がとられますが、小学校高学年・中学校・高校では、生徒が各教科専門の教室に移動して授業を受けます。各教科は能力別に編成されます。

また、アメリカには「飛び級」と言って、成績優秀な生徒には学年を飛ばして進級を認める制度があります。このため高校在学中でも大学の単位をとることができ、10代でも大学を卒業することが可能です。

　高校は英語、数学、社会の必修科目と選択科目から成り、卒業するには必要な単位数を取得しなければなりません。大学に入学する際には「進学適性テスト」を受けていることが条件となっています。大学入学の際には、成績だけでなく、スポーツやボランティア活動も評価の対象となります。

　ほとんどの公立学校では、英語を母国語としない生徒のために、「ＥＳＬ（English as a Second Language）」の特別クラスを設けています。

■短大

短大には**公立**と**私立**があって、公立は「コミュニティー・カレッジ」と呼ばれ、無試験で入学が可能です。カレッジのある地域の住民（市民・永住権保持者）は地域外の住民に比べて安い学費で通学することができます。

コミュニティー・カレッジには一般教養課程コースと、手に職をつけるための職業コースがあります。一般教養課程を修了した学生の中には、4年制大学に編入して勉強を続ける人も少なくありません。

コミュニティー・カレッジは住民のためのカルチャーセンター的な要素も持っているため、学生の年齢も若者から高齢者まで幅広いものになっています。

■大学

アメリカには国立大学はなく、**公立**と**私立**をあわせて２０００校以上の4年制大学があります。およそ１４００校が私立です。ひとつの州には複数の州立大学があり、それぞれ入学の難易度が異なります。一般に州立大学は規模が大きくて学生数が多く、ひとつの大学が町のようになっている場合が多いようです。

州立大学は州住民の税金で賄われているので、入学に関しては州住民が優先となります。学費も州住民と州外住民・留学生には差があります。このため、公立大学を選ぶと、州住民にとっては学費が安くなりますが、外部の人間にとっては高くなります。

かつては私立の名門校が脚光を浴びていましたが、現在では州立大学も質が高くなっています。私立にも州立にもそれぞれ入学しやすい大学があり、エリート大学があるというのが現状です。

アメリカの大学は「入るのは易しく出るのが難しい」と言われています。成績が悪くて転校する学生やドロップアウトする学生も少なくありません。その反面、努力と成績次第では、上位ランクの学校に転校することも可能です。

■大学院

日本は企業が社員教育をして仕事を教え込んでいきますが、アメリカではその役目の一部を高等教育機関が果たしています。

日本よりいっそう学歴社会の感が強いアメリカでは、企業でよい報酬を得るため、大学院（Graduate School）で勉強して学歴アップを図る人が多いようです。キャンパスを歩いている学生の6人に1人は大学院生だと言われています。いったん社会に出てからの大学院への進学率も高くなっています。

　大学院には修士課程と博士課程があります。

■プロフェッショナル・スクール

　法律、経営学、建築、医学などを学ぶ学生は、4年間の学部課程を卒業してから、「Medical School（医学部）」や「Law School（法学部）」など個別の学校に進学して専門教育を受けます。これらの学校は**プロフェッショナル・スクール**と呼ばれて、大学以上を卒業した人だけが専門的にこれらの分野の勉強をするわけです。

　卒業すればＭＢＡ（Master of Business Administration 経営学修士）の学位がもらえる「Business School」もプロフェッショナル・スクールのひとつです。

■日本と異なる学期制と単位

　日本の大学では、通常、ひとつの科目単位を1年かけて履修し、学期は単なる区切りにすぎません。4年間で定められた卒業単位数を取得するため、日本では1年生、2年生……と学年の区別がはっきりしています。

　一方、アメリカではひとつの科目単位を1学期のうちに履修します。また、1学期にとる科目単位数も比較的自由です（留学生の場合は、1学期に取得しなければならない最低単位数が定められています）。夏休みに単位が取得できるところもあります。つまり、早く卒業したい人はたくさんの科目単位をとって3年間で卒業したり、急がない人は少なめの科目単位をこなしながら、何年もかけて卒業することが可能なのです。

　全体の卒業単位数が決められており、その単位数を履修し終えた学期が卒業の学期として認められるわけです。したがってアメリカの学生は全員が6月に卒業するわけではありません。日本のように一斉に4月に入学して一斉に3月に卒業するという〝一斉横並び〟路線ではないのです。

　ですから、同じリクルートスーツに身をかためて会社訪問といった、日本では年中行事のようになってしまった光景も、アメリカでは見られません。

ビジネススクール・ランキング

1 Harvard University（MA）
2 Stanford University（CA）
3 University of Pennsylvania（Wharton）（PA）
4 Massachusetts Institute of Technology（Sloan）
5 Northwestern University（Kellogg）（IL）
6 Columbia University（NY）
6 University of Chicago（IL）
8 University of California, Berkeley（HAAS）（CA）
9 Dartmouth College（Tuck）（NH）
10 University of Michigan, Ann Arbor（MI）
11 Duke University（Fuqua）（NC）
12 University of California, Los Angeles（Anderson）（CA）
12 University of Virginia（Darden）（VA）
14 Cornell University（Johnson）（NY）
14 New York University（Stern）（NY）
14 Yale University（CT）
17 Carnegie Mellon University（PA）
18 University of Southern California（Marshall）（CA）
19 Emory University（Goizueta）（GA）
19 Ohio State University（Fisher）（OH）
21 University of Minnesota, Twin Cities（Carlson）（MN）
21 University of North Carolina, Chapel Hill（Kenan-Flagler）（NC）
23 Indiana University, Bloomington（Kelley）（IN）
23 Texas A&M University, College Station（Mays）（TX）
23 University of Illinois, Urbana Champaign（IL）
23 University of Texas, Austin（McCombs）（TX）
27 Purdue University, West Lafayette（Krannert）（IN）
27 University of Washington（WA）
29 Arizona State University, Main Campus（W.P.Carey）（AZ）
29 Michigan State University（Broad）（MI）
29 University of California, Davis（CA）
29 University of Nortre Dame（Mendoza）（IN）

大学総合ランキング

1 Harvard University（MA）
1 Princeton University（NJ）
3 Yale University（CT）
4 Massachusetts Inst. of Technology（MA）
5 California Institute of Technology（CA）
5 Duke University（NC）
5 Stanford University（CA）
5 University of Pennsylvania（PA）
9 Dartmouth College（NH）
9 Washington University in St. Louis（MO）
11 Columbia University（NY）
11 Northwestern University（IL）
13 University of Chicago（IL）
14 Cornel University（NY）
14 Johns Hopkins University（MD）
16 Rice University（TX）
17 Brown University（RI）
18 Emory University（GA）
19 University of Notre Dame（IN）
19 Vanderbilt University（TN）
21 University of California, Berkeley（CA）
21 University of Virginia（VA）
23 Carnegia Mellon University（PA）
23 Georgetown University（DC）
25 University of Michigan, Ann Arbor（MI）
26 University of California, Los Angeles（CA）
27 Tufts University（MA）
28 Wake Forest University（NC）
29 University of North Carolina, Chapel Hill（NC）
30 University of Southern California（CA）

【注】（　）内は州を表す。
出典：U.S. News & World Report

02

志望校に入るには〝英語力〟が必要

短大・大学・大学院に通学するには

■外国人はTOEFLが必要

アメリカの短大・大学・大学院は高校卒業者もしくはそれ以上の学歴を持つ者を入学の対象にしており、外国人の場合は総合的英語力を診断する「ＴＯＥＦＬ」という試験で要求される点数をとることが求められています（ＴＯＥＦＬについては60～63頁参照）。

一部にはＴＯＥＦＬを免除している学校もありますが、学生に英語力を求めていることに変わりはなく、英語力不足で入学をしても、あとで苦しむのは本人です。

■目的の学校入学までの長期作戦

「最終的には大学や大学院へ入学したいが、語学力に自信がない」という場合にとるのが**2段階作戦**あるいは**3段階作戦**と言われる方法です。

現地の語学学校で英語を勉強してからＴＯＥＦＬの点数を上げ、目的の大学や大学院に進学するのが「2段階作戦」です。語学学校→短大（コミュニティー・カレッジ）→4年制大学の3年次へ編入、というのが「3段階作戦」です。

公立短大であるコミュニティー・カレッジは、ＴＯＥＦＬで要求される点数がそれほど高くなく入学しやすい上に、授業料も比較的安いので、近年注目されています。

この方法は、経済的に恵まれないアメリカ人学生や、「自分で学費を支払いたい」という自立心に富んだアメリカ人学生がとる方法でもあります。

■大学院進学

日本では〝最終学歴〟と言えば高校・大学を意味することが多く、研究に携わる人でないかぎり大学院に進学する人は少ないのが現状ですが、アメリカではむしろ大学院が最終学歴だと考えられています。

そのため、アメリカでの大学院進学率は日本に比べて高く、「専門の勉強は大学院から」と考えられています。また、大学院卒業生の職場における待遇もはるかに有利なものとなっているため、より高い収入を求めて、より高い地位を求めて、大学院の門をたたくのです。

日本では学部と大学院では同じ学科を専攻する場合が多いのですが、アメリカでは違う分野を専攻することも少なくありません。

アメリカ東部の名門校

▼アイビーリーグ（大学８校・設立順）

1636年	ハーバード（マサチューセッツ州）
1701年	イェール（コネチカット州）
1740年	ペンシルベニア（ペンシルベニア州）
1746年	プリンストン（ニュージャージー州）
1754年	コロンビア（ニューヨーク州）
1764年	ブラウン（ロードアイランド州）
1769年	ダートマス（ニューハンプシャー州）
1865年	コーネル（ニューヨーク州）

▼セブン・シスターズ（女子大７校・設立順）

1837年	マウントホリヨーク（マサチューセッツ州）
1861年	バッサー（ニューヨーク州） ※現在は共学
1875年	スミス（マサチューセッツ州）
1875年	ウェルズリー（マサチューセッツ州）
1888年	ブリンマー（ペンシルベニア州） ※K. ヘプバーンの母校
1889年	バーナード（ニューヨーク州） ※コロンビアと提携
1893年	ラドクリフ（マサチューセッツ州） ※ハーバードと提携

■入学までのプロセス

入学する学校を決めるにあたっては、以下のようなプロセスで手続きを進めていきます。余裕を持って1年半くらい前から準備をしましょう。

①学校の情報を集めて、入学したい学校をいくつか選ぶ（64～67頁参照）。

②学校に入学願書や資料を請求する。

③資料を読んで志望校を絞る。ＴＯＥＦＬやその他のテストのスコアが要求されている場合、試験を受けてその関連書類を準備する。

④入学願書を提出する。必要事項を記入して、要求されている添付資料（教師の英文推薦状、卒業証明書、成績証明書、財政能力証明書、健康診断書、小論文、ＴＯＥＦＬの関連書類など）とともに申請料を添えて郵送する。複数の学校に提出してもＯＫ。

⑤入学願書を出した学校から回答が送られてくる。入学を許可されれば、入学金または予約金を送る。

⑥折り返し「入学許可証（Ｉ－20）」が送られてくる。

⑦Ｉ－20と必要書類をそろえてビザを申請する（ＰＡＲＴ８参照）。

⑧航空券を手配して、渡米の準備をする。

日本で入学して、アメリカで卒業する

〝日本校〟のあるアメリカ大学

■アメリカの大学の日本校

アメリカの大学の中には、日本校を設けているところがあります。こういった大学に入学すれば、日本で入学してアメリカで卒業することが可能です。

アメリカの大学の日本校には、次のようなタイプがあります。

・日本校では英語だけを学び、大学教育はアメリカの本校で学ぶ学校。

・日本校では英語コースで英語を勉強しながら、同時に教養課程の一部を学び、本格的な大学教育は本校で学ぶ学校。

・日本校では英語コースで英語を勉強しながら、同時に教養課程の一部を学び、本格的な大学教育は本校か日本校かその他の外国のキャンパスで学ぶ学校。

日本経済がバブルの頃に、地方にアメリカの日本校が建てられましたが、現在も存続しているのは少ないようです。

■日本で入学、アメリカで卒業

３つのタイプのいずれにも共通しているのは、学部に進級する前に、併設の英語コースで勉強する点です。英語コースの上級クラスを修了、もしくはＴＯＥＦＬで基準点に達してはじめて、学部への進級が認められます。

アメリカと日本以外にもキャンパスを設けている大学に入学すると、日本のキャンパスに入学して、外国のキャンパスで数年、アメリカのキャンパスで数年勉強することも可能です。これは大学内で同じ単位制をとっているため、アメリカ以外の国で取得した単位が本校のアメリカで認められているからです。

日本での就職に備えて、海外のキャンパスで勉強したあと、最後の学期だけを日本のキャンパスで勉強するといったことも可能です。

■ドロップアウトが多い

日本で入学してアメリカで卒業した元在校生に話を聞いたところ、英語力が伸び悩み、アメリカの学部に進級できずにドロップアウトしていく学生が少なくないようです。

これらの学校は、入学して授業に出席していれば、ほぼ自動的に卒業できる日本の大学と異なり、よい成績を修めなければ卒業できないアメリカの大学のシステムを採用しています。日本校に入学したとしても、あくまでアメリカの大学へ入学するための予備校に通うという感覚でとらえたほうがいいでしょう。

その意味では、アメリカの語学学校でＴＯＥＦＬを勉強するのと、ほぼ同じ状態だと考えて差し支えないでしょう。

アメリカの大学の日本校

▼テンプル大学 JAPAN（Temple University Japan）

日本校：東京都港区南麻布 2 - 8 -12
アメリカ本校：米国ペンシルバニア州
フリーダイヤル：0120-86-1026
http://www.tuj.ac.jp/newsite/main/indexj.html

アメリカの大学の日本校としては、日本で初めて1982年に開校される。日本校には教養学部がある。

英語コースから学部課程に進級するには、上級コースを修了するか、TOEFL500点以上が必要。上級コースの学生は学部課程の一般教養科目を英語で履修でき、履修した単位は卒業単位に加算される。学部課程に進級すれば本校への編入が可能。

アメリカの本校はペンシルバニア州フィラデルフィアにある州立大学で、教養学部、教育学部、行政学部、経済・経営学部、保健衛生学部、保健体育学部、工学部、音楽学部、報道演劇学部、芸術学部などの13学部（100以上の学科）で学生数は約31,000人。

大学院レベルでは法学部、医学部、歯学部、薬学部などもある。取得できる学位は、準学士号、学士号、修士号、博士号。学生寮あり。

東京の他にも、ロンドン、ローマにキャンパスあり。入学時期は9月、1月、5月。

04

学校選びがポイントになる

専門学校に通学するには

■専門学校とは

職業に役立つ技能を身につけたい場合、日本では専門学校に通うのが通常ですが、アメリカでは**専門学校**に通うか**コミュニティー・カレッジ**（公立の2年制短大）の**職業訓練コース**に通います。

コミュニティー・カレッジは公立なので授業料が安いというメリットがありますが、短大なので高校を卒業していること、ＴＯＥＦＬで要求された点数をとることが求められます。

専門学校は通常ＴＯＥＦＬの点数を要求しませんが、中には点数を求める学校もあります。

専門学校には、ボストンのバークリー音楽院（ジャズの渡辺貞夫氏が卒業）、ニューヨークのＦＩＴファッション学院、サンタモニカのＧＩＡ宝石鑑定学校など世界的有名校もあれば、ビルの一室を借りただけで設備の整っていない学校もあるので、学校選びが留学の成否を分ける大きなポイントとなります。

■修了証が取得できるコースや教養講座

移民局が正式に認める「入学許可証（Ｉ－20）」は発行されないけれども、修了すれば「修了証」を取得できるコースがあります。

また、修了証は発行してもらえませんが、カルチャーセンターのような教養講座を設けている学校もあります。

■発給されるビザの種類

希望する専門学校から入学を許可されたら、**入学許可証（Ｉ－20）**を発行してもらって、ビザを申請します。専門学校の中にはＩ－20を発行していない学校もあるので、事前に確認しておきましょう。

学生ビザには語学学校、短大、大学、大学院に通う学生に発行される**Ｆ－1ビザ**と、専門学校に通う学生に発行される**M－1ビザ**とがあります。コミュニティー・カレッジの場合はF－1ビザが、専門学校の場合はM－1ビザが発給されることになります。

■F－1とM－1の違い

F－1とM－1ではかなり違いがあるので、そのことを知った上で、学校選びをするのが望ましいでしょう。F－1の場合、申請して許可されれば**アルバイト**が認められますが、M－1の場合、アルバイトは認められません。

語学学校に通う学生を除いてF－1の学生や卒業生には**プラクティカル・トレーニング**（実務研究）が許可されており、在学中や卒業後の1年間、合法的に働けますが、専門学校に通う学生は、卒業してからでないと働くことを許可されません。期間も4カ月の在学期間に対して1カ月、最高6カ月しか認められていません。

また、M－1の卒業生は、留学前に大卒相当の学歴か実務経験を満たしていないかぎり、就労ビザ（H－1B）を申請できません（116～117頁参照）。たとえば将来アメリカでIT関係の仕事をしたい人で学歴が2年足らない場合、F－1の学校に2年行けば、H－1B申請の条件を満たすことになりますが、M－1の学校で2年勉強したとしても、H－1B申請の条件を満たすものとしてカウントしてくれません。

勉強する学校の種類によって卒業後の進路が違ってきますので、慎重に学校選びをする必要があるでしょう。

■転校による滞在資格の変更

F－1からM－1への滞在資格の変更は可能ですが、M－1からF－1への変更は難しくなります。

たとえば、Mビザ保持者が短大や大学へ転校することは可能ですが、語学学校への転校は、ほとんどの場合許可されません。なぜならM－1の学生はすでに語学力があるとみなされているため、語学学校への転校が認められないのです。

また、専門学校から専門学校への転校も、原則として最初の半年しか許可されていません。

05

留学地選び・学校選びがポイント

語学学校に通学するには

■学校選びのポイント

語学留学する場合、留学地選びと学校選びがポイントになります。その際、**異文化体験に重点**を置きながら短期間で英語力をのばしたいのか、それとも短大や大学に進学するつもりで、**ＴＯＥＦＬの点数**をのばしたいのかによって、選ぶポイントが異なります。

前者の場合、自分が異文化体験をしたい町を選んで、その町にある学校を選びます。後者の場合、入学を希望する大学の付属のＥＳＬコース（英語学校）を選ぶか、進学カウンセリングサービスの充実した学校を選びます。大学によっては自校のコース修了者には、ＴＯＥＦＬを受験しなくても、大学進学を認めているところもあります。

語学学校を選ぶ際には、**クラスの大きさ**、**能力別レベル編成**、**生徒の年齢層**や**出身国の割合**をチェックします。大都市の学校は、日本人学生が多数を占めているのが実状です。高い授業料を払ったのに、クラスのほとんどが日本人だったという笑えない話もあるようです。

いずれにしても、移民局が認める**入学許可証（Ｉ－20）を発行する学校**を選びましょう。この許可証がないと、学生ビザを発給してもらえません。

■現地で学校を探すには

語学学校は、**現地で探すのが最上の方法**と言えるでしょう。建物、クラス、付属設備を自分の目で確認することができ、またテキストを見せてもらうこともできます。頼めば授業を見学させてくれる学校も少なくありません。

現地で探す場合、とりあえずビザ免除プログラムを利用してノービザで渡航し、アメリカ国外に出てから改めて学生ビザを申請することになります。

ノービザで渡航する場合、入国審査で「学校を探しにきた」と言うと、場合によっては入国拒否にあうことがあります。観光渡航と無難に答えておくといいでしょう。

学校の下見をする際に大切なことは、学校周辺に住む日本人や日本人関連組織を通して、入学したい学校の**評判を聞いておく**ことです。学費の安い学校の中には、合法的な滞在資格を得ようとする外国人が、登録のために使用する学校があります。このように〝学費は払ったが出席はしない〟「幽霊学生」を抱えている学校は、移民局から目をつけられているため、学生ビザが却下されることもあるので注意が必要です。

■日本で学校を探すには

あらかじめ日本で学校を決めていきたい場合には、留学斡旋業者が企画するプログラムに参加するか、自分で学校を探します。

留学斡旋業者のプログラムに参加すると、クラスメートの大多数が日本人という場合もあるようです。それを避けるためには、自分で情報収集をして、日本人が少ない学校を探すのが得策でしょう。情報収集の方法については、64～67頁を参照してください。

入学したい学校がいくつか候補に挙がれば、入学願書と学校案内書を取り寄せます。インターネットのダウンロードも活用できます。

書類や資料が送られてきた段階で学校を絞り込み、願書と関連書類を提出します。入学が許可されて、学校側から要求されている費用を支払えば、入学許可証（I－20）が送られてきます。

自分で学校を選び、送られてきた英文の資料を読み、英文で願書を提出する。辞書を引きながらのこうした行為がすでに語学の第一歩であり、もう留学は始まっていると言えるでしょう。

■英語力は問われない

語学学校は英語を勉強するための学校なので、入学の条件として英語力を問われることはなく、学費を出せば入学を認められます。また、短期から長期までさまざまなコースがあり、自由に選ぶことができます。

「プレースメントテスト」がありますが、これは入学の合否を決定するためのものではなく、能力別のクラス分けのためのものです。

文法ができても会話が苦手な人は、1ランク下のクラスに入るのがいいかもしれません。

06

安く英語が習得できる アダルト・スクールの活用

■アダルト・スクールの移民向け無料クラス

アメリカには「アダルト・スクール」と呼ばれる学校がありま す。その名も示すように成人のための学校ですが、余暇を利用して何か学びたい人、英語がわからない移民や難民、高齢者、障害者などが利用できるクラスが設けられています。また、高校卒業資格を持っていないアメリカ人が、卒業に必要な単位をとるためのクラスもあります。

アダルト・スクールには、無料で受講できるクラスがあります。**移民・難民向けの英語**、**読み書き**、**歴史**、**数学**、**高校卒業資格準備**、**市民権獲得準備**などのクラスです（アダルト・スクールの授業がすべて無料というわけではありません）。

アダルト・スクールの英語クラス（ＥＳＬ＝English as a Second Language）は、移民・難民のために設けられたものですが、登録時に受講者が移民・難民かを調べないところもあります。そのため、移民資格を持たない日本人でも、アダルト・スクールで無料の英語クラスをとっている場合があるようです。

■アダルト・スクールの有料クラス

最近では、財政難のため10～20ドルくらいの登録料を徴収する英語クラス（ＥＳＬ）もあります。

クラスの平均人数は40～50人と多く、他の私立の語学学校のようなきめの細かい授業は期待できませんが、授業料が安く、日本人が少ないという利点があります。

ただし、アダルト・スクールに通学しても学生ビザは発給されないので、他の手段で合法的な滞在資格を保持していなければなりません。

■職業訓練と趣味のクラス

アダルト・スクールには、ＥＳＬ以外にもさまざまな

日本人の正規留学生数の推移

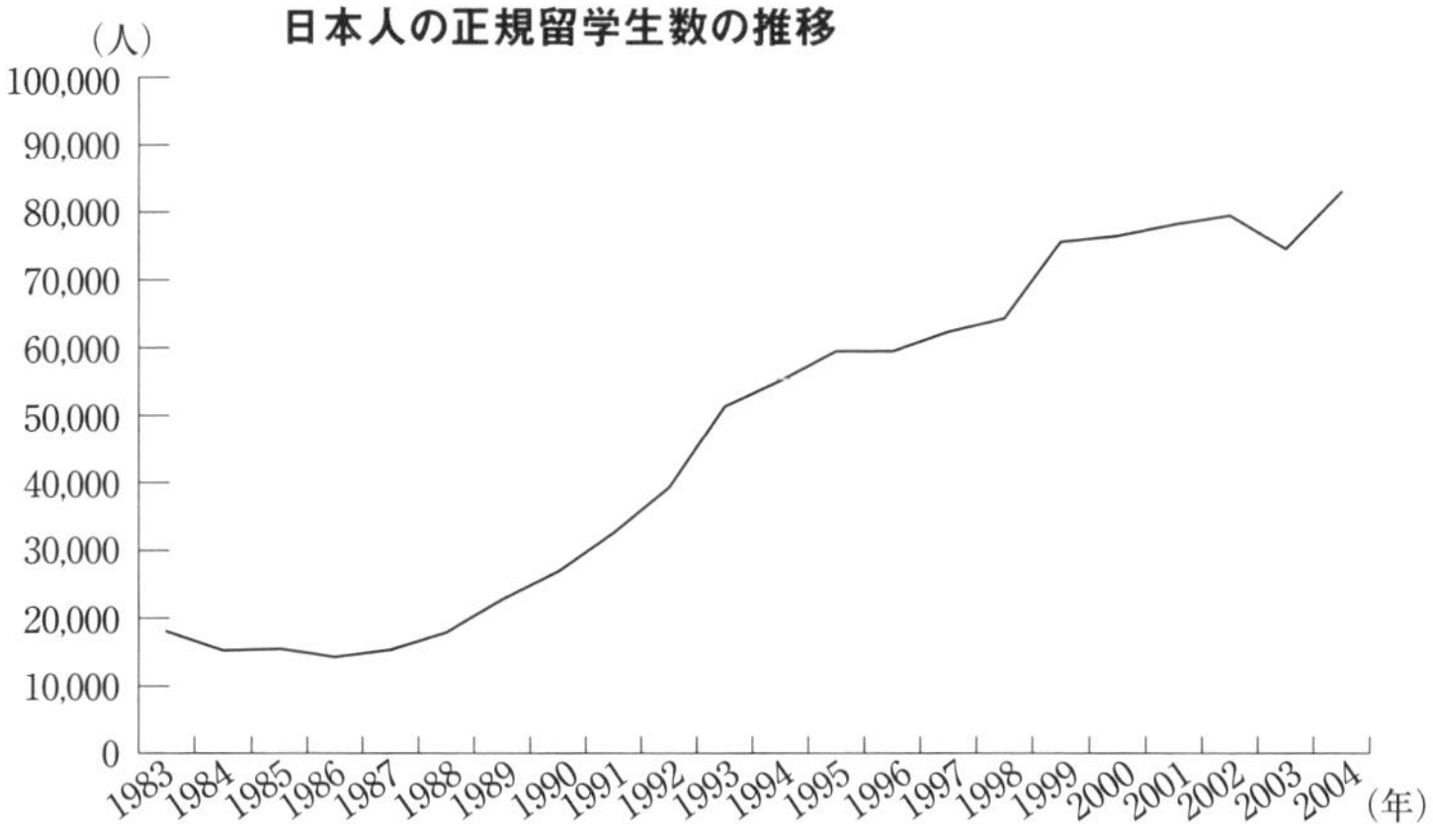

資料：文部科学省調べ、独立行政法人日本学生支援機構調べ

クラスがあります。たとえばカリフォルニア州のバークレーにあるアダルト・スクールを見てみましょう。

〃職業訓練〃のコースには、コンピューター、会計業務、看護の仕方、英文タイプなどのクラスがあります。1回約1時間で週5日、1学期の授業料は10～30ドルです。

〃コミュニティー・サービス〃のコースには、ダンス、写真、ヨガ、スペイン語、フランス語など余暇活動の意味合いの強いクラスがあります。週に1回で、1学期の授業料は30～100ドル。また、高齢者用には裁縫のクラスもあり、週に1回で、1学期20ドル前後です。

ただし、これらは移民・難民やアメリカ市民の授業料です。短期滞在者や外国人留学生は、追加の料金をとられるかもしれません。また、これらのクラスをとっても、学生ビザは発給されません。

■アダルト・スクールの探し方

アダルト・スクールの所在地は、その地域の**教育委員会**（Board of Education）に連絡をとれば教えてくれます。クラスの内容、授業料、学期の長さは学校によって違うので、事務局に電話して、スケジュールを送ってもらうといいでしょう。

タウン紙や地域の図書館などでも情報を得ることができます。また、インターネットの検索サイトにアクセスして「adult school」と入力し、調べたい都市名を入力すれば情報を得ることができます。

ひとつのクラスの登録者があまりにも少ない場合は、クラスがキャンセルになることもあるようです。

07

留学生に課せられるテスト
TOEFL・SAT・GRE

■１８０カ国で実施されるＴＯＥＦＬ

ほとんどのアメリカの短大・大学・大学院や一部の専門学校では、外国人の入学希望者に「ＴＯＥＦＬ（Test of English as a Foreign Language）」の受験を求めています。これは合格・不合格を決めるものではなく、入学希望者の英語力をみるためのもので、入学を希望する学校が要求する点数（スコア）をとる必要があります。

学校が要求するＴＯＥＦＬのスコアに満たない学生でも、「条件付き」で入学を許可する大学やカレッジもあります。たとえば、他の科目と並行してＥＳＬ(English as a Second Language）を履修させたり、ＥＳＬや語学学校などの語学研修機関でプログラムを修了することを条件に、ＴＯＥＦＬ免除で入学を許可したりします。

試験はアメリカをはじめ約１８０カ国で受験できます。何回でも受験が可能なので、希望校が要求するスコアをとるまで、挑戦し続ければいいわけです。スコアは受験日から2年間有効です。

かつてはペーパー形式（ＰＢＴ）を採っていましたが、現在ではコンピューター形式（ＣＢＴ）に統一されました。ペーパー形式のテストは、完全に廃止されたわけではありませんが、現在日本においては予定されていません。

■4つのセクションから成るテスト

ＴＯＥＦＬは次に挙げる4つのセクションから成り、各セクションのスコアは０～30の範囲で設定され、合計が０～１２０となります。約4時間（休憩時間を含む）のテスト中はメモをとることが認められています。

ウェブサイト（http://www.cieej.or.jp/toefl/index.html）を利用すると、ＴＯＥＦＬの最新情報を得ることができます。

①Reading（60～１００分）

３つの長文を読み、設問に答えます。正しい選択肢を

TOEFLの国別成績（2007年報告）

国名	リーディング	リスニング	スピーキング	ライティング	スコア
◆日本周辺諸国					
香港	18	21	19	22	80
中国	20	19	18	20	76
台湾	16	18	17	19	71
韓国	16	18	17	18	69
日本（アジア最下位）	15	17	15	17	65
◆アジア上位3カ国					
シンガポール	25	25	24	26	100
インド	22	23	23	23	91
マレーシア	22	23	20	24	89
◆中東上位3カ国					
イスラエル	21	25	24	22	92
レバノン	19	22	21	21	84
エジプト	19	21	21	20	81
◆アフリカ上位3カ国					
南アフリカ	23	25	26	25	99
ジンバブエ	22	23	24	24	93
モーリシャス	22	23	22	23	90
◆南アメリカ上位3カ国					
アルゼンチン	23	24	22	23	93
ウルグアイ	23	25	22	23	93
コスタリカ	22	24	22	22	90
◆ヨーロッパ上位3カ国					
オランダ	25	27	25	25	102
デンマーク	24	26	26	25	101
オーストリア	24	26	25	25	99
ベルギー	25	25	24	24	99

【注】英語のネイティブ国は除外
出典：Test and Score Data Summary for TOEFL Internet-Based Test

選ぶ、提示された一文を適当な箇所に挿入する、複数の選択肢を正しい順序に並べるなどの問題が出題されます。
長文の中の一部の単語については、クリックすると、その語句の意味を説明する英文が表示されます。

②Listening（60～90分）

3つの会話、講義、討論を聞いて、各々の設問に答えます（主に4択問題）。講義に関する設問では、画面上に受験者の理解を助けるキーワードが出てくるので、これも参考にして問題を解きます。

③Speaking（約20分）

Independent と Integrated の2種類の問題が出題されます。Independent（日常的なスピーキングの問題）は、質問に対して自分の経験をもとに答える問題です。準備時間は15秒、解答時間は45秒で、マイクを通して答えます。

Integrated（統合的なスピーキングの問題）では、まず長文を読み、次に長文に関連した内容の講義（1～2分）を聞きます。その後、質問に対して長文と講義から得た情報をもとに答えます。準備時間は30秒、解答時間は60秒で、マイクを通して答えます。

④Writing（50分）

Independent と Integrated の2種類の問題が出題され

ます。Independent は、質問に対し自分の経験をもとに答える問題で、30分間で３００語程度の小論文をまとめます。

Integrated は、長文を読み、次に長文に関連した内容の講義を聞きます。質問に対して１５０～２２５語程度で答えます。解答時間は20分。

手書きは認められませんので、タイプ能力を向上させる必要があります。

■受験するには

コンピューター形式のテストは、主に土曜日か日曜日に開催されます。ウェブサイト（http://www.cieej.or.jp/toefl/toefl/testfee.html）で、テストの予定を確認できます。

日本での会場は、北海道（札幌市、江別市）、東北（秋田市、盛岡市、仙台市）、関東（東京都内、所沢市、川越市、千葉市、船橋市、横浜市、相模原市、調布市）、甲信越（松本市）、東海（沼津市、名古屋市）、近畿（彦根市、京都市、京田辺市、大阪市、堺市、豊中市、八尾市、柏原市、神戸市、西宮市）、中国（岡山市、高梁市、下関市）、九州（福岡市、佐賀市、長崎市、宮崎市、鹿児島市）にある各都市です。

受験の申し込みをするには、「受験要項（Information Bulletin）」を入手します。左記に問い合わせて申し込むことも可能です。

〈問い合わせ先〉
国際教育交換協議会　ＴＯＥＦＬ事業部
東京都渋谷区神宮前５－53－67
コスモス青山Ｂ１Ｆ
ＴＥＬ　０３－５４６７－５５０１（平日）
http://www.cieej.or.jp/

■その他のテスト

ＴＯＥＦＬの他にも、アメリカ人が大学へ入学するときにその適性をみる学力検査「**ＳＡＴ**（Scholastic Aptitude Test）」の受験を要求されることがあります。

ＳＡＴ１は英語と数学の2科目、ＳＡＴ２は18種の科目別になっています。2は1回につき3科目まで受験できます。1と2を同日に受験することはできません。

大学院に入学する場合、ＴＯＥＦＬの他に「**ＧＲＥ**（Graduate Record Examination）」の受験を求められることが多いようです。これは全米大学院共通試験で、ア

アメリカの留学関連データ（2007-2008年）

▼在籍する教育機関内訳

	留学生全体	日本人
大学学部	42.9%	61.3%
大学院	48.8%	20.2%
その他	8.3%	18.4%

▼留学生全体の男女比

大学(男性)	51.7%
大学(女性)	48.3%
大学院(男性)	59.3%
大学院(女性)	40.7%

▼日米教育委員会留学情報サービス利用者

日本人男性	43%
日本人女性	57%
大学院希望者	58%
大学希望者	42%

▼専攻分野

▽留学生全体の専攻（大学・大学院）

①ビジネス（19.6%）　②工学（17.0%）　③自然・生命科学（9.3%）　④社会科学（8.7%）　⑤コンピューターサイエンス（8.2%）

▽日本人の専攻（大学）

①ビジネス（20.9%）　②社会科学（14.3%）　③芸術（14.1%）　④人文科学（4.6%）　⑤理学・生命科学（3.7%）

▽日本人の専攻（大学院）

①社会科学（23.6%）　②ビジネス（19.0%）　③芸術（9.7%）　④教育（9.1%）　⑤人文科学（8.1%）

▼日本人留学生の特色

①大学院に留学する学生よりも、大学に留学する学生が多い（留学生全体としては大学院で学ぶ学生のほうが多い）。
②2年制大学で学ぶ割合が、留学生全体の12%におよんでいる。
③女性が男性よりも多い（1990年以降、男女比が逆転）。
④留学情報サービスの利用者には、30～40代が増加している。

▼日本人の志望理由・動機

①英語力を向上させたい。
②国際性を身につけ、視野を広めたい。
③アメリカの大学で学ぶ経験をしたい。
④さまざまな人々との交流を通じてネットワークを築きたい。
⑤留学経験を将来の仕事に役立たせたい。

【注】語学留学生は含まない。
資料：日米教育委員会「アメリカの大学における留学生の動向」より

メリカ人学生も受験しなくてはいけないものです。

ＧＲＥは、一般適性テスト（言語能力、数学、分析能力をみるテスト）と専門分野に関するテストに分かれています。大学や専攻によって、一般適性テストのみを要求される場合、専門分野のテストのみを要求される場合、両者を要求される場合があります。

スコアの有効期間は5年間で、何回か受験した場合は、5年前まで遡ってすべてのスコアが志望校に送付されます。ＴＯＥＦＬのように何回も受験した中から一番いいスコアだけを送付するわけではないので、〝腕だめし受験〟は控えたほうがいいでしょう。

プロフェッショナル・スクール（48頁参照）に進学を希望する場合は、別のテストの受験を求められることがあります。たとえばLaw School（法学部）への入学希望者は「**LSAT**（Law School Admission Test）」、Business School（ＭＢＡコース）への入学希望者は「**GMAT**（Graduate Management Admission Test）」の受験を求められることが多いようです。

ＧＭＡＴは、英語と数学の問題に大別されます。スコアの有効期間は5年間で、2回以上受験すると、最新スコアから遡って3回分のスコアが学校に送付されます。

要領よく必要な情報を集めよう

留学に関する情報収集

■情報収集は留学の第一歩

留学の第一歩は、情報収集から始まります。情報収集の如何によって、後の留学の成否が決まってくると言っても過言ではないでしょう。集めた情報の中から、学校の規模、設備、経営形態、専門分野、授与される学位、授業料、学生寮の有無、ホームステイ紹介の有無などを調べて、目的と状況にあった学校を選ぶための判断材料とします。

①雑誌や単行本で情報を集める

雑誌では、アルクが発刊している月刊の『留学ジャーナル』や、『アメリカ&カナダ留学事典』『語学留学』が役に立ちます。

単行本は数多く出版されていますが、留学相談や手続き代行を行っている機関（ＩＣＳ、ジオス出版など）が編集した書籍や、『毎日留学年鑑』シリーズ（毎日コミュニケーションズ）、『地球の歩き方 成功する留学』シリーズ（ダイヤモンド社）などが役に立つでしょう。

②学校案内ガイドブックで情報を集める

アメリカで出版されている学校案内ガイドブックは③で紹介する機関で閲覧が可能ですが、インターネット（http://www.amazon.com/）で購入することもできます。

・『English Language and Orientation Programs in the United States』（Institute of International Education）
……語学学校のガイドブック
・『Lovejoy's Guide for Career and Vocational Schools』（Lovejoy's）……専門学校のガイドブック
・『Peterson's Four-Year Colleges』（Peterson's）
……4年制大学のガイドブック
・『Peterson's Two-Year Colleges』（Peterson's）

……2年制大学のガイドブック

・『Petrson's Vocational and Technical Schools East/West』（Peterson's）……専門学校や職業訓練校のガイドブック

・『International Student Handbook』（The College Board）……大学、大学院のガイドブック

③公的機関を利用して、留学資料を閲覧する

67頁で紹介した機関や日米教育委員会（68頁参照）では、アメリカの語学学校、専門学校、短大、大学、大学院をリストアップした学校ガイドブックや主要な学校のカタログがを閲覧したり、留学に関するビデオやＤＶＤを視聴することができます（無料）。

機関によっては、無料で留学の相談にのったり、ＴＯＥＦＬ、ＧＲＥ、ＧＭＡＴ、ＳＡＴなどの受験申込案内書が入手できます。入館の際、身分証明書の提示を求めるところもあるので、持参したほうがいいでしょう。

④インターネットを利用する

留学情報雑誌や書籍を発行しているアルクが運営する「留学ネット」（http://www.alc-ryugaku.net/）は、自社のみならず他機関の情報も網羅していて、留学を計画している人には必見のサイト。無料メールマガジンの登録もできます。

留学の基礎知識、学校、奨学金などの情報が入手できるほか、留学体験談、Ｑ＆Ａ、留学作成プラン&見積もりなどのコーナーもあります。留学準備に役立つセミナーや奨学金などの最新ニュースも入手できるので、こまめにチェックを。

「女子Ryu」（http://www.joshiryu.com/）は、女性が自分の流儀で自分らしい留学を選ぶ女性専用の海外留学ポータルサイト。語学留学、キャリア留学、ワーキングホリデー、体験・お稽古留学、親子留学などの項目で構成されています。

ほかにも学校について調べたいときは、左記のサイトが役に立ちます。

・これからのアメリカ語学留学の情報入手サイト
http://www.5logi.com/yindex/
アメリカの語学学校の情報を満載した日本語のウェブサイト。

・Perterson's Education Center
http://www.petersons.com/

アメリカの大学のガイドブックを発行している出版社のウェブサイト（英語）。アメリカの留学情報、大学、短大、サマープログラム、語学プログラムなどの情報が満載。専攻分野別、アルファベット順、州別に検索可能。

⑤留学フェアに参加する

毎年、春や秋に留学関連の団体によって「留学フェア」が開催されます。フェアでは各大学がブースを開いているので、わからないことを質問できます。

留学フェアに関する情報は、前述した本、機関、インターネットを通して得るか、週刊「ＳＴ（スチューデント・タイムズ）」（ジャパン・タイムズ）のイベント欄から得るといいでしょう。

前述のアルクなどが運営しているメールマガジンに登録しておけば、情報が送られてきます。

⑥留学斡旋機関を利用する

現在、日本では５００以上の事業者・団体が海外留学斡旋業務をおこなっています。許認可制度をとっていないため、なかには外国で勉強したいという留学希望者の夢を喰いものにする悪徳業者も存在するので、斡旋機関は慎重に選びたいものです。

これまでにたくさんの留学生を送り出している機関や、設立してからの年数が長い機関は、雑誌や単行本の編集、資料の閲覧、留学相談カウンセリングサービス、手続き代行、オリエンテーションなどのサービスをおこなっています。これらの機関を有効に利用して、自分にあった学校を探してみるといいでしょう。業者を利用するにしても、すべてを業者まかせにするのではなく、ある程度の知識を身につける姿勢が大事です。

前述の留学情報センターがウェブサイトで公開している「留学斡旋業者の利用について」（http://www.jasso.go.jp/study_a/oversea_info_04.html）や、アルクがウェブサイトで公開している「留学エージェントの選び方・活用法」（http://sabrd.alc.co.jp/prep/ag/index.html）などは参考になるでしょう。

国民生活センター（ＴＥＬ　０３－３４４３－８６６３）が発行している『海外英語研修のための情報ガイド——入学申込代行事業者比較を中心として』は、35の留学斡旋機関のサービス内容を紹介しています。この情報ガイドは、③で紹介した「日本国際教育協会・留学情報センター」で閲覧可能です。

留学資料が閲覧可能な機関

▼日本国際教育協会・留学情報センター
http://www.jasso.go.jp/study_j/info.html

文部省の外郭団体。アメリカの2年制・4年制大学、大学院、語学学校、専門学校、高校をリストアップした学校ガイドブックやカタログがそろっていて無料で閲覧が可能。ビデオやDVDを見たり、インターネットも使用が可能。TOEFL、GRE、GMAT、SATなどの受験申込案内書も無料で入手できる。予約をすれば無料で留学の相談にものってくれる。

▽東京　東京都江東区青海2-79
TEL：03-5520-6141
資料室開館：月～金　9:30～17:00
土日祝日 10:00～16:00
留学相談予約受付：
月～金　10:00～16:00
TEL：03-5520-6161

▽神戸　神戸市中央区脇浜町1-2-8
電話：078-242-1745
資料室開館：月～金　9:30～17:00
留学相談予約受付：
月～金　11:00～17:00
TEL：078-242-1744
＊図書の貸し出しあり

▽札幌　札幌市豊平区豊平6条6丁目5-35
電話：011-876-9091
資料室開館：月～金　9:30～17:00
留学相談予約受付：
月～金　10:00～16:00
TEL：011-876-9091

▽名古屋　名古屋市中区上前津2-1-30
上前津ビル6F
電話：052-784-7781
資料室開館：月～金　9:30～17:00
留学相談予約受付：
月～金　10:00～16:00
TEL：052-784-7781

【注】札幌・名古屋は電話かwebカメラでの相談となる。
電話は東京に転送されますが、電話料金は札幌・名古屋までの料金となる。

▼アメリカン・センター
http://japan.usembassy.gov/tj-main.html

アメリカの政府関連機関。各地にあるアメリカ領事館と同じ場所にある。留学に関する資料、図書、学校をリストアップしたガイドブックが無料で閲覧可能。留学に関連したビデオやDVDの視聴も可能。語学学校の資料は少ない。入館のための予約が必要で、入館には身分証明書を提示する。平日のみ開館。日米両国の祝日は休館。

▽札幌　札幌市中央区北1条西28
米国総領事館内
TEL：011-641-3444
(月～金　8:30～17:30)
開館：13:00～17:00（月～金）

▽東京　東京都港区赤坂1-10-5
米国大使館内
TEL：03-3224-5292
(月～金　10:00～12:00　13:00～17:00)
03-3224-5293（来館予約専用）
(月～金　9:00～12:00　13:00～17:00)
開館：13:00～17:00（月～金）

▽名古屋　名古屋市中村区那古野1-47-1
名古屋国際センタービル6階
TEL：052-581-8641
(月～金　9:00～17:00)

▽大阪　大阪市北区西天満2-11-5
米国総領事館内
TEL：06-6315-5970
(月～金　13:00～17:00)
開館：月～金　13:00～17:00

▽福岡　福岡市中央区天神2-2-67
TEL：092-733-0246
(月～金　9:30～17:00)
開館：月～金　13:30～17:30

▼国際交流関連機関

各自治体にある国際交流関連機関では、アメリカ留学に関する資料、図書、学校ガイドブックが閲覧できる。訪れる前に開館時間、資料の有無、留学相談の有無などについて確認をしてから出向くこと。国際交流関連機関については、以下のウェブサイトを参照。
http://www.fulbright.jp/study/kikan.html
http://www.yoke.or.jp/link2.html

【注意】訪問前に所在地・開館時間を確認してから問い合わせてください。

09

一度は訪ねてみる価値あり

留学のサポーター「日米教育委員会」

■充実した資料室

１９７９年に設立された「日米教育委員会」の資料室には、アメリカの短大、大学、大学院、語学学校、専門学校をリストアップした参考資料がそろっています。大学・大学院のカタログもそろっていて、閲覧が可能です。短大のカタログはありませんが、マイクロフィッシュで見ることができます。語学学校・専門学校については、参考資料はありますが、カタログはありません。

資料をコピーしたり、約１００校の大学案内をビデオで見ることもできます。日米教育委員会が作成した資料、大学のパンフレットを専門分野別にまとめたファイル、日本人学生入学状況データ、日本にあるアメリカの大学の同窓会の所在についてのファイルなどもあります。

身分証明書を提示すれば、無料でインターネットを利用することもできます。

■留学関連の情報

日米教育委員会では、ウェブサイトを通して留学関連の資料や情報を公開しています（左頁のコラム参照）。

有料の資料としては、同委員会編集の『アメリカ留学公式ガイドブック』（アルク発行）があり、一般の書店でも入手可能です。同書は日英両語で書かれているため、学校に関連する言葉を英語で知ることができるので、アメリカ渡航後に留学生アドバイザーに相談するときに役立ちます。

■個人相談

電話かＥメールでの相談が可能です。すでに前述の資料や情報を調べ、具体的な相談事項がある人のみを対象に行っています。

電話の時間帯やＥメールアドレスについては、http://www.fulbright.jp/study/consult.html で確認してください。

■説明会と相談会

前述の資料や情報を読んだ人を対象に、大学と大学院別に、東京と大阪で月１回「説明会」を開いています（要予約）。内容としては、最近のアメリカ留学の傾向、日米の教育比較、アメリカの大学の特徴、留学手続きなどの説明と質疑応答があり、最近の留学経験者が体験を語ります。

▼「日米教育委員会」連絡先
〒100-0014　東京都千代田区永田町２-14-２
山王グランドビル207
TEL:03-3580-3231
http://www.fulbright.jp/
開館時間：平日13:00～17:00
最寄り駅：地下鉄銀座線／丸の内線
「赤坂見附駅」下車２分

▼日米教育委員会が提供する資料や情報
http://www.fulbright.jp/site.html
▽業務内容
・アメリカ留学公式ガイドブック
・留学準備スケジュール
・アメリカ院留学の基礎知識（大学・大学院）
・アメリカ院留学の基礎知識（経営大学院）
・アメリカ院留学の基礎知識（法律大学院）
・アメリカ入国後の案内　・アメリカ留学奨学金制度一覧
・よくある質問：FAQ　・説明会　・イベント
・相談窓口、方法　・資料閲覧可能な国際センター
・大学担当者向けページ　・リンク集　・用語集
・参考図書　・アメリカ留学掲示板
・お知らせメール登録と解除

また、毎年１回10月から12月にかけて、札幌、仙台、名古屋、京都、大阪、広島、福岡、那覇の各都市で、「留学相談会」が行われます。日程についての問い合わせや予約は、９月以降に受け付けています。

■アメリカ大学留学フェア

毎年10月にはアメリカの大学関係者が来日し、東京と大阪に各大学のブースが設置されて、大学の説明や資料の配布をおこないます。日程については、８月中旬以降に問い合わせてください。

■オリエンテーション

毎年５月に東京と大阪で、アメリカ留学が決定した人を対象に「渡米準備のためのオリエンテーション」がおこなわれます。

大学留学、大学院留学（人文・社会科学系）、大学院留学（自然・応用科学系）、経営大学院の４つのセクションに分かれたオリエンテーションです。日程についての問い合わせや予約は、４月以降に受け付けています。オリエンテーションの内容を録音したＤＶＤの貸し出しもおこなっています。

10

単位交換制度の活用

国内外の他大学でも単位がとれる

■他大学でとった単位が加算される

日本では、入学した大学イコール卒業した大学となる場合がほとんどですが、アメリカでは「単位交換制度」が確立しているため、入学した大学と卒業した大学が異なる学生が少なくありません。

アメリカではほとんどの大学が、**国内外の他大学でとった単位を認めている**ため、学生が他大学へ編入学する率は高いものとなっています。最初の2年間は学費の安い地元の学校に通って、後半は本命の学校に転校したり、本命の学校に入学できなかった人が、一念発起して敗者復活戦を果たしたり、と転校の理由はいろいろです。

日本社会と比べると「やり直し可能」というのがアメリカ社会の特徴ですが、大学事情にもアメリカのお国柄が表れているようです。

■アメリカでとった単位は日本で加算されない

一方、日本の大学には単位交換制度がほとんどなく、外国の大学でとった単位はおろか、国内の他大学でとった単位も認めていません。

認めているのは**国際基督教大学**（ＩＣＵ）、**早稲田大学第二文学部**、**上智大学国際学部**、**関西外語大学**などです。これらの大学や学部では、外国の大学でとった単位を認めて卒業単位に加算しています。慶應、法政、立教、同志社なども国際交流が充実しているようです。

自分の通っている大学に単位交換制度や交換留学制度があるか、学生課で確かめてみましょう。交換制度がない場合、アメリカの大学でとった単位を、帰国後に日本の大学の単位に加算することはできません。

■休学して聴講生としてアメリカへ

たとえ単位を加算することができなくても、アメリカ

正規留学生の出身国

（人）

国名	2000年	2007年
❶インド	66,836	94,563
❷中国	63,211	81,127
❸韓国	49,046	69,124
❹日本	46,810	33,974
❺カナダ	26,514	29,051
❻台湾	28,930	29,001
❼メキシコ	12,518	14,837
❽トルコ	12,091	12,030
❾サウジアラビア	—	9,873
❿タイ	11,606	9,004
⓫ネパール	—	8,936
⓬ドイツ	9,613	8,907
⓭ベトナム	—	8,769
⓮イギリス	8,414	8,367
⓯香港	7,757	8,286
⓰インドネシア	11,614	7,692
⓱ブラジル	8,972	7,578
⓲フランス	7,401	7,050
⓳コロンビア	8,068	6,662
⓴ナイジェリア	—	6,222
総数	582,996	623,805

語学留学生の出身国

（人）

国名	2000年	2007年
❶韓国	12,772	12,586
❷日本	19,585	7,917
❸サウジアラビア	2,458	6,117
❹台湾	9,325	5,926
❺中国	1,839	3,134
❻ブラジル	6,020	2,177
❼トルコ	2,118	1,519
❽タイ	2,009	1,279
❾ベトナム	—	1,099
❿フランス	1,683	976
⓫スイス	1,494	753
⓬コロンビア	2,549	731
⓭メキシコ	2,797	708
⓮ベネズエラ	2,614	686
⓯イタリア	2,471	682
⓰スペイン	1,265	619
⓱ドイツ	1,332	541
⓲香港	—	372
⓳インドネシア	—	339
⓴ロシア	—	289
総数	85,238	54,487

【注】語学留学生は、9.11テロ以降に激減した。日本人の正規留学生数は1994～1997年、連続1位だった。日本の語学留学生数は2004年まで連続1位だった。
出典：『Open Doors』Institute of International Education

でのキャンパスライフを体験してみるために、聴講生として勉強するのもいいでしょう。

聴講生として勉強する場合でも、やはりＴＯＥＦＬの受験を求められることが多いようです。授業料は履修する単位分だけを支払います。アメリカで聴講生として履修した単位はその後も記録されるので、将来再び留学を考える場合は、その単位が加算されることになります。

ただし、聴講生は学生ビザの取得はできません。

■日本で入学→アメリカで卒業→日本でも卒業

アメリカで単位交換制度が確立しているため、日本の大学とアメリカの大学の両方を卒業することも可能です。つまり、日本の短大の卒業生や4大の教養課程を修了した人は、その分の単位を認めてくれるアメリカの大学の3年次に編入し、卒業することができます。後者はその後、日本に戻って残りの2年を修了すれば、日本の大学も卒業することができるのです。

その場合、日本の大学を休学している間の授業料の支払いについて、大学側に尋ねておきましょう。大学によって、全額支払い、半額支払い、一部支払い、一定額支払い、全額免除など、多岐にわたっています。

11

資金不足でもあきらめないで

奨学金と教育ローン

■アメリカの奨学金制度

アメリカで支給される奨学金には、アメリカの各大学が支給する奨学金の他に「フルブライト奨学金」や「ハワイ大学東西文化センター奨学金」など、大学院進学者か研究者を対象にした奨学金があります。

各大学が支給する奨学金は、**経済的に恵まれない学業優秀な学生を対象**としています。1年次から申し込む場合は、手続きに必要な資料と書類を送ってもらい、入学願書とともに提出します。2年次から申し込む場合は、1年次の成績が選抜の対象になります。

大学院に比べて大学学部レベルでは、**留学生に対して奨学金が支給されることが少ない**のが現状のようです。

奨学金は支給されなくても、成績優秀な大学院生は、ティーチング・アシスタント（TA）やリサーチ・アシスタント（RA）として週10～20時間ほど雇ってもらえる場合があります（81頁参照）。

■海外留学生に対する日本の奨学金制度

日本で支給される奨学金には、**政府**が支給する奨学金と、**民間団体**が支給する奨学金があります。

地方自治体が住民を対象に奨学金を支給している場合もあるので、自分の住む都道府県・市町村で奨学金を支給しているかどうか調べてみましょう。

国公立大学には海外の交流校に留学する学生に奨学金を支給する制度があります。詳細については、通学している各国公立大学に問い合わせてみましょう。

私学研修福祉会助成金では、私立の幼稚園、小・中・高校の教職員で在職年数が2年以上の人に対して、奨学金を支給しています（TEL　03－3222－1008　http://www.skf.or.jp/）。

民間でかなり多くの人数に支給するのが「**ロータリー財団奨学金**」です。大学卒業生や大学課程の2年間を修了した学生が対象で、学位取得を目的としない「1学年度国際親善奨学金（９カ月支給）」と、学位取得を目的とする「マルチ・イヤー国際親善奨学金（２～３年支給）」「文化研修国際親善奨学金」があります。

詳細は、現住所または本籍のある各地区の「ロータリークラブ」に問い合わせてください。国際ロータリー日本支局に問い合わせると、各地区のロータリークラブの連絡先を教えてくれます（ＴＥＬ　０３－３９０３－３１９４）。

■奨学金に関する情報を得るには

奨学金に関する情報は、**インターネット**を通して得るか、「**日米教育委員会**」や「**日本国際教育協会・留学情報センター**」が提供する奨学金関連資料を入手します（コラム参照）。資料は直接訪れて入手するか、郵送してもらいます。郵送を希望する場合は、「奨学金の案内書希望」と明記して、１６０円分の切手を貼ったＡ４サイズの返信用封筒を同封します。インターネットでも内容を参照できます。

■教育ローン

株式会社日本政策金融公庫（旧「国民生活金融公庫」）が実施している国の教育ローンは、留学にも適用されます（コラム参照）。

対象となるのは高校、専門学校、短大、大学、大学院へ６カ月以上留学する場合で、語学学校には適用されません。融資額は２００万円まで。詳細については教育ローンコールセンターに問い合わせをしてください（コラム参照）。他にも銀行やゆうちょ銀行で教育ローンを扱っているので、検討してみるといいでしょう。

▽株式会社日本政策金融公庫　http://www.jfc.go.jp/

奨学金に関するサイト

▼「日米教育委員会」の奨学金サイト
http://www.fulbright.jp/study/res/shokin.html

▼「日本国際教育協会・留学情報センター」の奨学金サイト
http://www2.jasso.go.jp/study_a/oversea_info_02.html

▼ロータリークラブの奨学金サイト
http://homepage3.nifty.com/shiekn/syogaku.htm

教育ローンコールセンター

▼電　　話：0570-008656
（全国から市内通話料金でアクセス可）
公衆電話、IP電話、CATV電話を利用：
03-5321-8656

▼営業時間
平日：9:00 ～ 21:00
土曜：9:00 ～ 17:00

12

留学生はＩＤ管理される

転校時の厳しいチェック

■留学生は厳しい管理下にある

２００１年に起こった同時多発テロ事件の犯人たちは、観光ビザでアメリカに入国していました。そして、滞在資格を学生ビザに変更していたり、学生ビザを申請中だったりしたため、移民局の業務が問題になりました。

そのため移民局は、法務省の管轄から新設の「国土安全保障省」の管轄に移り、名前もＩＮＳ(Immigration and Naturalization Service) から、ＵＳＣＩＳ (U.S. Citizenship and Immigration Services) へと変わりました。

新しい移民局のもとでは、特に**学生ビザ**（F、M、Ｊビザ）**を保持する留学生に対する管理が厳しくなっています**。知らないうちに不法滞在していた、再入国できなかった、プラクティカル・トレーニングが受けられなかった、転校の手続きがうまくいかなかった、といったことがないように注意してください。

■SEVISによる留学生管理

留学生を受け入れる学校は、２００３年1月31日から「ＳＥＶＩＳ(Student and Exchange Visitor Information System)」という**オンラインシステムで留学生を管理**しています。

すべての留学生にはＳＥＶＩＳ－ＩＤの番号がつけられ、学校はその学生に関するデータをＳＥＶＩＳに入力して管理します。そのため、留学生を受け入れる学校は、ＳＥＶＩＳ対応バーコードを含む「Ｉ－20（入学許可証）」を作成します。学生ビザを発給する領事館の職員は、これらの書類が本物であるかどうかを確認してからビザを発給します。ＳＥＶＩＳのＩＤは学生ビザにも記載されます。

ＳＥＶＩＳは扶養家族にも適用されます。ＳＥＶＩＳ－Ｉ－20を持っている学生の扶養家族は、それぞれの氏名が記載された独自のＳＥＶＩＳ－Ｉ－20を持つ必要が

アメリカ人の学歴

（単位：％）

	高校中退	高卒	進学したが卒業せず	短大卒	大卒	大卒以上
全体	15.8	33.1	17.6	7.8	17.0	8.6
25 ～ 34 歳	11.8	30.6	19.5	8.8	22.7	6.6
35 ～ 44 歳	11.4	33.7	18.4	9.5	18.4	8.6
45 ～ 54 歳	11.1	31.0	18.7	9.0	18.7	11.5
55 ～ 64 歳	18.3	35.7	16.3	6.2	13.1	10.4
65 ～ 74 歳	26.4	37.4	14.2	4.5	10.4	7.1
75 歳以上	35.4	34.1	13.2	3.9	8.7	4.7
男性	15.8	31.9	17.4	7.1	17.8	10.0
女性	16.0	34.3	17.7	8.4	6.3	7.3
白人	15.1	33.4	17.4	8.0	17.3	8.8
黒人	21.5	35.2	20.0	6.8	11.4	5.1
その他	16.6	23.8	14.0	7.3	25.2	13.2
北東部	15.0	35.3	13.5	7.7	18.0	10.5
中西部	13.1	35.5	18.2	8.3	16.8	8.0
南部	18.3	34.0	17.1	7.0	15.7	7.8
西部	15.7	27.4	21.1	8.6	18.6	8.6
有職者	9.7	31.8	18.8	9.0	20.4	10.4
失業中	23.5	36.0	18.7	7.0	10.2	4.7
無職者	28.3	35.9	14.8	5.4	10.7	5.0

出典：U.S.Census Bureau, Current Population Reports

あります。学生はＳＥＶＩＳ管理費として、プログラムごとに１００ドル支払います。家族は支払う必要はありません。

学生が、入国後に**Ｉ－20を発行した学校に行かなかったり、無断で単位を落としたり、休学したり**すると、その記録はすべてＳＥＶＩＳに入力され、**不法滞在者**とみなされます。

ＳＥＶＩＳに入力されたデータは、移民局や大使館などから、名前またはＩＤ番号を通して、アクセスが可能となります。

転校を希望する場合、留学生アドバイザーの指示に従って新しい学校にＩ－20を発行してもらいます。日本で取得した学生ビザに明記されているのは古い学校名ですが、特に新しい学校名に書き替えてもらう必要はありません。

転校先の学校は、**ＳＥＶＩＳ上で留学生の合法滞在を確認した上で**受け入れるというシステムになっています。学校に行かなかった期間があったりすると、転校もできなくなります。

13

留学生が働ける制度

プラクティカル・トレーニング

■2種類のプラクティカル・トレーニング

留学生は在学中および卒業後に、実務研修「プラクティカル・トレーニング（PT）」を受けて合法的に働くことができます。

これは、学生ビザ（F－1またはM－1）を保持する学生が、専攻分野に関連のある仕事に就くことができる制度で、収入を得ることが認められています。語学学校の学生は対象外です。

①Curricular Practical Training（CPT）

在学中の大学院生や1学年以上在籍した学部学生に対して許可されます。これは仕事と勉強を交互に行うインターン（研修）、産学協同の教育、必修となっている実習科目、カリキュラムの一部として行うトレーニング、と規定されているものです。

就労許可証（Employment Authorization Document）は必要ありません。

②Optional Practical Training（OPT）

大学院生や1学年以上在籍した学部学生に対して、在学中と卒業後に許可されます（専門学校の学生は卒業後の研修のみ）。申請できるのは以下のような学生です。

・学校の授業がない休暇中の学生。
・学期中の学生（週20時間にかぎり就労できる）。
・学士課程、修士課程、博士課程をとっていて、論文を除いて必要とされる授業を修了した学生。
・課程をすべて修了した卒業生。

移民局に申請して、就労許可証（Employment Authorization Document）を取得する必要があります。申請時に雇用主が決まっていなくてもかまいません。

■OPT研修の期間と回数

研修できる期間は、12カ月までです。理科系の特定分野の専攻者は、17カ月延長できます（総計29カ月）。

卒業前にＯＰＴで働いていれば、卒業後にＰＴが許可される期間から、その就労期間が差し引かれることになります。

専門学校の学生の場合は、４カ月の在学期間に対して１ヵ月の実務研修期間が、最高６カ月まで認められます。ＰＴは１回だけではなく、複数回受けることができます。たとえば短大を卒業してＰＴを受け、その後大学に進学し、卒業して再びＰＴを受けることが可能です。

■卒業後のＯＰＴ申請

卒業後にＯＰＴを受けたい場合、卒業前の90日前から卒業後30日後までの期間（１２０日間）に申請します。移民局へ就労許可証（Employment Authorization Document）の申請もしなければなりませんので、留学生アドバイザーに相談して、手続きを進めてください。

許可が下りるまで約90日かかりますので、早めに申請するのが望ましいでしょう。

申請に必要な主な書類は以下の通りです。

・就労許可申請書
・Ｆ－１ビザ発行時にもらったＩ－20
・学部のアカデミック・アドバイザーの手紙
・写真
・手数料分のチェックか郵便為替（Money Order）

■ＯＰＴ中の報告義務と非雇用期間の制限

ＯＰＴの研修者は、住所変更、雇用主の変更、非雇用期間について、大学へ報告する義務があります。

非雇用期間が最長で90日以上（12カ月の場合）もしくは１２０日以上（29カ月の場合）になると、ＯＰＴの滞在資格を失い不法滞在となるので、注意が必要です。

■許可されたＯＰＴ期間を過ぎたら

プラクティカル・トレーニング・ビザというものはなく、ＯＰＴ中は学生ビザの一環として滞在することになります。卒業後のＯＰＴは、卒業した日から数えて１年間が期限となります。許可が下りた日から１年ではありません。

ＯＰＴ期間が終われば、学生ビザをさらに延長するか、他のビザへと滞在資格を切り替えるか、60日以内に帰国するかのいずれかの道を選択します。

14

卒業後の仕事探し

アメリカで〝就職〟か日本で〝就社〟か

■職種の変更は稀

専門学校や大学を卒業した留学生には、アメリカで合法的に就労できる実務研修期間が与えられていますので（76～77頁参照）、卒業後の進路は**アメリカでの就労**と**日本に帰国しての就労**の2通りが考えられます。

日米では就職の概念が違います。アメリカでは職種で「就職」しますが、日本では会社に「就社」して配属された職に就きます。

アメリカでは、最初に就いた職種が変わることはめったにありません。会計事務として雇われればずっと会計事務として働き、日本のように人事異動で職種が変わるようなことは稀です。ですから、アメリカでは「どこの会社に入るか」よりも「何をやりたいか」を鮮明にする必要があると言えるでしょう。

■アメリカで就労する場合

F－1の学生の場合、卒業後に実務研修期間として認められている就労期間は12カ月（理数系の一部は29カ月）です。引き続きアメリカで働きたい場合は、雇用主にスポンサーとなってもらって、**就労ビザや永住権などを申請**し、就労資格を得なければなりません。

ですから、実務研修期間に入る前に、終わった後のことをよく考えておくことが大切です。卒業後にアメリカで実務経験をつけて日本で就職するのか、アメリカで働き続けたいのか、前もってキャリア計画を立てておいたほうがいいでしょう。

アメリカでは必要単位を取得した学期が卒業となるため、日本のように学生が一斉に就職活動を始めるわけではありません。求人情報は大学の**就職課（Placement and Career Planning Center）**で閲覧することができます。職種ごとに求人広告が掲示されており、ファイルに詳しい情報が収められています。在学生であれば就職情報を得ることができ、希望すればカウンセリングや就職準備説明会なども受けられます。

留学生はほとんどの場合、**日系企業か日本に目を向けているアメリカ企業**に雇われることになります。新卒でアメリカ企業に入社するのは、よほどの高い専門知識を持っていないと難しいようです。

日系企業の場合、アメリカの景気動向というより日本の景気動向に左右されるということを、頭に入れておく必要があるでしょう。また、日本本社採用と現地採用とでは、待遇面に差があるところが多いようです。

■日本で就労する場合

近頃は日本でも、通年採用・秋採用を実施する企業が増えてきましたが、圧倒的多数は4月採用です。4月入社をするためには、少なくとも**12月には卒業して就職の準備**をする必要があります。12月に卒業するためには、夏休みにもクラスを受講するなどして、**3年半**（もしくは**4年半**）で卒業するのが望ましいでしょう。

語学力や外国体験だけを武器にして職探しをするのではなく、身につけた専門性をアピールすることが重要な鍵になってきています。留学経験が日本でどのように活かせるかを見据えて、広い視野でキャリア計画を立てておきたいものです。

「就社」の要素が大きい日本では、すぐには希望の職種に就けないこともあるので、日本企業の特徴をよく理解した上で、企業へのアプローチを試みるべきでしょう。

■日本の企業にアプローチするには

アメリカ在住の留学生を対象に、いくつかの企業が説明会を開催しています。説明会の情報を集めるには、以下のウェブサイトが役に立ちます。

▽東京キャリアフォーラム&東京キャリアフェア
http://tokyocareerforum.usautstudy.com/100/120disco/
夏や冬に開催されるキャリアフォーラムやキャリアフェアの情報を入手できます。

▽キャリアフォーラム
http://www.careerforum.net/event/?lang=J
毎年10月から12月にかけて、東京、ボストン、ロサンゼルスなどで開催される就職説明会の情報が入手できます。

15

留学生でも不可能ではない

在学中のアルバイト

■留学中にかかる費用

留学費用全体としては、

・渡航にかかる費用（旅費、保険料、荷物発送費）

・通学にかかる費用（入学手続き費、学費、教材費、文房具費）

・生活にかかる費用（住居費、光熱費、食費）

を考慮に入れて算出します。大学の学費は通常、公立のコミュニティー・カレッジ→公立の大学→私立の大学の順に高くなっていきます。語学学校も決して安いとは言えません。

生活費は住む場所や、住居形態によって異なります。都会でアパートに住んで通学するのと、地方で学校附属の寮に住んで通学するのとでは、生活費にかなりの差が出てくるでしょう。サンフランシスコ、ホノルル、ニューヨークなどの都市は物価の高い都市として有名です。為替相場が円高の場合には、日本の都会でアパート暮らしをしながら学校に通うのと同じか、それより安い額と考えて差し支えないでしょう。

■留学生が許可されているアルバイト

学生は原則として就労が認められていませんが、次の場合には働くことができます。

①学内（オンキャンパス）で働く場合

通っている学校から許可証を発行してもらえば、学内での就労が許可されます。学期中は週20時間、休暇中は週40時間の範囲で働けます。

学校と直接関係のある会社の職場で働くときは、その職場がキャンパス外にある場合でも、キャンパス内での就労とみなされます。

語学学校、専門学校の場合は働けません。

②1年以上のコースを履修した学生で、かつ経済的理由がある学生の場合

特別な経済的理由が発生して、就労しないかぎり学業が続けられない場合（学費を援助していた肉親の死亡、破産、失職、給料減額など）で、①の手段で仕事が見つからない場合には、**就労許可申請書**を移民局に提出します。許可が下りれば、学期中は週20時間、休暇中は週40時間の範囲で働くことができます。

語学学校、専門学校の場合は働けません。

③プラクティカル・トレーニングで働く場合

学生ビザ（F－1またはM－1）を保持する学生が、在学中または卒業後の一定期間、合法的に働くことができる「プラクティカル・トレーニング（実務研修期間）」の制度があり、12～29カ月まで就労が許可されています（76～77頁参照）。

専門学校生には卒業後にのみ、最高6カ月まで許可されます。語学学校の学生は働けません。

■留学生の就労を認める暫定措置

留学生の学外就労を認める暫定措置がとられる場合もあります。慢性的な人手不足に悩むファーストフード店などの要請によって、1996年までは1学年以上在籍した留学生の学外就労を認めていました。「求人募集を行ったが、アメリカ人・永住権保持者の適職者が見つからなかった」と労働局に届け出た雇用主のもとでの、留学生の就労が認められていました。

97年、この暫定措置は外国人の就労に対する反感などを背景に打ち切られました。しかし、再び暫定措置がとられる場合もあるため、留学生アドバイザーなどを通して情報を得るといいでしょう。

■その他のアルバイト

他にも、たとえば優秀な学生には、ティーチング・アシスタント（TA）、リサーチ・アシスタント（RA）、特別研究員として、専攻科目と関連のある仕事に就く機会が与えられることもあります。謝礼として学費が免除されたり、報酬が支払われたりします。

この他にも、届けを出さずに、個人的に茶道、華道、書道、武道などを教えて報酬を受けたり、日本人子弟の家庭教師やアメリカ人に日本語を教えて報酬を受けている学生もいます。また、ベビーシッターやハウスクリーニングなどをして小遣いを得ている学生もいます。原則論で言えば違法ですが、個人ベースのことなので、移民局には察知されないようです。

16

長期滞在型ホテルか、学生寮か、ホームステイか

遊学中の部屋の探し方

■男女共用もある学生寮

ほとんどの大学には「**学生寮**」があります。相部屋が一般的ですが、大学院生であれば個室に入れることもあります。**夫婦寮**や**家族寮**を設けている大学もあります。

一般的に、語学学校やコミュニティー・カレッジには学生寮がありません。大学附属の語学学校なら、空きがあれば入寮させてもらえるでしょう。夏休みを利用した英語コースを利用するときは入寮しやすいようですが、9月から始まる学期などは正規の学生に優先権があって、入寮が難しいかもしれません。

正規留学の場合でも、希望者全員が入寮できるわけではありません。学生寮に入ると生活費を節約できるので、希望者が多いからです。入寮を希望する場合は、願書を提出する際にその旨を学校側に伝えておきましょう。

男子専用、女子専用、男女共用の寮があります。男女共用の寮では、同じ階に男子部屋と女子部屋が設けられています。寮によってはシャワー室やトイレも男女共用というところがあるので、寮に関する情報は事前に細かくチェックしておきましょう。

■ホームステイ

ホームステイには大きく分けて3種類あります。

①**ボランティア型**……ホストファミリーが善意で部屋と食事を提供してくれます。高校生の交換留学生プログラムにはこの型が多いようです。

②**有料下宿型**……学生がホストファミリーに部屋代と食費を支払います。部屋だけを提供して食事は自炊という家もあります。学校が紹介してくれるのは、ほとんどがこの型です。

③**家事要求型**……学生がホストファミリーのために家事を提供して、部屋代と食費を無料にしてもらうか、もしくは小遣い程度の報酬を受けます。

　そもそもホームステイの制度は、外国人が家族の一員となって生活して異文化体験を重ねながら、その国の文化や考え方を肌で感じ取るというものです。お客様として滞在するわけではないので、その家のルールや門限などを守って生活することが成功の秘訣になります。

　わからないことがあれば、家の人に尋ねましょう。生活をしていく上でのエチケットとして、食事の後片付けやベッドメーキングなど、家事の分担についても遠慮なく尋ねてみましょう。

■ホームステイの探し方

　ホームステイを探すときは、**個室**が持てるかどうか、**食事**付きなのか自炊なのか、自炊であればキッチンや冷蔵庫の使用条件、その家のルールなどをチェックしましょう。

　また、食べ物や動物に**アレルギー**のある人、**喫煙者**は事前にその旨を伝えておきましょう。

　あらかじめ日本でホームステイ先を決めていきたい場合は、斡旋機関（ラストリゾート：ＴＥＬ　０１２０－９９９－５５５　http://www.lastresort.co.jp/home_stay/index.html）などを利用します。

　あらかじめ決めておくと、落ち着き先が決まっていて安心できるという利点がありますが、ホストファミリーや住むところが気に入るかどうかという問題が残ります。実際にファミリーと面談して決めたい場合や③型を希望する場合は、現地に行って自分の目で見て決める方法もあります。

　現地で決めたい場合、ホームステイ先が決まるまでは食事付きの低料金ホテルやロングステイ用ホテルなどに滞在し、学校や口コミで紹介してもらったホストファミリーと面談をして、じっくりと検討すればよいでしょう。

　低料金ホテルは『地球の歩き方』『地球の暮らし方』（ダイヤモンド社）に掲載されているので、参考になるでしょう。現地の「ツーリストインフォメーション」に安い宿泊所の宣伝ビラが置いてあることもあります。

　低料金ホテルには、個室と相部屋、バスルーム付きとバスルームなし、簡易キッチン付きがあり、週単位、月単位で宿泊代を支払います。女性専用のホテルもあり、都心にあって便利なため、コースが修了するまでこういったホテルから通学する人もいます。

COLUMN　所（お国）変われば品変わる

■国民性を突いたジョーク

溺れている人を助けに行かせる方法として、次のように言う。

　アメリカ人には

「飛び込んだらヒーローです」

　イギリス人には

「紳士なら飛び込みます」

　イタリア人には

「美人が飛び込んでいます」

　フランス人には

「飛び込んではいけません」

　ドイツ人には

「規則です」

　韓国人には

「もう日本人は飛び込みました」

　中国人には

「飛び込めばお金がもらえます」

　日本人には

「他の皆さんもそうされています」

■お国によって苦手な発音

語学学校に通っていると、いろんな国の人の発音を聞くことができる。聞いていると、それぞれに発音のウィークポイントがあって、なかなか興味深い。

有名な話だが、日本人はｒとｌを区別できない。

フランス人はｈが発音できなくて、「花（ＨＡＮＡ）」はｈの発音が抜けて「ＡＮＡ」となってしまう。スペイン人はｙの発音ができなくて、「ＹＯＵ（ユー）」が「ジュー」となってしまう。ギリシャ人はæの発音ができなくて、「キャット」が「カット」となってしまう。マレーシア人はｆの発音がｐになり、「フォト」が「プォト」となってしまう。中国人は濁音の発音に弱いので、「ドッグ」が「トック」になってしまう。

ひとたびウィークポイントを知ってしまうと、聞き取りも楽になる。そして、舌の回らない発音がカワイイとさえ思えてしまうから不思議である。

■「違っててよかった」と思う瞬間

海外旅行をしていると、日本人と欧米人の生活様式の違いに気づく。そして、たまにその〝違い〟がプラスに作用したりする。

たとえば、シャワー共同の宿に泊まったとき。日本人は夜にシャワーを浴びるが、欧米人は朝に浴びる。エコノミーツーリストにとっては、混雑を避けることができて非常にありがたい。

たとえば、遊覧船などに乗ったとき。日差しを好む欧米人は、直射日光の差す席に座りたがるので、日陰の席は空いている。席取り合戦を避けることができて、これも非常にありがたい。

PART3

抽選永住権の応募方法

アメリカは毎年、世界各国から希望者を募って抽選で永住権を発給しています。日本もこの対象国なので、永住したい人にはチャンス。でも、この「抽選永住権」、規則が細かくて申請だけでもひと苦労。おまけにルールを守らないと、没収されてしまいます。そうならないために、ポイントを押さえておきましょう。

01

DV（分散移民）プログラム

世界各地から移民を募る抽選永住権

■通称「DVプログラム」

世界各国から移民を募り、応募者の中から抽選で永住権を発給するのが「分散移民（Diversity Immigrant DV）」のプログラムです。面接時の米国会計年度（10月1日～9月30日）に呼応して、DV－99、DV－2010といった呼称で呼ばれています。1990年に移民法が改正されたときに創設され、募集が開始されたのは1994年（DV－95）からです。

分散移民のプログラムとは、その名が示す通り、世界各国からの**移民を分散化**していこうとするものです。世界を6つの地域に分けて、移民の少ない地域に多くの永住権を発給します。

毎年、国務省より応募期間、各地域の永住権発給数、申請できる国などの応募要項が発表されます。発給数や申請できる国は、過去5年間の移民のデータをもとにして割り出されるため、毎年違ったものになります。

■申請できない国

過去5年間の移民の総計が5万人以上の国は、募集要項の中で「申請できない国」に指定されます。これまでに、申請できない国に指定されたのは以下の国です。

・ほぼ毎回指定されている国

中国、韓国、インド、フィリピン、ベトナム、カナダ、英国（北アイルランドを除く）、メキシコ、ジャマイカ、エルサルバドル、ドミニカ、コロンビア、ロシア、パキスタン、ハイチ、ブラジル、ペルー、グァテマラ、エクアドル、ポーランド

・指定されたことがある国

台湾、ロシア

■申請できる国で出生していることが条件

日本は毎年、申請できる国に指定されています。日本人の移民は少ないため、申請できない国に指定されるこ

とはないと考えて差し支えないでしょう。

抽選永住権は「国籍」で人を規定するのではなく、**「出生国」で規定**します。つまり、日本国籍を持つ日本人でも、申請できない国で生まれた人は応募資格がないことになります。ただし、その場合でも、配偶者か両親のいずれかが申請できる国で生まれていれば、応募することができます。

一方、申請できない国の国籍を持つ人でも、申請できる国で生まれた人（在日韓国人など）や、申請できる国で生まれた配偶者を持つ人（日本生まれの配偶者を持つフィリピン人など）は応募することができます。

■応募資格

応募資格があるのは、以下のいずれかの条件を満たす人です。両方を同時に満たしている必要はありません。

・**高等学校を卒業**または同等の学歴を有する人。
・**中学を卒業後**、過去5年間に2年以上の見習いや経験を必要とする**職業に2年以上従事**している（いた）人。

応募資格を満たしていれば、どこに住んでいようと、アメリカからでも、日本からでも、その他の国からでも応募できます。応募はひとりにつき1通で、複数通応募すると無効となります。

■応募方法

ＤＶ－２００４までは郵送による応募方法でしたが、ＤＶ－２００５からは**オンラインでの登録**へと変わりました。写真の提出もデジカメかスキャナーを使ってオンラインでおこないます。ＤＶ－２０１０からは、オンラインで当落の確認ができるようになりました。

■抽選方法と通知

コンピューターに登録された応募者の中から、**無作為**に抽出して選ばれます。**当選者にのみ通知**があります。落選の場合、通知はありません。

■発給数

抽選永住権の年間発給数は**5万人**です。

ＤＶ－98までは5万５０００人に発給されていましたが、１９９７年11月に成立した法律により、毎年ニカラグアと中央アメリカ諸国の人々５０００人に永住権が発給され、ＤＶプログラムからその分が割り当てられることになりました。

当選者は国別ではなく、地域別に選ばれます。アジア地域の当選者の首位はバングラデシュで、この国の応募者が多数であることを物語っています。

１カ国３５００人という永住権発給数の上限が定められているので、DV－２０１０でアジア１位のバングラデシュは、６００１人の当選者のうち、３５００人にしか永住権が発給されないことになります。

移民の少ないヨーロッパ、アフリカ地域が全体の当選者の80パーセントを占め、移民の多いアジア地域の当選者は十数パーセントです。アジア地域は、残念ながら当選確率の低い地域となっています。

■面接審査

面接では**健康診断書**、**警察証明書**などを提出します。面接と言っても、個室で一対一で行われるわけではなく、窓口で書類を提出するだけです。

エイズや結核などの伝染病にかかっている人、重大犯罪、性犯罪、ドラッグによる犯罪を犯したことのある人は、面接の際に落とされることになります。

病気や犯罪については、面接を行う領事館の領事や移民局の係官が判断します。英語ができないからといって落とされることはありません。

アメリカでの不法滞在者は、本国で面接を受けることになりますが、１９９７年4月以降に6～12カ月間不法滞在していた場合は3年間、1年以上不法滞在していた場合は10年間の**再入国禁止条項**があります。この条項に引っかかってしまうと、永住権の取得が不可能となります。

■当選者の家族同伴

当選者の**配偶者**と**21歳未満の未婚の子供**にも、永住権が発給されます。つまり、夫婦のどちらか一方が当選すれば、ふたりに永住権が発給されます。その場合、配偶者や子供が申請できない国の生まれであっても、高校を卒業していなくても、発給されます。

当選者の親、21歳以上の子供、既婚の子供には、永住権は発給されません。

応募してから面接までの間に結婚や出産で家族が増えた場合は、その家族メンバーにも永住権が発給されます。再婚などで配偶者に21歳未満の未婚の子供がいれば、その子供にも同様に永住権が発給されます。

抽選永住権／郵送方式の当選データ

	DV95	DV96	DV97	DV98	DV99
応募期間	1994.6.1 ～ 6.30	1995.1.31 ～ 3.1	1996.2.12 ～ 3.12	1997.2.3 ～ 3.5	1997.10.24 ～ 11.24
応募総数（通）	800 万	670 万	650 万	600 万	600 万
うち有効数	650 万	450 万	540 万	470 万	360 万
うち無効数	150 万	220 万	110 万	130 万	240 万
当選者総数（人）	20 万	10 万	10 万	10 万	9 万
うち日本人	279	358	428	440	448
アジアでの順位	10 位	5 位	5 位	5 位	4 位

	DV2000	DV2001	DV2002	DV2003	DV2004
応募期間	1998.10.1 ～ 10.31	1999.10.4 ～ 11.3	2000.10.2 ～ 11.1	2001.10.1 ～ 10.31	2001.10.7 ～ 11.6
応募総数（通）	1050 万	1300 万	1300 万	870 万	1020 万
うち有効数	800 万	1100 万	1000 万	620 万	730 万
うち無効数	250 万	200 万	300 万	250 万	290 万
当選者総数（人）	10 万	9 万	9 万	8.7 万	11.1 万
うち日本人	367	408	637	890	1291
アジアでの順位	6 位	6 位	6 位	4 位	7 位

【注】当選者数と、面接を経て実際に永住権を発給された数は異なる。

オンライン方式の当選データ

	DV2005	DV2006	DV2007	DV2008	DV2009	DV2010
応募期間（2 カ月）	2003 年秋	2004 年秋	2005 年秋	2006 年秋	2007 年秋	2008 年秋
有効応募者総数	950 万人	630 万人	550 万人	640 万人	910 万人	1360 人
当選者総数	10 万人	9 万人	8.2 万人	9.6 万人	9.6 万人	102,800
のべ当選者国数	171 カ国	172 カ国	181 カ国	174 カ国	179 カ国	179 カ国
日本人当選者数	373 人	353 人	333 人	382 人	320 人	302 人
アジアでの順位	6 位	7 位	7 位	7 位	7 位	9 位

アジア地域当選者数／過去 3 年間のデータ

DV2008		DV2009		DV2010	
❶バングラデシュ	5,983	❶バングラデシュ	6,023	❶バングラデシュ	6,001
❷ネパール	2,562	❷ネパール	1,891	❷イラン	2,773
❸イラン	1,435	❸イラン	1,689	❸ネパール	2,132
❹スリランカ	675	❹スリランカ	792	❹スリランカ	650
❺ビルマ	653	❺ビルマ	556	❺ビルマ	473
❻台湾	446	❻台湾	431	❻台湾	368
❼日本	382	❼日本	320	❼カンボジア	359
❽インドネシア	266	❽カンボジア	287	❽アフガニスタン	345
❾モンゴル	259	❾インドネシア	230	❾日本	302
❿レバノン	190	❿イスラエル	194	❿インドネシア	277

02

これまでの永住権発給プログラム

恩赦あり、抽選あり

■誰にでもチャンスが与えられる

アメリカはこれまで何度となく、法律で定められた永住権の枠以外にも永住権を発給してきました。

不法滞在の外国人にも、永住権取得のチャンスを与えるのがアメリカという国です。ふとしたことから永住権を取得して移民になったり、そのあと帰化してアメリカ市民になったり……。誰でもアメリカ人になる可能性のある国と言えるかもしれません。

■1987年の恩赦政策

1987年、移民局は「**恩赦**」という形で、不法在留外国人による永住権の申請を受け付けました。これは86年に改正された**移民法**に基づいて施行されたものです。

この法律は、メキシコ人を中心とする不法在留外国人を規制する目的でつくられ、不法在留外国人を雇った雇用主に罰則を科すというものでした。

その際に問題となったのが、当時、数百万から1000万を超すと言われた不法在留外国人の存在で、彼らの雇用主には罰則が科せられることになってしまいます。

これに対する苦肉の策として考えられたのが「恩赦」という方法でした。すなわち恩赦には、アメリカ経済にとって必要な労働力を確保するという「経営者」の顔と、不法在留外国人に合法的な居住権や労働権を与えるという「人道的」な顔があったわけです。

恩赦の受付期間は**1987年5月から1年間。**「一般プログラム」と農業労働者のための「特別プログラム」に分けられました。

一般プログラムでは、「1982年1月1日以前から不法にアメリカに滞在しており、その後も継続的に滞在している不法在留外国人」の条件を満たす者に恩赦が与えられました。

農業労働者のための**特別プログラム**では、ふたつのグループに分けて恩赦が与えられました。ひとつは「１９８３年5月1日から86年5月1日までの間に、最低毎年90日間、季節農業労働に従事した不法在留外国人」の条件を満たす者に、もうひとつは「１９８５年５月１日から86年5月1日までの間に、最低90日間、季節農業労働に従事した不法在留外国人」の条件を満たす者に恩赦が与えられました。

季節農業労働者に対して特別な恩赦が与えられた背景には、カリフォルニアをはじめ西部3州の農場主の55パーセントが、不法在留外国人の労働力に頼っていたという現実があるでしょう。

全米で３００万人近い人々が永住権を申請しました。不法在留外国人という身分が明らかになるのを怖れて申請しなかった人や、情報が届かなくて申請のチャンスを逃した人もいたようです。観光ビザや学生ビザなどで合法的に滞在していた人々は対象外となりました。

■「NP-5」と「OP-1」

恩赦政策で対象外となった人にも永住権を発給するという姿勢を打ち出したのが、「NP－5」と「OP－1」と呼ばれるプログラムです。応募の条件を満たしていれば、不法在留外国人でも応募できました。日本からも応募できましたが、情報が行き届かなかったせいか、日本から応募した人はほとんどいなかったようです。

「**NP-5**」の募集は、**１９８７年**に実施されました。１９６５年以前と比べて移民数が少なくなっている国で生まれた人々を対象に行われ（36の指定国の中には日本も入っていました）、先着順に当選者を選びました。発給枠は**4万人**。

一度の応募で何度にも分けて当選者が発表されたためか、応募者の大半は当選して、永住権を取得したようです。

「**OP-1**」の募集は**１９８９年**に実施されました。対象者を特定せず、応募者の中から抽選で当選者を選ぶというもので、１５７カ国から３２２万人の応募がありました。発給枠は**2万人**。

■「AA-1」

「AA－1」とは、**１９９０年**の**移民法**で創設された「**過渡的分散移民**」のプログラムです。これについては次の項で詳しく説明します。

03

DV実施前3年間の過渡的措置

AA（過渡的分散移民）プログラム

1994年に「分散移民（DV）」プログラムが実施されるまでの過渡的なものとして、「**過渡的分散移民（AA）**」プログラムが実施されました。募集は**91年から93年の3年間**。対象者は1965年以前に比べて移民の数が少なくなっている国で生まれた人々でした。

永住権を発給される外国人は**毎年4万人**（3年間で合計12万人）で、4割がアイルランド人であることが条件づけられました。1990年移民法を立案した中心人物がアイルランド系のエドワード・ケネディ上院議員だったために、このような温情政策がとられたようです。

応募資格は「**申請できる国で生まれた人**」と規定しただけで、DVプログラムと違って高卒である必要はありませんでした。いずれの年度も、当選した場合はアメリカでの雇用主が発行する**雇用確約書**が必要で、渡米してから少なくとも1年間は雇用主のもとで勤務することが求められました。

■「AA-1」の対象国

・アジア地域……日本、インドネシア
・アフリカ地域……アルジェリア、チュニジア
・東欧地域……アルバニア、チェコスロバキア、ラトビア、リトアニア、エストニア、ハンガリー、ポーランド
・西欧地域……オーストリア、ベルギー、デンマーク、フィンランド、フランス、ドイツ、イギリス、ジブラルタル、アイスランド、リヒテンシュタイン、アイルランド、イタリア、サンマリノ、ルクセンブルク、モナコ、オランダ、ノルウェー、スウェーデン、スイス
・南北アメリカ地域……アルゼンチン、グアドループ、バミューダ、カナダ（第2・第3回目のみ）
・その他……ニューカレドニア

■第1回募集（1991年10月14日～20日）

AAプログラム国別当選順位

（単位：人）

第1回（1991年募集時）		第2回（1992年募集時）		第3回（1993年募集時）	
❶アイルランド	14,617	❶アイルランド	17,789	❶アイルランド	32,000
❷ポーランド	10,391	❷ポーランド	19,855	❷ポーランド	21,385
❸日本	5,164	❸カナダ	2,108	❸カナダ	2,655
❹イギリス	2,484	❹イギリス	1,052	❹イギリス	1,599
❺インドネシア	1,978	❺日本	970	❺日本	1,084
❻アルゼンチン	1,179	❻インドネシア	825	❻インドネシア	784
❼フランス	530	❼アルゼンチン	446	❼アルゼンチン	416
❽ドイツ	514	❽ドイツ	270	❽ドイツ	315
❾スウェーデン	206	❾アルジェリア	234	❾イタリア	181
❿旧チェコスロバキア	202	❿旧チェコスロバキア	205	❿アルジェリア	180

【注】補欠当選も含まれているため、当選者数と実際に永住権を発給された数は異なる。

初回は、郵便が到着した順番に当選者を決める**先着順方法**が採られました。受付開始日にアメリカ国内からはもちろんのこと、国外からの郵便物が殺到。先着順でひとり何通も応募できるとあって、期間を通じての応募者総数は１９００万通にものぼり、うち７００万通は日付前到着で無効となりました。

受付の一番手はイギリス人男性、二番手はアイルランド人女性、三番手は日本人男性。辞退するケースも考慮して1万人多く見積って、約5万人が当選しました。

■第2回募集（1992年7月29日〜8月28日）

前年度が先着順方式を採って大混乱に陥ったため、ひとり一通の抽選方式となりました。

応募者総数は１１０万通。うち30万通が複数通応募や書類不備のため失格となり、有効応募者の中から約5万人が当選しました。

■第3回募集（1993年3月1日〜31日）

ひとり一通の抽選方式。応募者総数は１２０万通。うち23万通が複数通応募や書類不備のため失格となり、有効応募者の中から約5万人が当選しました。

04

申請が無効になることも多い

抽選永住権に応募するには

■募集は毎年あり

抽選永住権の募集にあたっては、毎夏、アメリカ国務省から募集期間や申請対象国などの応募要項が発表されます。

「DV－2005」（2003年度募集）より、申請用紙を作成して郵送する応募申請から、インターネットを通してのオンラインによる応募申請となりました。写真もオンラインによる提出となります。

■個人での応募が可能

応募資格さえ満たしていれば、日本からでもアメリカからでも、その他の国からでも応募できます。

申請は個人でも可能ですし、申請代行機関に依頼してもかまいません。当選者はコンピューターで無作為に抽出されるため、当選率に変わりはありません。

■情報を得るには

毎年国務省から発表される情報にアクセスするには、次のような方法があります。

①申請代行機関の会員になるか登録する

著者が代表を務める「グローバルJネットワーク」のような申請代行機関の会員になったり、住所を登録しておけば、募集時期を知らせてくれます。

②日系新聞で情報を得る

日本人渡米者が多く居住する都市で発行されている地域ベースの日系新聞を、定期購読すればいいでしょう。

ロサンゼルスでは『羅府新報』、サンフランシスコでは『北米毎日』か『日米時事』、ハワイでは『ハワイ報知』などがあります（133頁参照）。

③インターネットを利用する

インターネットを利用して情報を得ることができます。

・アメリカ大使館のホームページ

http://japan.usembassy.gov/j/tvisaj-main.html
・アメリカ国務省のホームページ
http://travel.state.gov/

④アメリカ領事館の情報電話を利用する

情報電話には抽選永住権（DVプログラム）の項目があります。利用の仕方は220頁を参照してください。

③と④は自分から一定の間隔をおいて定期的に情報にアクセスする必要があります。①と②は、会員、登録、定期購読しているかぎり、向こうから情報が入ってくるので安心です。

■申請代行機関を利用するメリット

抽選永住権の応募には、かなり細かい規定があるため、毎年多くの無効数が発生します（89頁参照）。

また、オンライン申請になってからは、デジカメで撮った写真かスキャナーで読み取った写真をオンラインで送付しなければならないため、慣れない人にとっては個人で申請するのは難しいかもしれません。

申請代行機関を利用すれば、申請が無効になるのを防ぐことができます。

現在では多くの申請代行機関がありますが、応募にあたって、配偶者や子供などの記載洩れがないかをきちんとチェックしてくれる機関（記載洩れがあれば、当選しても無効となります）、当選後の手続きも扱っている機関を利用することが望ましいでしょう。

グローバルJネットワーク（GJN）の申請代行料金

▼会費
入会金・2,000円　年会費・3,000円
▼応募申請代行
1人　15,000円（2回目より10,000円）
夫婦　20,000円（2回目より15,000円）
＊当選後の手続料金を含む
▼当選後の手続料金（当選後に入会の場合）
当選者本人……………………………30,000円
当選者の配偶者………………………20,000円
当選者の子供（1人につき）…… 10,000円
＊入会金・会費を含む
会員には会報誌を通して情報を提供。抽選永住権の募集時に、申請代行の案内書と申込書を郵送。詳しくは258～259頁を参照。

05

渡米までのプロセス

抽選永住権に当選したら

■当選通知

抽選永住権の当選者が発表されるのは**春から夏にかけて**で、コンピューターに登録された応募者の中から、無作為に抽出するという方法で抽選が行われます。アメリカのKentucky Consular センターから、**当選者にのみ郵送で通知**が届きます。落選の場合、通知はありません。２００９年より、オンラインで当落の確認ができるようになりました。

当選を知らせる封筒の中には、申請書類が同封されています。日本で面接を受けたい場合は、書類に必要事項を記入して、**指示されたセンターに郵送**します。

アメリカ在住の当選者で、アメリカで面接を受けたい場合は、当選を知らせる書類を**移民局に持参**して、滞在ビザの資格を非移民ビザから移民ビザに変更する手続きを進めます。

辞退する人や、面接審査の結果不合格になる人がいるため、当選者は定員数の約2倍ほど発表されます。当選後の書類提出は速やかに行うほうがよいでしょう。

■面接通知

当選者には**当選番号**が振り分けられており、その番号にそって、当選した年の会計年度（10月1日～翌年9月30日）に、**1カ月に1回**の割合で面接が行われます。

面接通知には面接の場所と日時が書かれています。日本の本土に在住する当選者は東京の**アメリカ大使館**、奄美諸島と沖縄に在住する当選者は沖縄にある**アメリカ領事館**で面接を受けます。

番号の大きい補欠当選者や書類提出が遅れた人などは、面接の通知が来ないこともあります。9月までに面接の通知が来なければ、永住権が取得できなかったことになります。

■面接に向けた書類の準備

面接の日には、以下の書類を提出します。

・6カ月以上有効のパスポート
・写真2枚
・戸籍謄（抄）本……「申請できる国」で生まれたことを証明するため。
・健康診断書……伝染病にかかっていないことを証明するため。指定された病院で健康診断を受けます。予防接種も必要です。
・警察証明書……犯罪歴がないことを証明するため。都道府県レベルの警察で発行してもらいます。アメリカ以外の国で1年以上滞在した人は、その国の警察証明書も必要です。
・高校の卒業証明書……高卒であることを証明するため。高卒でない人は、過去5年間に2年以上の見習いや経験を必要とする職業に2年以上従事していた（いる）ことを証明する雇用主の手紙が必要です。
・財政状況を証明する書類……当選者が生活保護の対象にならないことを証明するために、以下のいずれか1通の書類を提出する必要があります。両方の書類を提出する必要はありません。
①預金残高証明書……日本で面接を受ける場合は、残高証明書を提出するだけで大丈夫ですが、アメリカで面接を受ける場合は、預金残高、過去12カ月の月平均残高、口座を開設した日などを証明する書類を提出します。
②雇用確約書……現地で職があることを証明するために、雇用主に雇用を確約する手紙（仕事の内容、雇用形態、給料などを明記）を書いてもらいます。その手紙が本物であることを証明するために、公証人のサインも必要となります。
・その他の書類……各人、求められている書類があれば提出します。

■面接審査

英語ができないからといって面接で落とされることはありません。落とされるのは、重大犯罪、性犯罪、ドラッグなどの**犯罪歴**がある人、エイズや結核などの**伝染病**にかかっている人です。

病気や犯罪についての判断は、面接を担当する領事館の領事や移民局の係官が行います。東京のアメリカ大使館で、肝炎の持病のある人が面接を受けて、無事発給されたという例があります。

アメリカでの不法滞在者は、本国で面接を受けますが、1997年4月から数えて6~12カ月以上不法滞在していた場合は3年間、1年以上不法滞在していた場合は10年間の再入国禁止条項があります（97年4月以前の不法滞在期間はカウントされません）。当選者が**再入国禁止期間**であれば、渡航ビザは発給されません。

■半年以内に入国

面接で申請内容に問題がなければ、その日のうちに**移民ビザ**が発給され、**6カ月以内の渡米**が義務づけられます。書類に不備があった人は、書類が完璧にそろうまで移民ビザの発給が棚上げにされます。

アメリカ入国の際は、空港にある入国審査のブースで面接時に渡された書類を提出して入国審査を受けます。このとき、グリーンカード（永住許可証）の発行に必要な指紋の採取も行われます。

審査や手続きが終わると、係官はパスポートに1年間有効のビザスタンプを押してくれます。このビザスタンプがあれば、すぐにでも働くことができます。また、アメリカ国外への出入りも自由にできます。

グリーンカードは入国日から1カ月前後で、アメリカの住所に郵送されてきます。

■すぐに移住できない場合

勤務している会社をすぐに辞められない人は、面接日から6カ月以内にとりあえず渡航して、短期滞在したあと日本に帰国してもかまいません。

しかし、日本に居住してアリバイ的に1年のうちの数日間をアメリカで過ごすといったことを何回も続けると、場合によっては警告処分を受けることがあります。ただ、警告処分を受けたとしても、永住の意思を放棄しないかぎり、グリーンカードを没収されることはありません。

永住権を取得した人は、**1年以上**アメリカを留守にすると、再入国の際にグリーンカードを取り上げられることがあります。

1996年に移民法が改正されて以来、**180日以上**アメリカを留守にしていた場合でも、入国審査で厳しく審問されるようになりました。

アメリカを1年以上留守にする場合は、アメリカ滞在中に**Re-entry Permit（再入国許可証）**を申請すれば、**2年間まで**の国外滞在が考慮されます（107頁参照）。

抽選永住権の当選を伝える手紙

May 28, 2004

HANAKO YAMADA
c/o GLOBAL J NETWORK
4-9-3-1307 TODE
SAIWAI
KAWASAKI KANAGAWA 212-0005
JAPAN

Dear HANAKO YAMADA:

Congratulations! You are among those randomly selected and registered for further consideration in the DV-2005 diversity immigrant program for fiscal year 2005 (**October, 1, 2004 to September 30, 2005**). Selection does not guarantee that you will receive a visa because the number of applicants selected is greater than the number of visas available. Please retain this letter and take it with you to your visa interview.

Approximately 100,000 individuals were registered for further processing. However there are **only** between **50,000 &. 55,000** diversity visas available under the **FISCAL YEAR 2005 DIVERSITY VISA PROGRAM.** Therefore, it is most important that you carefully follow these instructions to increase your chances of possible visa issuance.

Please read and follow all the enclosed instructions very carefully. **ALL FORMS AND CORRESPONDENCE** must be sent to the Kentucky Consular Center at the above address. Please notify the Kentucky Consular Center of any change in address, addition or deletion of any family members, and any other information which you believe may effect your application.

PLEASE COMPLETE AND RETURN FORMS 230 PART I, 230 PART II, AND DSP-122 FOR YOURSELF AND FORMS 230 PART I AND 230 PART II FOR ALL ACCOMPANYING FAMILY MEMBERS TO THE KENTUCKY CONSULAR CENTER. WRITE THE CASE NUMBER IN THE UPPER RIGHT HAND CORNER OF EACH FORM. PLEASE MAKE SURE ALL BLOCKS ARE COMPLETED.

Please be advised that even though you send all of the above listed documents to the KCC, your case may not be scheduled for an interview appointment until a visa number is available. You will only be contacted by the KCC when a visa appointment is scheduled. Please do not call us to check when your case will be scheduled.

If it should be necessary to contact the Kentucky Consular Center by telephone **YOU MUST ALWAYS REFER TO YOUR NAME AND CASE NUMBER EXACTLY AS THEY APPEAR BELOW**. Your case number should be clearly written in the upper right hand corner of ALL documents and correspondence sent to the Kentucky Consular Center.

Case Number:	2005AS000XXXXX
PA Name:	YAMADA, HANAKO
Preference Category:	DV DIVERSITY
Foreign State Chargeability:	JAPAN
Post:	TOKYO

The Kentucky Consular Center telephone number is 606-526-7500
or send E-mail inquiry to KCCDV@state.gov

06

永住権に当選して家族と渡米するには

家族の同伴も可能

■一緒に渡米できる人は

抽選永住権の応募時に作成する書類に、配偶者と21歳未満の未婚の子供について記入する項目があり、併記申請することができます。

応募者が当選して永住権が発給されれば、その**配偶者**と**21歳未満の未婚の子供**にも永住権が発給されます。

■一緒に渡米できない人は

子供が21歳以上であったり、21歳未満でも既婚者であれば、永住権は発給されません。当選者の親や兄弟姉妹にも、永住権は発給されません。

もし、どうしても親や兄弟姉妹を呼び寄せたいなら、自らが**市民権**を取得して、家族呼び寄せの永住権枠を利用するという方法があります。アメリカ市民と結婚した場合は3年、他の方法で永住権を取得した人は5年経てば、市民になる資格があります（33頁参照）。

こうして帰化市民となって移民局に呼び寄せたい家族の申請をする場合、親は直近の親族として、ほとんど待ち時間なく永住権が発給されます。

市民の子供であっても、既婚者や21歳以上の未婚者の場合は4～7年、兄弟姉妹の場合は10年以上待たされることになります（２１１頁参照）。

■申請時と状況が変わった場合

永住権を申請したときには独身で、書類に配偶者の名前を記入しなかったけれども、当選後に**結婚**した場合、配偶者を併記申請して面接に臨むことができます。

出産した場合も同様で、新しい家族が面接に出向けば、永住権が発給されます。永住権が発給されたあとに日本で生まれた子供にも、永住権が発給されます。その場合は、アメリカ大使館に届け出をします。

アメリカにおける邦人数と企業数（領事館管轄別）

順位＊	管轄の大使館・領事館 管轄州	永住者	長期滞在者	総数	%	日系企業数
1	◆ロサンゼルス領事館 アリゾナ、カリフォルニア	28,574	54,072	82,646	22.05	583
2	◆ニューヨーク領事館 ニューヨーク、ニュージャージー、ペンシルベニア、デラウェア、メリーランド、Wバージニア、コネティカット一部、プエルトリコ、バージン諸島	19,862	75,810	94,672	25.26	847
3	◆サンフランシスコ領事館 ネバダ、 ロス管轄以外のカリフォルニア	15,563	19,996	35,559	9.49	516
4	◆ホノルル領事館 ハワイ、他の領事館管轄以外の領土	12,942	9,735	22,677	6.05	133
5	◆シカゴ領事館 イリノイ、インディアナ、ミネソタ、アイオワ、ウィスコンシン、カンザス、ミズーリ、ネブラスカ、Nダコタ、Sダコタ	9,641	19,705	29,346	7.83	833
6	◆アトランタ領事館 アラバマ、ジョージア、 Nカロライナ、Sカロライナ、 バージニア	8,198	25,214	25,414	6.73	763
7	◆シアトル領事館 ワシントン、アラスカ、モンタナ、アイダホ北部	6,353	4,538	10,891	2.91	129
8	◆ボストン領事館 メイン、マサチューセッツ、 バーモント、ニューハンプシャー、ロードアイランド、 NY管轄以外のコネチカット	4,256	12,765	17,021	4.54	93
9	◆ポートランド領事館 オレゴン、 シアトル管轄以外のアイダホ	4,076	2,605	6,681	1.78	103
10	◆デンバー領事館 コロラド、ユタ、ワイオミング、ニューメキシコ	3,982	4,075	8,057	2.15	71
11	◆デトロイト領事館 ミシガン、オハイオ	3,789	13,052	16,841	4.49	689
12	◆マイアミ領事館 フロリダ	3,619	2,661	6,250	1.68	81
13	◆ヒューストン領事館 テキサス、オクラホマ	3,051	5,811	8,862	2.36	257
14	◆ナッシュビル領事館 アーカンソー、ケンタッキー、 ルイジアナ、ミシシッピ、テネシー	2,339	6,227	8,566	2,29	264
15	◆アンカレジ領事館 アラスカ	534	143	677	0.18	13
16	◆日本大使館 ワシントンDC	182	560	742	0.20	79

出典：「海外在留邦人数調査統計（2008年度版）」外務省

＊永住者の多い順番

07

永住権面接審査のための健康診断

精神病、伝染病のチェックあり

日本で永住権の面接を受ける場合、**健康診断書**と**各種予防接種の証明書**が必要です。これは抽選永住権に当選した申請者はもちろんのこと、家族関係を通しての永住権申請者、仕事を通しての永住権申請者も同じです。

申請者とともに永住権の発給を希望する**配偶者**や21歳未満の未婚の**子供**も、健康診断書と予防接種の証明書が必要です。

■指定医療機関は日本に5カ所

指定された医療機関で**健康診断**、**レントゲン撮影**、**予防接種**を受けます。医療機関は、東京3カ所、神戸、沖縄に各1カ所あります。指定された医療機関以外では健康診断を受けることができません。

予防接種は、免疫があるか、他の医療機関の証明書があれば免除されます。医療機関によって、一度に行うところもあれば、何回かに分けて行うところもあります。

通常は4日後に診断書が発行されますが、料金を余分に払えば、当日または翌日に診断書を発行してもらえます。宅急便で送付してもらうことも可能です。

■予防接種

1997年7月より、**永住権**と**婚約者ビザ**の申請者には各種予防接種が義務づけられることになりました。

その内容は、Mumps（おたふく風邪）、Measles（はしか）、Rubella（風疹）、Polio（小児麻痺）、Tetanus and diphtheria toxoids（破傷風とジフテリア）、Pertussis（百日咳）、Influenza Type B（B型インフルエンザ）、Hepatitis B（B型肝炎）、Varicella（水ぼうそう）、Pheumococcal（肺炎球菌）、Influenza（インフルエンザ）です。

国によって違いますが、日本の医療機関では18～64歳の申請者に対して実際に抗体検査をするのは、おたふく

DV2010 地域別当選上位国

	アジア	アフリカ	ヨーロッパ	オセアニア	中南米
1	バングラデシュ	ガーナ	ウクライナ	オーストラリア	ベネズエラ
2	イラン	ナイジェリア	ウズベキスタン	フィジー	キューバ
3	ネパール	エチオピア	トルコ	ニュージーランド	トリニダードトバコ
4	スリランカ	ケニア	アルバニア	トンガ	アルゼンチン
5	ビルマ	エジプト	ドイツ	西サモア	ボリビア
6	台湾	シェラレオネ	ロシア	ニウエ	ホンジュラス
7	カンボジア	カメルーン	アルメニア	パプアニューギニア	コスタリカ
8	アフガニスタン	モロッコ	ベラルーシ	パラオ	チリ
9	日本	リベリア	ブルガリア	バヌアツ	ニカラグア
10	インドネシア	アルジェリア	モルドバ	ナウル	ガイアナ
全体	30 カ国	52 カ国	58 カ国	14 カ国	24 カ国

出典：Visa Bulletin for August 2009 (U.S.Department of State)

風邪、はしか、風疹、破傷風、ジフテリア、水ぼうそうだということです。これまでに受けた予防接種の記録（母子手帳や予防接種証明書など）があれば、持参するといいでしょう。

健康診断時に問診や抗体検査がありますので、その指示に従います。子供のときにかかった病気（おたふく風邪、はしか、風疹、水ぼうそうなど）について質問されますので、両親に聞いて確認しておきましょう。

予防接種が必要か否かは、申請者の年齢、病歴、健康状態などを考慮しながら、医師が判断します。妊婦の場合は、申し出るとレントゲン撮影と予防接種が免除となります。

予防接種が必要だと判断された場合、たいていの医療機関では健康診断書を受け取るときに接種を受けます。

■健康状態をチェック

医療機関で調べるのは、**精神病**や**伝染病**にかかっているかどうかです。それ以外に持病があっても、問題はありません。

かつて結核の完治者、肝炎の持病のある人が面接を受けましたが、いずれも永住権が発給されています。

08

犯罪歴のチェックあり

永住権面接審査に必要な警察証明書

■日本の警察証明書

永住権の発給を受ける16歳以上の申請者は、面接の際に「**警察証明書**（**無犯罪証明書**）」を提出する必要があります。これは、**都道府県レベルの警察本部**に行って**英語**で発行してもらいます。

発行に必要な書類は、**当選通知**または面接通知、**パスポート**、**戸籍**（6カ月以内）、**印鑑**、**住民票**などです。証明書が発行されるまで、1～3週間ほどかかります。証明書は密封された状態で渡されるので、そのままアメリカ大使館に提出します。

内容が気になる場合は、受け取るときに「内容はどうでしたか」と聞けば、教えてくれるようです。「何も記載がありませんでした」という回答があれば、無犯罪ということになります。スピード違反、駐車違反などは記載されません。

起訴されたことのある人は、その事実が記載されます。過去にある事件で逮捕されて起訴されずに示談になった人がいましたが、「過去に××という犯罪の記録がありますが、この証明書には記載されていません」（つまり無犯罪ということ）と言われたそうです。日本の警察レベルでは犯罪事実は確認しているが、起訴されなかったので、特にその事実は伝えないということでしょう。

■外国の警察証明書

16歳以上の申請者で、アメリカ以外の国に1年以上滞在していた場合は、その国の警察証明書も必要です（アメリカに滞在していた場合、アメリカの警察証明書を提出する必要はありません）。

外国の警察証明書は、日本にある**当該国の大使館・領事館**で発行してもらいます。発行に必要な書類や受付時間については、各大使館・領事館に電話をかけて確かめます。通常は発行まで**3カ月前後**かかるようです。

抽選永住権の面接を伝える手紙

Kentucky Consular Center
3505 North Highway 25W
Williamsburg KY 40769
U.S.A.

August 19, 2003

HANAKO YAMADA
c/o GLOBAL J NETWORK
4-9-3-1307 TODE, SAIWAI
KAWASAKI
KANAGAWA 212 0005
JAPAN

Dear HANAKO YAMADA:

The enclosed information pertains to your application for an immigrant visa to the United States under the DV2004 program.

Your case has been sent to the American Embassy/Consulate at TOKYO for immigration visa processing. Entitlement to processing at that office is governed by residence or former residence in that district. The Embassy/Consulate will inform you if your case cannot be accepted for processing, and provide instruction as to the appropriate office which should process your application.

An appointment has been scheduled for you to come to that office on October 08, 2003 08:30 AM. All members of your family immigrating with you must appear with you on the appointment date, October 08, 2003 at 08:30 AM. Please notify the office at once if you cannot keep the appointment. The address of that office is given below.

Please read and follow all the enclosed instructions very carefully. When communicating with the Embassy/Consulate either by telephone or letter, you must always refer to your name and case number exactly as they appear below.

The total fee for a Diversity Immigrant Visa per person is $435.00 in U.S. dollars. The applicant fee (per person) is $335.00, and the Diversity Visa Lottery surcharge (per person) is $100.00.

Upon arrival at the Embassy/Consulate on your appointment day, please present this letter to the receptionist.

The Kentucky Consular Center has completed its process of your case and any further inquiries should be addressed to:

EMBASSY OF THE UNITED STATES
VISA UNIT
10-5 AKASAKA 1-CHOME
MINATO-KU
TOKYO
JAPAN
3224-5132

Case Number:	2004AS000XXXXX
PA Name:	YAMADA, HANAKO
Preference Category:	DV DIVERSITY
Foreign State Chargeability:	JPN

09

永住権を取り上げられないために

1年以上アメリカを留守にしたらアウト

■永住権を失う原因

永住権を取得した外国人は、アメリカに永住して合法的に就労することができます。更新は10年に1度ですが、運転免許の更新手続きのように形式的なものです。アメリカで普通に暮らしているかぎりは、永住権を失うことはありません。

しかし、**1年以上アメリカ国外で暮らした場合**、アメリカ入国時の審査の際に、グリーンカードを取り上げられることがあります。永住権とは、あくまでアメリカで生活している人たちに与えられるものだからです。

この他にも、永住権を失うケースがあります。永住権を取得してから5年以内に、**虚偽の申請**（偽装結婚など）により永住権を取得したことが移民局に判明した場合や、重大な**犯罪**を犯したり、軽犯罪を数回犯した場合です。

これらの場合、永住権を失ったり、強制送還されたりすることもあります。また、生活保護を受けている人が国外に出て、アメリカへ再入国する際にグリーンカードを取り上げられたというケースもあります。

■アリバイ的なアメリカ滞在

抽選永住権に当選したけれど数年先まで渡米できない人、何らかの事情で日本に戻ってきたけれど将来はまたアメリカで暮らしたい永住権保持者にとって、「1年間アメリカを留守にしてはいけない」という規定には頭を悩ませることでしょう。

そこで考えるのが、1年のうちの1週間くらいをアメリカで過ごすという方法です。

しかし、この方法を何度も繰り返していると、入国審査官に審問されて「out for 8 months」などとパスポートに記載され、警告処分を受けることがあります。警告処分を受けてもグリーンカードを取り上げられることはありませんが、次回のアメリカ再入国時に厳しく取り調べられますので、処分を受けたあとは、なるべく早いうちにアメリカに移住したほうがいいでしょう。

ただし、警告処分を受けたからといって、グリーンカードが取り上げられることは、ほとんどないと言っていいでしょう。警告処分を何度か受けていても、自分から永住権を放棄すると言わないかぎり、グリーンカードを取り上げられたりはしないようです。

厳しく審問されないためには、**アメリカとのつながりを示す書類**（アメリカの運転免許証、銀行口座、賃貸契約書、光熱費のレシート、雇用契約書、ソーシャル・セキュリティー・カード、納税者番号など）を提示してください。

これらはアメリカで生活していることを証明する書類となります。アメリカに家族がいること、納税していること、不動産を所有していること、ビジネスをおこなっていることなどが証明できれば、さらに望ましいでしょう。

■1年以上アメリカを離れる場合

1年以上アメリカ国外で暮らす場合、出国前に「**再入国許可証**（Re-entry Permit）」を申請しておきましょう。この許可証があれば、アメリカ国外に2年間継続して滞在することが考慮されます。

申請ができるのはアメリカ国内のみです。日本では申請ができません。アメリカにいるときに、郵送で提出します。２００８年より、14～79歳の申請者は、移民局のアプリケーション・サポート・センターに出向いて、指紋採取と写真撮影が必要となりました。申請書類を提出後に、移民局から出頭の日時を書いた通知が郵送されてきます。このため申請書類を提出してから、４～６週間はアメリカに滞在している必要があります。

緊急の場合は、書類を提出後、国外に出てもかまいませんが、指紋採取と写真撮影のために、再びアメリカに戻ってこなくてはなりません。

■再入国許可証申請マニュアル

再入国許可証は弁護士や代行機関に依頼をしなくても、個人で申請できるものです。

再入国許可証の申請についてより詳しく知りたい場合は、『再入国許可証申請マニュアル』（グローバルＪネットワーク発行）をお読みください（入手方法については２６１頁参照）。

COLUMN アバウトな国アメリカ

■手続きに一日かかる

アメリカびいきの人でも、アメリカ人の仕事のアバウトさには辟易することが多い。

よく言えば、こせこせしなくておっとりしている。悪く言えばいい加減。

抽選永住権に当選して面接を受けたAさんは、アメリカの空港でグリーンカード発行の審査を受けた。ところが、空港を出たあとで書類のミスプリントを発見。訂正してもらおうと戻ったところ、丸一日つぶす羽目になってしまった。

アメリカでは、書類を受け取ったらその場ですぐに確認するべきだ。Aさんにとって、強烈なアメリカ体験となった。

アメリカにいると、日本人の仕事の正確さと機敏さを改めて再認識させられることが多い。

■「自己責任」の国

残念ながら、アメリカで働く人にはミスが多い。特に、日付入りの前売り券を買ったら、必ず日付をチェックしたほうがいい。

バスのチケットを買いにいったときのこと。買いたかったのは5日先のチケットだったが、発行してもらったチケットを見ると、その日の日付になっている。

すぐさま申し出ると、係員は不機嫌な顔をしながらも、チケットを再発行してくれた。

その話を友人にすると、

「もし、気づくのがカウンターを離れたあとだったら、すぐには発行してもらえなかったはず。自分の非をなかなか認めたがらないから……」

こういう場合は、担当者とは違う人に申し出て、再発行してもらうのが賢いやり方なのだという。

アメリカでは何事にもチェックが必要。「自己責任」というわけである。

■小銭の支払い、なくてもOK?

日本では1円の違いもなくお釣りを返すのが常識だが、アメリカではそうとは限らない。

たとえば「5ドル3セントです」と言われて5ドル札を出し、1セントコインを探していると、5ドル札だけを受け取って「OK」と言い「行ってもいいよ」というサインを送ってくる。

どう見ても店のオーナーとは思えない。売り上げの計算が合わず問題になるんじゃないの? と他人事ながら心配になってくるが、端数の数字は気にしないのが、アメリカ流なのだろう。日本の銀行が聞いたら、卒倒するに違いない。

PART 4

アメリカで仕事をするときの必須事項

アメリカで働くために必要な「移民ビザ（永住権）」や「就労ビザ」は、基本的に働く本人ではなく雇用主が申請するって知っていますか？　駐在員（Ｅ・Ｌビザ）はともかく、現地採用（Ｈ－１Ｂビザ）希望のあなた、雇用側にとっても外国人採用はそう簡単なことではありません。就職・ビザ取得の条件を知っておきましょう。

01

まず雇用主ありき

アメリカで働くための「就労ビザ」

アメリカで合法的に働くには、**移民ビザ**（永住権）か**就労ビザ**が必要です。永住権または就労ビザを申請するのは、就労者本人ではなく**雇用主**です。

つまり、アメリカで合法的に働く場合、雇用主が決まっていなければビザの申請もできないことになります。

例外として、雇用主がいなくても「**自己申請**」という手段で永住権を申請することもできます。しかし、自己申請ができるのは、その分野でずば抜けた能力があり、それを証明することができる人に限られています。たとえば、国際的な賞を受賞した人などです。

永住権とほとんどの就労ビザは、専門家や弁護士を通して申請手続きを進めていくので、費用がかかります。

■就労ビザの種類

就労ビザには次のものを含めて10種類以上あります。

・日本企業から駐在員として派遣される場合（112頁参照）

Eビザ（駐在員ビザ）

Lビザ（同系企業内転勤者ビザ）

・アメリカ現地で雇われる場合（116頁参照）

H－1Bビザ（現地採用職能者ビザ）

・芸術、スポーツ、芸能関係で雇われる場合

Oビザ（優れた能力を持つ人に発給されるビザ）

Pビザ（スポーツ・芸能ビザ）

・会社を設立してビザを申請する場合（118頁参照）

Eビザ、Lビザ、H－1Bビザ

■移民ビザ（永住権）と就労ビザの違い

就労ビザは申請してから取得できるまでが**1～数カ月**ですが（ビザによって違います）、**移民ビザ**（永住権）は取得までに**1～5年**かかります。

そのため、最初は就労ビザを取得して渡米し、落ち着いたら現地で永住権を申請するという人が少なくありません。これなら、働きながら永住権の結果を待つことができるからです。

ただし、このような方法をとることができるのは、主にホワイトカラーの職種のみです。なぜなら、ブルーカラーの職種では就労ビザをとることができないからです。ブルーカラーの職業では永住権しか申請することができず、取得までだいぶ待たなければなりません。ただし、人手不足と判断される職種（寿司職人など）の場合は、待ち期間が短縮されます。

■就労ビザの申請条件

ホワイトカラーの職種は就労ビザの申請が可能ですが、申請にはさまざまな条件があります。

たとえば、各ビザには次のような条件があります。

・H－1Bビザ

アメリカ現地の会社（日本人経営でも可）で職能者として雇用されること。申請する職種で大卒以上の学位を持っているか、それに相当する実務経験があること。

高卒以降の学歴1年分が実務経験3年分に相当するため、高卒の場合、申請する職種で12年以上の実務経験、短大卒は6年以上の実務経験が必要となります。大卒でも違う専攻の場合は、申請する職種で3年以上の実務経験が必要となります。

・Lビザ

日本に会社があり、アメリカにある支社・本社・関連会社に管理職・職能者として派遣されること。学歴の条件はないが、過去3年以内に1年以上、日本の会社で就労していた経験があること。

アメリカに会社がない場合は、会社を設立してからビザを申請することになります。

・Eビザ

日本に本社があり、相当額の貿易もしくは投資をするアメリカの子会社へ、管理職・専門技術職者として派遣されること。

学歴や職歴は問われませんが、能力にみあった学歴や実務経験が必要です。能力があれば新規採用でもかまいません。

02

駐在員として派遣される場合

Eビザ（駐在員ビザ）とLビザ（同系企業内転勤者ビザ）

日本の会社から駐在員としてアメリカに派遣される場合に申請できるビザには、**Eビザ**（駐在員ビザ）と**Lビザ**（同系企業内転勤者ビザ）があります。

Eビザは大きな会社の社員にしか発給されませんが、Lビザは比較的小規模の会社の社員にも発給されます。そのためLビザは、アメリカに支店を持とうと計画している飲食店や自営業のオーナーでも申請することができます。

■Eビザ（駐在員ビザ）

Eビザは、日米の条約に基づいて**アメリカに貿易や投資をしている会社**の社員が、アメリカの子会社で働くときに発給されるビザです。Eビザをとれば、**長期滞在**が可能です。

Eビザには「**E－1（貿易駐在員ビザ）**」と「**E－2（投資駐在員ビザ）**」の2種類があります。「E－1ビザ」が**貿易額**に基づいて発給されるのに対し、「E－2ビザ」は**投資額**に基づいて発給されます。

どちらの場合も「相当の貿易額」「相当の投資額」とあるだけで明確な金額は提示されておらず、申請に対して許可するか却下するかの判断は、国務長官から任命されたアメリカ領事に委ねられています。

「相当額」は業種によっても異なりますが、**50万ドルが目安**のようです。判断を下す基準は、雇用主が展開するビジネスが、アメリカにおいてアメリカ人に雇用のチャンスを与えられるかどうか、にかかっています。したがって、従業員2～3人の零細企業の社員は、ビザ発給の対象になりません。

会社が社員のためにEビザを申請するには、まず東京のアメリカ大使館か大阪の領事館に登録をする必要があります。企業登録を維持するためには、毎年DS－156E、決算報告書、納税報告書を提出しなければなりません。詳細についてはアメリカ大使館のウェブサイトを参照してください。

http://japan.usembassy.gov/j/visa/tvisaj-niv-e2.html

□E－1申請者の雇用主の条件

雇用主は財団法人、社団法人、地方自治体であってはならず、次の条件を満たしている必要があります。

・アメリカの会社が日本の会社の支店であるか、アメリカの会社の株の50パーセント以上を日本人が保持していること。

・日米間で相当額の貿易や取り引きがあること。子会社の貿易量の50パーセント以上が日米間であること。「貿易」には、銀行、保険、運輸、通信、情報処理、ソフト関連、広告、経理、技術、経理、デザイン、工学技術、経営コンサルタント、観光などの業務が含まれます。

・申請時点で、貿易活動が継続的に存在していること。

□E－2申請者の雇用主の条件

・アメリカの子会社の株のうち少なくとも50パーセントを日本の会社が所有していること、

・株式投資や不動産投資でない投資であること、

が条件となります。

アメリカに会社を設立して株を発行したり、銀行の口座に入金しただけの「みせ金」的な投資ではなく、実質的な投資をしたという証拠を示す書類を提出しなければなりません。事務所のリース契約書、不動産購入契約書、内装契約書などがこれにあたります。

すでにある企業を買収する場合には、企業全体の価値の半分以上の投資額、新しく事業を始める場合は、それに必要な額が要求されます。

投資額の目安は50万ドルとしているようですが、業種によって基準が異なります。たとえば飲食店など小規模なビジネスであれば、20万ドルでも立派な投資と判断されてビザが発給されるでしょう。

単なるペーパー的な投資で、企業としての営利活動を行わない会社であるとみなされれば、申請は却下されます。

□申請者の条件

アメリカが通商条約を結んでいる国の国籍を保持する個人や会社の社員に発給されるので、雇用主が日本の会

社の場合、申請者は、

・**日本国籍を保持**していること（韓国籍、台湾籍、中国籍は申請できない）

が条件となります。また、

・**管理職**もしくは**専門技能職者**としてアメリカに派遣されること

も条件となります。

英語ができるという理由だけではビザは発給されません。学歴や職歴は問われませんが、管理職や専門技能職としての能力を有している必要があるため、あまり若すぎる人は却下されるでしょう。

Lビザ（後述）と違って、雇用主である日本の会社に在籍した経験は問われないので、アメリカに派遣されるために新しく採用される人やアメリカ現地で採用される人も申請できます。

■Lビザ（同系企業内転勤者ビザ）

Lビザは、**多国籍企業**の社員がアメリカに派遣されるときに発給されるビザです。**管理職**に発給されるL－1Aビザと、**専門技能職**に発給されるL－1Bビザの2種類あります。

□Eビザとの違い

E－1では、日本に親会社がありアメリカに子会社があることが条件づけられていましたが、L－1では、**日本にある会社が親会社である必要はありません**。日本とアメリカの会社の関係は、どちらが親会社であってもいいし、本社が第三国にあり日米は姉妹会社の関係であってもかまいません。

E－1では相当な貿易量の実績があることが条件づけられていましたが、L－1では**実績や会社の規模による制限はありません**。

手続きを進める上で、E－1とL－1では大きな違いがあります。

E－1はアメリカ領事館に必要書類を提出して、日本で手続きを進めていきますが、L－1は派遣先のアメリカの会社が労働局や移民局に必要書類を提出して、**最初の手続きはアメリカで**進められます。移民局から許可が出ると、アメリカ領事館より本人のところに通知が来ます。本人は領事館に必要書類を提出して、ビザを申請します。

また、長期滞在が可能なE－1と違って、L－1で最初に許可される滞在期間は、アメリカの会社が設立して1年未満の場合は**1年**、1年以上の場合は**3年**で、その後の滞在延長（2年間）は、管理職が2回、専門技術職が1回しか認められていません。さらに滞在したい場合は、1年間アメリカ国外に出ていないと許可されません。

□自営業者による申請

L－1の場合、雇用主が財団法人、社団法人、地方自治体、連絡事務所であってもかまいません。

派遣元である日本の企業が小さい規模でも申請することができるので、日本の自営業者がアメリカでビジネスを始めたいときに、Lビザを申請できます。会社が株式会社組織になっていなくてもかまいません。

申請できるのは幹部社員か専門技能職社員なので、自営業の場合は、幹部社員として会社の役員登録をしておくといいでしょう。

日本人の就労ビザ取得数（2008年）

E（駐在員ビザ）	
E－1（家族含む）	50,377
E－2（家族含む）	180,270
H（職能者ビザ）	
H－1B	409,772
H－1C	170
H－2A	173,103
H－2B	109,621
H－3	6,156
H－4（家族）	122,423
I（特派員ビザ）	
I－1（家族含む）	45,886
L（同系企業内転勤者ビザ）	
L－1	382,776
L－2（家族）	175,709
O（能力者向けビザ）	
O－1	41,238
O－2	12,497
O－3（家族）	6,386
P（スポーツ・芸能ビザ）	
P－1	57,030
P－2	4,358
P－3	12,767
P－4（家族）	2,229
Q（国際文化交流訪問者ビザ）	3,231
R（宗教活動家ビザ）	
R－1	25,106
R－2（家族）	6,421

出典：Yearbook of Immigration Statistics

□申請者の条件

過去3年間のうち1年間は、その会社で勤務している（いた）人でなければなりません。

管理職か専門的知識・技能を持っている人に限られているところはE－1と同じですが、定義としては比較的ゆるやかです。

部下がひとりもいない場合でも、管理職とみなしますし、次の規定にあてはまる人は専門的知識・技能を持つとみなしています。

・顧客に関して特別に知識を持っている人
・マーケティングに関しての知識を持っている人
・製品のつくり方に詳しい人
・社内の会計規則に詳しい人
・社内の総務に詳しい人
・その他、会社の業務に関係することに詳しい人

03

現地で就職する場合

H-1Bビザ(現地採用職能者ビザ)

■H-1Bビザ(現地採用職能者ビザ)とは

アメリカにある会社・機関で**現地採用**される人に発給されるビザです。

最も一般的な就労ビザで、年間発給枠が設けられています。大卒者もしくは相当する実務経験者に6万5000、アメリカの教育機関での修士号もしくは博士号保持者に2万発給されます。発給枠は10月1日から9月30日までの会計年度でカウントします。

日本人がアメリカで申請する就労ビザは、ほとんどがこのH-1Bです。

■雇用主の条件

雇用主は**個人**、**会社**、**非営利団体**などで、アメリカ国税庁の**納税者番号**を持っていなければなりません。**国籍は問われません**ので、日本人経営者でも可能です。

アメリカ国内に店や事務所を持っていればよく、日本に支社や本社がなくてもかまいません。

雇用主は申請者に対し相応の給与を保証しなければなりません。つまり、ビザの取得のためのスポンサーになることを条件に、安い賃金で申請者を雇うことはできません。

労働局が雇用主に「**労働条件申請書(Labor Condition Application)**」を提出させ、給与の額を把握するのは、これらを未然に防ぐためです。

■申請者の条件

申請者は**専門職に従事する者**でなければならず、**専門職に関連する学士号**を保持している必要があります。

移民局は「専門職」として、建築家、技術者、法律家、会計士、科学者、教師、編集者、市場調査担当者、レストランマネージャー、管理職者などを指定しています。

もし専門職に関連する学士号を保持していない場合は、

大学レベルの教育1年に対して3年間の実務経験が必要です。高卒なら12年間、短大卒なら6年間、専門職に関連のない学士号を保持する大卒の場合は3年間の実務経験が必要です。専門職に関連する学士号を保持していれば、実務経験はなくてもかまいません。

専門職の中でも、美容師、自動車整備工などブルーカラーの職種は、実務経験を満たしていても申請することはできません。ただし、その職種で管理職の経験があれば、申請の可能性があります。

学歴や実務経験の点で、申請できるかどうか自分で判断がつかない場合は、移民関連の弁護士事務所などで査定してもらうことも可能です（調査を必要とする複雑な人の場合は有料）。

■申請のプロセス

アメリカ在住の雇用主が、申請者（外国人就労者）のために、次のプロセスで手続きを進めていくことになります。

①雇用主が労働局に必要書類を提出し、外国人の雇用を許可してくれるよう申請。

②雇用主は社内の労働組合に労働局に提出した申請書（職種、給与などを明記）を提示。組合がない場合は、社内の目につきやすいところに10日間掲示。異議のある従業員は、労働局に申し出る。

これは外国人就労者の雇用をアメリカ人従業員に知らせて、暗黙の同意を得るために設けられた措置です。

③労働局から許可が下りたら、雇用主が現地の移民局に必要書類を提出し、外国人にビザを発給してくれるよう請願。

④移民局から許可が下りたら、「I－797（請願許可通知）」が発行される。

⑤申請者（外国人就労者）はアメリカの移民局で資格の変更をするか、日本のアメリカ大使館・領事館でビザを申請する。

ビザの発給数に限りがあるのと、書類がアメリカの労働局と移民局で審査されるため、ビザ取得までに時間がかかります。

年間の割当数が満杯になると、次の年度まで待たされることがあります。そのため、弁護士とも相談して、申請する時期を検討する必要があるでしょう。

1000ドル余分に払えば、移民局に申請してから2週間以内に結果がわかります。

04

会社設立のプロセス

現地でビジネスを始めるには

日本の会社や自営業者がアメリカで新しくビジネスを始めたい場合、アメリカで会社を設立して、そこで働くための就労ビザを取得することも可能です。申請できるのはE、L、H－1Bビザです。

これらのビザについては、112～117頁ですでに説明しましたので、ここでは新しく設立する会社の種類や設立のプロセスについて説明します。

■会社を設立してビザを申請

新しい会社を設立して、自分を含めてそこで働く人のためにビザを申請する場合、移民局は会社がビザ申請者に給与を支払う資金力があるかを審査します。

既存の会社の場合は**納税証明書**（Tax Return）を提出しますが、新会社はそれができないので、別の方法で証明しなければなりません。

多くの場合、アメリカの会社を日本にある会社の子会社（日本の親会社がアメリカの会社の株の半数以上を所有する状態）として設立して、書類を提出するようです。

■会社設立のプロセス

通常これらの手続きはコンサルタントか弁護士に依頼して進めていきます。

①**会社設立の手続き**（3～4週間を要する）

管轄の州政府に営業許可を申請します（左頁参照）。

申請に必要なものは次の情報です。

・会社名……すでに登録されている会社名や混乱を生じるような会社名は使用できないので、第3希望くらいまで考えておくといいでしょう。

・会社の定款……会社の目的と内容を決定します。

・役員……日本在住者も役員になれます。

・資本金……いくらでもかまいません。

②**ＥＩＮ(Employer Identification Number)を申請**（3

〜8週間を要する）

内国歳入庁（ＩＲＳ＝Internal Revenue Service 日本の税務署に相当）に申請します。申請するには、申請者がソーシャル・セキュリティー・ナンバーか個人の納税者番号を持っている必要があります。

③銀行での法人当座預金の開設

④事務所の確保

事務所を借りるとき、会社がすでに存在していることを前提とする家主もあります。このような場合、住所を貸し出している業者を利用したり、取引先の事務所の机だけを借りるという手もあります。

住居を事務所代わりに使用するのは、設立の意図を疑われることになるので避けたほうが無難ですが、できないわけではありません。その場合には、家主との間で事務所として使用する旨の契約を交わし、その書類を提出します。

⑤ビザの申請

事務所が決まれば、ビザの申請ができます。

ビザの申請にあたっては、雇用主や従業員（外国人申請者）が条件を満たしているか、設立した事業体がうまく軌道に乗るのか、従業員に給与を払えるか、などが審査されます。

雇用主や外国人申請者の条件については、１１２〜１１７頁を参照してください。

アメリカの会社の種類

▼個人会社

会社名称の表示は個人名か XXXX, Company。

特別な手続きは必要ない。

▼株式会社

会社名称の表示は XXXX, Inc. か XXXX, Co., Ltd. か XXXX, Corp.。

資本金はいくらでもかまわない。出資者の責任は出資額の範囲に限られる。法人税が課税される。

▼パートナーシップ

会社名称の表示は XXXX, Partnership。

General Partnership（GP）と Limited Partnership（LP）の２種類。GP は２名以上のゼネラルパートナーが事業を運営して利益を分配し、無限に連帯責任を負う。LP は１名以上のゼネラルパートナー（無限責任）と１名以上のリミテッドパートナー（有限責任）が事業を運営し、利益を分配。経営はゼネラルパートナーに任される。法人課税なし。

▼リミテッド・ライアビリティー・カンパニー

会社名称の表示は XXXX, LLC。

日本でいう有限会社。株式会社の有限責任とパートナーシップの税法上の利点を併せ持つ。出資者は「メンバー」と呼ばれ、経営管理への参加が可能。

05

日本語を教えるには

〝話せる〟と〝教えられる〟は別

■日本語の教授法

「日本語が話せること」と「日本語を教えること」は別の能力です。教えるためには、教授法を学ぶ必要があります。日本には「日本語教師養成講座」を設けている機関がたくさんあります。中には、通信教育や海外日本語教師体験プログラムを設けている機関もあります。

　アメリカの大学院でも、日本語教授法を学ぶことができます。サンフランシスコ州立大学では学部レベルでも学べますが、日本語を教えたい場合は、修士号を取得しておいたほうがいいでしょう。教授法を学ぶに際し、専門家は「日本で教えるなら日本で、海外で教えるなら海外で」とアドバイスしています。

■TA、RAとして教える

　大学院の学生はティーチング・アシスタント（TA）として教えたり、リサーチ・アシスタント（RA）として研究活動の機会を与えられることが多く、授業料が免除されたり、謝礼金が支払われたりします。

　残念なことに、アメリカの学生はかつてのようには大学で日本語を受講しなくなったようです。東洋系の言語としては「日本語よりも中国語」というのが最近の傾向のようです。

　ですから、日本語教師になりたい人が多い割にはポストが極端に少なく、欠員補充時しかチャンスがないというのが現状です。ただし、欠員が出なくても、履歴書は常時受け付けている大学や機関が多いようです。

■日本語教師の募集

　日本語教師のポストに欠員が生じた場合、各大学や機関は次のような方法で募集を出すので、日頃からアンテナを張り巡らせておきましょう。

①他機関からの紹介を受ける。

②日本の全国新聞、アメリカ各地で発行されている日系新聞、月刊雑誌『日本語ジャーナル』（アルク）などを通して募集する。

インターネットお役立ちサイト

▽検索サイトを利用
グーグル、ヤフーなどの検索サイトで、「日本語教師　インターン」と入力すると、日本語教師インターンプログラムを実施している機関がリストアップされる。
▽アルクのサイト
http://www.alc.co.jp/jpn/index.html
▽日本語教師リンク集
http://blog.livedoor.jp/dai7kampu/
▽国際交流基金
http://www.jpf.go.jp/j/
▽ Association of Teachers of Japanese
http://www.colorado.edu/ealld/atj/
▽ National Council of Japanese Language Teachers（全米日本語教師会）
http://www.ncjlt.org/

③アメリカの日本語教育関係学会・研究会を通して募集する。

アメリカの日本語教育関係学会や研究会の会員になると、機関誌を発送してくれるので、仕事の機会を窺っている人は、会員になっておくといいでしょう。また、アルクが出版している『日本語教師になろう』も参考になります。

大学以外にも、現地の語学学校、アダルト・スクール、日本関連組織などで教える機会があるかもしれません。その際、日本語教師の修士号を要求されることはなくても、学歴・資格・経験が要求されます。

文部省の**日本語教師検定試験**に合格して資格を持っていれば、雇用の際に有利になります。この試験は年1回しか受けるチャンスがなく、合格するのが難しい国家試験です。

これに合格していなくても、日本語教師養成講座などのコースを受けて、修了証をもらっておくと役に立つでしょう。

■日本語教師海外派遣プログラム

仕事を探すもうひとつの方法としては、各団体が主催する「海外派遣プログラム」に応募して、日本語教師としてアメリカへ派遣してもらうという方法があります。

プログラムには、①報酬が出るもの、②教える代わりに現地での学費などが免除されるもの、③全額を自費で負担するもの、があります。

06

日本語メディア、茶道、柔道……

日本人ならではの仕事をするには

■日本語メディア関連分野で働く

大手も中小も、アメリカ各地に日系企業が進出しています。日本語の広告、機関誌、出版物などを出す企業も多く、広告制作、本や機関誌の編集、ラジオ・テレビ番組制作などの分野で人材の需要が増しています。

日本人の多く住む街（ニューヨーク、ロサンゼルス、サンフランシスコ、ホノルルなど）には現地で設立された日本語新聞社、情報誌出版社、放送局などがあるので、日本語メディアに関わる方面で仕事をしたい場合は、それらの門をたたいてみるといいでしょう。

■日本の教員資格を活かす

アメリカ各地には全日制の日本人学校、土曜日だけの日本語補習校があります。

文部省が管轄する学校の場合、全日制学校の正規教員には、文部省を通して現職の教師が派遣されます。週末だけの日本語補習校は、現地採用という形で教員を雇用する場合が多いようです。

これらの学校で働くには、教員資格を持っていること、就労資格を有していることが求められますが、学校によっては教員資格がなくても雇用する場合もあるようです。

この他にも学習塾が教員を募集したり、日本人駐在員家庭が家庭教師を雇ったりすることがあります。

■日本文化の資格を活かす

華道、茶道、書道などの日本文化や、柔道、合気道、空手などの武道の免状を持っている人は、個人的に教えることが可能でしょう。

教員としてフルタイムで教えたい場合は、所属する組織から正式に就労ビザを申請してもらわなければなりません。

就労ビザ取得者（地域別） 2008年

国名	総数	H-1B	H-2A	H-2B	O-1 & O-2	P1 ~ P3	L-1	E-1 & E-2	その他
アジア	664,607	227,130	86	7,364	6,571	9,798	131,801	109,921	171,936
北アメリカ	576,997	49,314	169,659	90,649	9,336	32,157	45,388	23,513	156,981
ヨーロッパ	497,821	80,466	476	5,281	29,678	22,343	154,444	87,787	117,346
南アメリカ	133,834	39,991	1,032	2,387	4,637	6,001	34,752	5,903	39,131
オセアニア	45,674	4,209	251	1,340	2,629	1,793	11,393	15,534	8,525
アフリカ	25,234	7,420	1,306	1,814	684	1,464	4,399	276	7,871
不明	5,528	1,089	293	786	200	599	599	452	1,510

就労ビザ取得者（国別上位20カ国） 2008年

	国名	総数	H-1B	H-2A	H-2B	O-1 & O-2	P1 ~ P3	L-1	E-1 & E-2	その他
1	メキシコ	360,903	16,382	163,695	74,938	3,232	15,256	21,714	16,411	49,275
2	インド	315,674	154,726	D	422	906	2,974	63,156	D	93,187
3	日本	164,724	11,788	D	D	1,789	1,413	37,507	85,175	26,758
4	カナダ	159,887	23,312	457	712	3,390	8,313	18,383	6,017	99,303
5	イギリス	147,010	19,209	29	1,451	12,653	5,820	52,687	17,919	37,242
6	ドイツ	85,153	10,318	6	102	2,781	1,426	23,338	32,170	15,012
7	フランス	68,637	11,617	7	73	2,880	1,430	21,858	12,772	18,000
8	韓国	46,462	9,956	D	D	675	1,078	7,639	13,801	13,251
9	オーストラリア	38,798	2,958	100	964	2,122	1,406	9,248	15,476	6,524
10	ブラジル	34,826	7,761	61	750	746	1,074	12,802	410	11,222
11	中国	32,625	13,828	D	D	756	1,850	6,607	573	8,704
12	ベネズエラ	28,096	8,293	—	51	1,224	1,315	7,606	500	9,107
13	イタリア	26,681	5,406	—	36	1,992	633	6,687	6,928	4,999
14	コロンビア	23,141	8,102	5	119	863	1,418	4,031	2,882	5,721
15	フィリピン	23,020	6,999	31	3,686	447	328	3,378	1,383	6,768
16	イスラエル	22,966	4,445	D	1,491	985	D	4,846	2,827	7,712
17	アルゼンチン	22,684	6,583	19	541	1,078	1,451	5,427	1,558	6,027
18	スペイン	21,850	4,649	D	D	1,063	941	6,940	3,201	5,014
19	オランダ	21,599	2,609	9	39	1,201	546	8,240	3,467	5,488
20	ジャマイカ	21,002	2,063	4,131	8,765	1,875	2,156	487	176	1,349

出典：Yearbook of Immigration Statistics
【注】Dは未公表。ビザについてはp247参照。

07

キャリアアップして給料も支給される

有給の実務研修プログラム

近頃では海外で就労体験ができるワーキングホリデー（ＷＨ）で渡航する人が少なくありません。残念ながらアメリカにはＷＨの制度はありませんが、それと似た制度に「実務研修」という制度があります。

他の国のＷＨと違う点は、他国ではＷＨビザを取得してから現地で就労先を探せますが、アメリカの場合は就労先（研修先）を探してからでないと、ビザの申請ができません。

■2種類の実務研修プログラム

①職務経験者向けプログラム（Trainee）

▽参加資格　以下のいずれかを満たす人

・日本の専門学校、短大、大学を卒業後1年以上の職務経験がある人。

・上記以外の卒業者の場合、5年以上の職務経験がある人。

いずれも職務経験のある職種での実務経験となります。

▽滞在期間

最長18カ月。ただしホテル、レストラン、旅行関連は最長12カ月（ホテル関連の研修者で日本でマネージメント経験があれば最長18カ月）。

②新卒者向けプログラム（Intern）

２００７年7月から、①のプログラムに加えて、新しく新卒者向けの実務研修プログラムが新設されました。こちらは職務経験がなくても参加できますが、専攻と関連のある職種での実務研修となります。

▽参加資格　以下のいずれかを満たす人

・日本の専門学校、短大、大学に在学中で、最低2年を終了した人。

・日本の専門学校、短大、大学を卒業後1年以内の人。

▽滞在期間　最長12カ月。

①では研修する職種の職務経験があるか、②では研修する分野を勉強している（いた）かが問われます。職歴も学歴もアメリカ以外で得たものであることが条件で、日常会話ができる英語力が必要です。年齢に関しては、実務研修プログラムを扱う機関によって違っています。

■発給されるビザ

研修者、研修機関、米スポンサー機関の関係

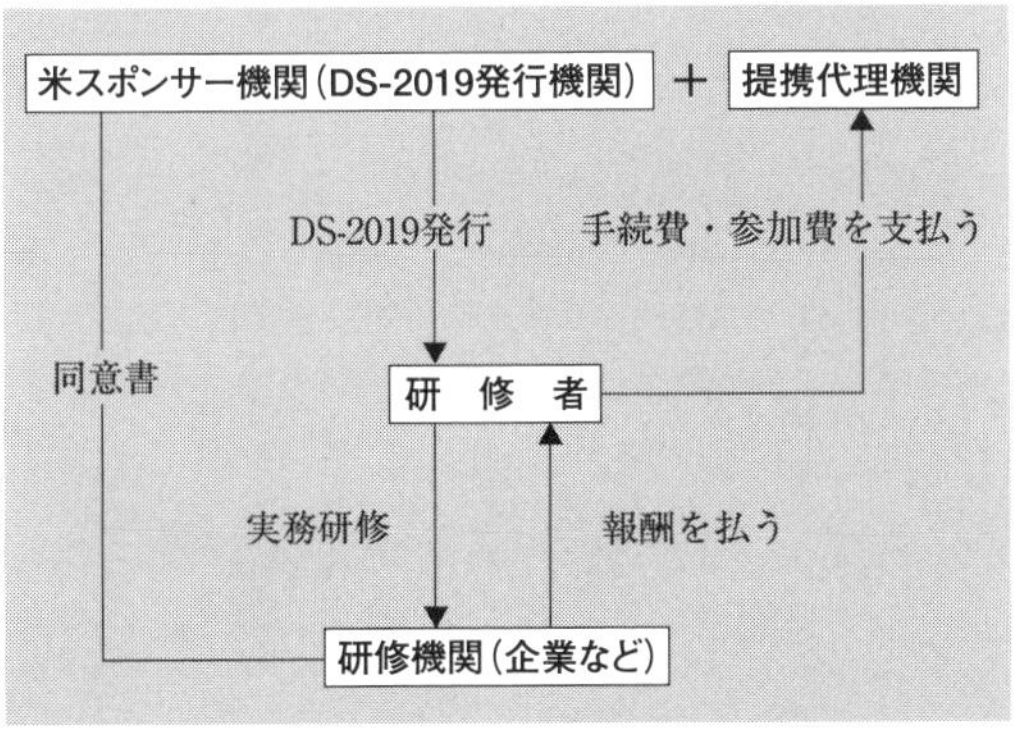

研修者にはJビザが発給されます。Jビザは弁護士に依頼しなくても申請できるビザです。

Jビザは正式には「Exchange Visitors Visa（文化交流訪問者ビザ）」と呼ばれています。このビザは学生ビザと就労ビザをミックスしたようなビザで、このビザの保持者にはフルタイムの学生として勉強している人もいれば、フルタイムで働いている人もいます。

学生の場合は、交換留学の高校生、奨学金をもらって研修中の人、何年間か勤務した褒美として海外の大学で授業を聴講するといった形で滞在している大学教授などがいます。

企業の実務研修では、研修先を紹介してもらって無給で働く人、研修先を紹介してもらって有給で働く人、自分で研修先をみつけて有給で働く人などがいます。

■手続きの進め方

Jビザを発給してもらうためには、DS－2019が必要です。これは学生ビザのI－20（入学許可証）にあたるものです。

アメリカ政府が認可したDS－2019発行機関（米スポンサー機関）にDS－2019を発行してもらい、書類（DS－7002）には研修先の企業・機関からサインをもらって、Jビザを申請します。

全体としては学生ビザを申請するのと同じような方法で申請します。しかし面接の際は、研修機関や研修内容について聞かれるので、英語で答えられるように準備を

して臨む必要があるでしょう。面接といっても窓口で書類を渡すだけですが、油断は禁物です。

■手続きを請け負っている機関

たとえば研修先を自分で探した人でも、その研修機関はＤＳ－２０１９を発行できないので、発行してくれる機関をみつけて手続きを行わなければなりません。日本には、アメリカのスポンサー機関（ＤＳ－２０１９発行機関）と提携して、手続きを請け負っている次のような提携代理機関があります。

　手続きの費用は研修期間によって違っており、①が一番安くてすみます。

①ＤＳ－２０１９を取得してくれる機関

研修先がすでに決まっている研修希望者が、Ｊビザ申請に必要なＤＳ－２０１９を取得するために登録します。

・日本国際実務研修センター（ＪＣＩＰＴ）
http://www.kjps.net/user/gin/f-work.htm
ＴＥＬ：０３－３５９３－６１７９

・国際教育交換協議会（ＣＩＥＥ）
ＴＥＬ：０３－５４６７－５５０３
http://www.cieej.or.jp/exchange/int_usa/index.html

・アメリカン・キャリア・エクスチェンジ（ＡＣＥ）
ＴＥＬ：０３－６２１５－８８５２
http://www.ace-us.com/page051.html

②研修先を探すサポートをしてくれる機関

研修希望者は機関に登録して、自力で研修先を探します。登録すると、その機関が提供してくれる求人募集リストから、インターネットやＥメールを通して自力で研修先にアプローチをして、受入の資格、条件、支給額などを確認して、交渉します。

③研修先を紹介してくれる提携代理機関

研修希望者は機関に登録して、研修の受入先を紹介してもらいます。紹介されたなかから、受入先を決めていきます。

　②と③の機関に関する情報を得るには、グーグルの検索サイトで「kaigai intern」と入力して、実務研修プログラムを提供している機関について調べるといいでしょう。

実務研修が可能・不可能な職種

◆実務研修が可能な職種

国際関連業務、貿易事務、通訳、翻訳、各種営業関連、コンサルティング業務、会計士、金融関連業務、販売、マーケティング、広報、アパレル関連業務、IT 関連、エンジニア、プログラマー、カスタマーサポート、グラフィックデザイナー、Webデザイナー、ライター、編集、出版、ツアーオペレーター、経理、総務、オフィスクラーク、秘書、ホテル業務、レストラン関連、NPO ／ NGO 団体など多数。

◆実務研修が不可能な職種

美容師、看護師、医師、教師、スタイリスト。
看病やトリートメント、体や髪に関わる実務研修は不可。

さまざまな研修プログラムを提供している機関

▽アメリカン・キャリア・エクスチェンジ（ACE）

本文「手続きを請け負っている機関」で紹介した①②③のすべてを扱っている。
TEL:03-6215-8852
http://www.ace-us.com/page051.html

▽アスパイア・インターンシップス

ホテル関連の研修を紹介。①調理部門、②フード＆ビバレッジ、③客室部門、④フード＆ビバレッジおよび客室部門の４種類のプログラムがある。
TEL:03-5322-1375
http://www.aspire-internships.com/

▽インターナショナル・インターンシップ・プログラムス

日本人がいない小さな町で、子供たちに日本の文化を紹介するスクールインターンシップのプログラムを扱っている。
TEL:03-5754-4888
http://www.internship.or.jp/

▽ ICC 国際交流委員会

東京、横浜、名古屋、京都、大阪、福岡のほかに海外（シアトル、ロンドン、オークランド、メルボルン）にも拠点あり。人材サービスのテンプスタッフグループの一員。
TEL:03-5421-3880 ほか
http://www.ibpprogram.com/

▽ AIT work abroad

海外就職、ビザサポート、インターンシップなど、海外で働きたい人をサポートする機関。７日間〜 12 週間のプログラムを提供。夏休みや有給休暇を利用して参加したい人に向いている。
TEL:03-5155-3666
http://www.ait-net.com

▽ ISS 国際交流センター

留学やワーキングホリデーが主だが、アメリカのインターンも扱っている。
TEL:03-5272-2330
http://www.iss-ryugaku.co.jp/

▽ラストリゾート

「海外で暮らす」「海外で学ぶ」「海外で働く」の視点に立って、留学やワーキングホリデーからインターンやホームステイまで扱っている。
TEL:0120-999-555
http://www.lastresort.co.jp/internship/

▽インターンプロ

有給と無給の双方の実務研修を扱っている。
TEL:03-5348-5717
http://www.kaigai-intern.com/america/

▽アメリカ留学センター

有給と無給の双方の実務研修を扱っている。
TEL:03-6868-5974
http://www.arcint.com/

08

異文化体験を楽しもう

海外研修プログラム

　前項では有給の実務研修プログラムを紹介しましたが、ここではその他の海外研修プログラムを紹介します。大きく分類すると、①日本語・日本文化交流プログラム、②ボランティア体験プログラム、③オーペアプログラムの3種類があります。

　情報を得るには、グーグルの検索サイトで「kaigai intern」と入力すれば、海外研修プログラムを提供している機関が表示されます。１２７頁のコラムも参照してください。最近では、語学研修を組み合わせたプログラムもありますので、語学留学だけでは物足りないという人には最適でしょう。

■日本語・日本文化交流プログラム

　現地の小学校、中学校、高校、大学などで日本語や日本文化を教えたり、アシスタントとして補助するプログラムです。

　グーグル、ヤフーなどの検索サイトで、「日本語教師　アメリカインターン」「日本文化　アメリカインターン」と入力すると、日本語や日本文化に関連するインターンプログラムを実施している機関がリストアップされます。

■ボランティア体験プログラム

　主に公的な団体や非営利団体（ＮＰＯ）などで、ボランティア活動を体験するプログラムです。

　グーグル、ヤフーなどの検索サイトで、「アメリカ　ボランティア体験」と入力すると、ボランティア体験を提供している機関がリストアップされます。

　研修期間が短い場合は、ビザ免除プログラムを利用して渡航することもあるようです

■オーペアプログラム

　オーペアプログラムとは国務省が認定する異文化交流

プログラムで、ホストファミリーの家に住み込んで、学校に通いながら、家事や育児を提供するプログラムです。

プログラム参加者にはJビザが発給されます。Fビザではないので、フルタイムの英語研修はできません。滞在期間は最初が1年間で、さらに1年の延長が可能です。週45時間まで家事や育児に従事し、週6時間まで学校の授業履修が可能です。

グーグル、ヤフーなどの検索サイトで、「オーペアプログラム　アメリカ」と入力すると、プログラムを実施している機関がリストアップされます。

機関によっても違いがありますが、国際教育交流協会(PIEE)http://www.piee.jp/index.html の場合は、次のようにプログラム参加者を募集しています。

▽応募資格

・18～26歳の高卒以上の女性
・英語でコミュニケーション能力があること。TOEIC600点、英検2級程度
・普通自動車運転免許をもっていること
・子供好きで、保育・幼児教育の経験があればより望ましい
・子供好きで心身共に健康なこと

▽選考試験

・英語能力試験（文法、語彙、リスニング）
・適性検査
・英語面接

▽ホストファミリーにより提供されるもの

・滞在費と食費
・年間500ドルまでの学費
・週ごとの謝礼（年間約90万円。保育エキスパートの場合は年間約130万円）

▽費用（2009年7月15日現在）

・プログラム参加費用30万円
・選考試験受験料2万円
・登録料500ドル（のちに返金）

▽プログラム参加費用30万円に含まれるもの

・成田空港から滞在地までの往復航空運賃（燃油サーチャージは含まない）
・ニューヨークでの5日間のワークショップ研修費用。
・プログラムに規定される疾病、傷害等の保険。
・事務局費用（諸手続き、通信事務、事前オリエンテーションなど）

09

相当の意気込みが必要

ノービザ渡航で働くには

■たいがいは永住権保持者を雇う

アメリカには永住権保持者が多く住んでいるため、雇用主は通常こういった人々を雇います。改めて就労ビザを申請するには面倒な手続きが必要で、認められるまでに時間もかかるからです。また、労働局や移民局も正式な就労資格を持った人を雇うことを勧めています。ただし、特殊な技術や経験を必要とする職種で適任者が見つからない場合、能力のある人を雇用するために、就労ビザの申請をしてくれることがあります。

就労資格のあるプラクティカル・トレーニング期間中（76頁参照）の人を雇って、その働きぶりが気に入れば正式に就労ビザを申請するというケースが多いようです。

ごく稀に、ビザ免除で渡航中の求職者を雇うこともあるようですが、その求職者にずば抜けた実務能力がある場合に限られるでしょう。

こういった場合、H－1Bを申請することが多いため、求職者は学歴や職歴を満たしている必要があります（116～117頁参照）。

■学歴・職歴・特別な能力やコネが必要

以上のことからもわかる通り、ビザ免除で渡航して仕事探しをするのは並大抵のことではありません。特別なコネか能力でもないかぎり、面倒な手続きをして就労ビザの申請をしてくれる雇用主はいないということです。

自己査定をしてみて、**H－1Bを申請できる学歴か職歴**を満たしていて**特別なコネか能力**があると判断すれば、ビザ免除で渡航しての仕事探しも不可能ではないでしょう。その場合は「何が何でも」という**仕事探しの意気込み**も必要です。

通常、雇用主はすぐにでも仕事をしてくれる人を探していますが、ノービザ渡航者は賃金をもらっての就労はできません。ですから「無給でいいから自分を使ってくれ」と申し出て、雇用主に自分を売り込むくらいの意気込みを見せる必要があります。

雇用主が気に入ってくれれば、正式に就労ビザを申請してもらうことになります。そのためには、その人自身の技術、資格、実務経験などとともに、**雇用主との相性**も重要なポイントになるでしょう。

通常は移民専門の弁護士に依頼して書類を作成してもらいます。その費用を誰が払うかは、雇用主との話し合いによって決めます。就労ビザを申請して許可されるまで3カ月以上かかります。

もし自己査定をしてみて、コネも能力もないと判断すれば、「**正規留学→プラクティカル・トレーニング→就労ビザ取得**」のルートを地道に歩むか、日本で十分に実務経験を積んでから、仕事探しに挑戦します。他国で合法的に就労するには、長期計画が必要です。

■需要の多い職種

アメリカの日系企業や日本関連企業では、次のような職種で人材が求められています。

・アメリカの各州公認の資格を持っている人……医師、看護士、弁護士、公認会計士、美容師など。
・パラリーガル関連……弁護士業務を補佐する専門職者。アメリカの大学や専門学校のパラリーガルコースで資格の取得可（取得期間＝3カ月～1年）。
・日本レストラン関連……寿司職人、コック、レストランマネージャーなど。
・コンピューター関連。
・運送業のオペレーション関連。
・日本語メディア関連……コピーライター、フリーライター、雑誌や機関誌の編集者など。
・英文会計業務ができる人。
・パソコンのソフトを使ってイラスト作成やデザインができる人。
・日本に支社を持つ企業のリエゾン（現地と日本の連絡業務）として働ける人。
・パソコンのＤＴＰソフトを使ってレイアウトや版下づくりができる人。
・貿易会社で税関の通関手続きの書類作成ができる人。
・旅行代理店でコンピューター端末機を使った予約業務や発券業務のできる人。
・経験のあるツアーガイド。
・学習塾での講師。

10

口コミ、求人広告、インターネット……

仕事探しの方法いろいろ

ひと口に「仕事探し」と言っても、次のようなことを細かく分析して行動を起こすことが大事でしょう。

アメリカの企業に就職するのか、日系企業に就職するのか。日系企業の場合は、日本に本社のある会社なのか現地で起業した会社なのか、日本での本社採用なのか現地採用なのか。

仕事を探している当事者が就労ビザを持っているのか、日米のどちらに住んでいるのか、学生であるのか勤め人なのか、どんな資格、技術、経験を持っているのか。正式な就労ビザの取得につながる仕事探しをするのか、それとも滞在費や生活費を稼ぐために仕事探しをするのか。

ちなみに、日本採用と現地採用では給料に約3倍の開きがあると言われています（日本採用のほうが高給）。

■日本から派遣してもらう

現在働いている会社からアメリカに派遣してもらうよう働きかけてみましょう。その場合、会社に**就労ビザ**（LビザかEビザ）を申請してもらって渡航することになります。

編集関係、報道関係、カメラ関係の仕事に就いている場合は、本採用でなくても、フリーランスとして働く契約を取り付けると「**ジャーナリストビザ（Iビザ）**」を申請することができます。

■口コミで仕事を探す

仕事探しが人間同士のつながりから出発することを考えれば、口コミという古くからある手段を大いに活用すればいいでしょう。

アメリカにいる場合は、現地の**日本人クラブ**、**県人会**、**同窓会**などに所属して、日頃から顔を広くしておきましょう。これらの団体はファミネットのウェブサイトにある「海外日本人会・日系人・団体一覧」のページ（http://

アメリカで発行されている日本語メディア

▼ニューヨーク地域

『U.S. FrontLine』隔週刊　212-922-9090
ウェブ版　http://www.usfl.com/ee/
『J. Magazine』月刊　617-262-6421
『デイリーサン・ニューヨーク』
　日刊　212-922-9201
　300カ所で入手可能（無料）。郵送での定期購読の場合は有料。

▼ロサンゼルス＆南カリフォルニア地域

『羅府新報』日刊／日英両語　213-629-2231
『Bridge U.S.A.』隔週刊　310-532-5921
『Lighthouse』隔週刊　310-944-3533
『San Diego YU-YU』隔週刊　858-576-9016
『LaLaLa』週刊　310-329-1533

▼サンフランシスコ＆湾岸地域

『北米毎日』日刊／日英両語　415-567-7323
『日米時事』日刊／日英両語　415-921-6820
『もん』月刊　415-563-7656
『週刊 BaySpo』週刊　650-548-0720

▼シアトル

『北米報知』月水金刊　206-623-0100
『Soy Source』隔週刊　206-622-7443
『YOU MAGA』月刊　206-624-5777

▼ハワイ地域

『ハワイ報知』日刊／日英両語　808-845-2255
『East-West Journal』隔週刊　808-596-0099

▼その他

『magazine arco』月刊　212-386-7603
『TV FAN』月刊　310-479-7803
『U. S. Japan Business News』
　週刊　213-626-5001
『U. S. Town Journal』
　月刊　213-626-5001
『シカゴ新報』週2回　773-478-6170
『アトランタ新報』　707-953-4359
『北米報知』
　月水金刊　ポートランド 206-623-0100
『ロッキー時報』　303-295-1848
　ウェブ版　http://www.coloradojijo.com/

www.faminet.co.jp/d-t/dt-top.htm）にアクセスして、希望の国、都市をクリックして調べることができます。

■日本語メディアの求人広告に応募する

日系人や日本人渡米者の多い都市には日英両語の日系新聞や日本語情報誌があって、日本語で求人募集の広告を掲載しています。

こうした広告から、日系企業がどの分野でどのような人材を必要としているか、給料や労働条件はどうかを知ることができます。

■日本での求人広告に応募する

アメリカで働く人材を日本で募集している場合がありますので、機会を逃さず応募しましょう。

『Japan Times』月曜版は、英文での求人広告を載せているので要チェックです。『Asahi Evening News』『Daily Yomiuri』などの英字新聞もチェックしておきましょう。

日本で発売されている出版物では、定期的に海外就職特集を組む隔週刊の就職情報誌『GAT'N』、技術者向けの就職情報誌『TECH B-ing』が参考になるでしょう。

『海外で学ぶ働く留学＆インターンシップ』（ムック）

も、海外の就労先を探すうえにおいて参考になるでしょう。

■就職活動をする

アメリカで学ぶ留学生や卒業生には、合法で働けるプラクティカル・トレーニング期間があります（76～77頁参照）。留学生を対象にして、在米日系企業が合同企業説明会をおこなっているので、参加して状況を把握しておきましょう。説明会に関する情報は、ウェブサイトをチェックする（79頁参照）、各大学の留学生アドバイザーに聞く、各大学の掲示板をチェックするなどの方法があります。

■自分を売り込む

毎年発刊される『企業概況』には日系企業の採用状況が掲載されています。『企業概況』や日系電話帳『イエローページ・ジャパン』（全米28都市にある日系の塾、レストラン、みやげ物店などの自営業から人材派遣業、銀行、デパートまでを網羅）で情報を仕入れて、就職したい会社に手紙と履歴書を送り自分を売り込んでみるといいでしょう。

新聞の求人募集欄に求職広告（Position Wanted）を掲載してみるのも、ひとつの方法です。

■インターネットを利用する

アメリカで発行されている日本語雑誌『U.S.FrontLine』（隔週刊）はインターネット版（http://www.usfl.com/Classified/）があって、classified（就職／求人情報、不動産、買います／売りますなどの情報）が掲載されています。

「アルク」の国際派就職のウェブサイト（http://career.alc.co.jp/index.html）には、「海外求人サーチ」のページがあります。また、無料のメールマガジンに登録しておくと、情報が送られてきます。

「Career forum. net」（http://www.careerforum.net/index.asp）ではレジュメ（履歴書）を登録でき、登録しているレジュメを使って求人情報に応募できます。また、レジュメを登録して、企業からの連絡を待つこともできます。

■人材紹介会社を利用する

日本人材紹介会社に登録して、海外での仕事先を紹介

就労に関するお役立ちサイト

▽**イエローページ・ジャパン**（http://www.ypj.com/）
日系電話帳『イエローページ・ジャパン』を発行している会社が運営しているサイト。50音順かアルファベット順、または州や市を入力して企業を検索することができる。

▽ **NUTS**（http://www.nyct.net/~nuts/）
求人・求職情報を掲載したアットホームな雰囲気のサイト。

▽**クレオコンサルティング**
http://www.creo-usa.com/
中西部・南部を中心に、東海岸・西海岸、日本の提携企業からも幅広い人材、求人案件の提供を受けており、就職・転職支援サービス、就職コンサルティングが充実。

▽**リクナビ**（http://kaigai.rikunabi.com/）
リクルート・アメリカ支社による、海外で勉強する日本人学生向けの就職サイト（日本語）。

▽ **Pasona**（http://www.pasona.com/）
人材紹介会社のサイト。

▽**英語の履歴書 .com**
http://www.eigonorirekisho.com/
英文履歴書の作成をサポートしてくれるサイト。

▽**求人検索サイト**
・Monster.com（http://www.monster.com/）
アメリカ国内の求人情報を州別、業種別で掲載（英語）。
・Recruit ICI（http://www.rikunabi2005.com/05/JP/）
・Career Builder.com（http://www.careerbuilder.com/）
アメリカの求人情報を掲載。キーワード、地域、カテゴリーによる検索が可能。
・America's Job Bank （http://www.jobbankinfo.org/）
アメリカの求人情報を掲載。州ごとに検索が可能。
・JOBBA（http://www.jobba.net/）
日本語をいかして世界で活躍したい人の求人サイト。アメリカでの就職、転職、アルバイト、インターンを考えている人たちを支援。希望に合った仕事をより早く探してくれる。

してもらうという方法がありますが、欧米ではビザ取得が難しいため、就労ビザを持っている人のみを登録の対象としているところがほとんどです。

アメリカにも日英両語を話す人材を求める企業や日系企業に雇用を紹介する人材紹介会社があって、前述した日系電話帳『イエローページ・ジャパン』に掲載されています。すでに就労資格を持っている人を登録の対象としている場合がほとんどです。能力と就労経験のある人を求めているところが多いので、学校を卒業したばかりで就労経験のない人は登録の対象になりません。

ほとんどの企業では、英語やパソコンはできて当たり前、その上にプラスアルファが加算できる人材を求めています。正式に採用が決まると、企業が人材紹介会社に紹介料を払うというシステムになっています。

■英語が話せなくてもできる仕事

英語が話せなくてもできる仕事としては、日本食レストランのキッチンヘルパー、日本人相手のみやげ物店の店員、ハウスクリーニングなどがあります。

これらの仕事は口コミや新聞広告の他、日本食料品店やコインランドリーなどの貼紙広告でも探せます。

11

就職に有利な技術や資格

パラリーガル、英文会計、DTP……

■パソコンと運転免許は必須

アメリカで仕事を探すには、まず**パソコンのタイプ打ち**と**運転技術**を身につけておく必要があります。なぜなら、これができないと仕事そのものにありつけない場合があるからです。

学校の近くに住んでいて、徒歩、自転車、バスなどで通学していた人でも、職場までは車で通勤しなくてはならないことが多いので、運転免許は必須です。

■運転免許のとり方

もし運転免許証を持っていないなら、アメリカで運転免許を取得しましょう。最寄りの**車両管理局**(Department of Motor Vehicles)で**筆記試験**に合格して**視力検査**を受ければ**仮免許証**(Learner's Permit)が交付されます。

仮免許があれば、路上運転の練習を始められます。初心者でも、すでに運転免許を持っている人に同乗してもらえば、路上での運転が可能です。

知り合いに教えてもらえば、お金をかけないで運転免許を取得することが可能ですが、教えてくれる人がいなければ運転のレッスンを受けます。日本と違い、生徒が教習所へ通うのではなく、教官が練習用の車に乗って自宅までやってきます。そこから車に乗り込み、自宅周辺で約1～2時間ほど運転練習をします。レッスンが終われば、教官は生徒を自宅に送り届けます。教習時間数は人によって異なりますが、10～15時間ほどです。

運転に自信がつけば、**路上試験**を受けます。当日運転する車は自分で用意しなければならないので、レッスンを受けた教官か知り合いに乗せていってもらいます。

免許を取得した日から3カ月以上アメリカに滞在した人は、日本に帰国後、学科・路上技能の審査をクリアーすれば、日本の免許証に書き替えることができます。日本国外で免許を持つ外国人ドライバー用の審査のため、日本の教習所で受けるような難しいものではありません。

■パソコンはできて当たり前

小さいときからキーボードに親しみ、公教育でもタイピングのクラスが設けられているアメリカでは、大学の各学生にEメールアドレスが配布され、学校からの連絡事項はメールで知らされます。学生にノートパソコンの所持を義務づけているところもあります。

これほどパソコンの普及しているアメリカで仕事探しを考えているなら、パソコンを購入するか日本から持っていくかして、パソコンのソフト（日英両語のワープロ、表計算、データベースなど）やインターネットの操作に慣れておくべきでしょう。

普段からキーボードの操作に慣れておくため、手元を見ないでも打てるように、ブラインドタッチの練習をしておきましょう。

履歴書にはWord、Excellなど操作できるソフト名を記載し、50 wpm（1分間に50ワード）というように、タイピングのスピードも記載します。

■とっておくと有利な資格

アメリカでは即戦力が要求されるので、技術や経験が問われることになります。どちらも持っていない人は、留学期間中に資格をとっておいたほうが仕事探しには有利になります。

アメリカの大学や専門学校のコースで勉強できる**パラリーガル**（弁護士の補佐をする専門職）や、**英文会計**の資格は重宝がられます。また、パソコンで**ＤＴＰ**（デスクトップ・パブリッシング）の操作ができれば、日系企業での就職につながる可能性もあるので、大学の授業とは別に講習を受けておくといいでしょう。

日本で大学を卒業していない人には、アメリカで学位（準学士号、学士号、修士号など）をとることをお勧めします。仕事を探そうとすると、就労ビザ申請の条件を満たさなければなりませんが、特に申請の多いＨ－１Ｂの場合、学位が必要だからです。

学位と言っても、会計の仕事に就きたい場合は、経済学とか経営学の学位を取得する必要があります。アメリカで就く職種の学位を持っていることが前提条件となっているからです（１１６～１１７頁参照）。

12

英文履歴書のつくり方

年齢・性別・写真は不要

■英文履歴書の書き方

アメリカでは履歴書（Resume）に一定の形式があるわけではなく、自分で自由に作成します。

書き方として日本と大きく違うところは、**最新の経歴を一番上**に書くことです。たとえば日本だと「××高校卒業」を先に書いて、そのあとに「××大学卒業」と書きますが、アメリカでは逆で「××大学卒業」をトップに書きます。

また、日本のように、**生年月日や性別を記載しません。写真も必要ありません**。アメリカでは年齢や性別を指定して人を募集したり雇用したりすることは、公民権法や年齢差別禁止法で禁じられているからです。

最近では、何枚にもわたる履歴書よりも、レターサイズ（A４に相当）で1枚にまとめた履歴書が好まれているようです。

Monster Resume Center のホームページ(http://resume.monster.com/) や「英語の履歴書.com」(http://www.eigonorirekisho.com/) にアクセスすると、履歴書やカバーレター（送付状）の書き方のアドバイス（英文）をしてくれます。

■カバーレターの書き方

カバーレターとは、履歴書を送るときに添付する手紙です。

日本の手紙のような時候の挨拶は不要で、単刀直入に本題に入ります。自分の学歴や経験を簡単に紹介し、開かれているポジションに対して自分が適任者であること、特にどのような点において適任であるかを綴ります。面接の際の連絡先や都合のいい時間帯などを明記して、最後にお礼の言葉を書き加えます。

履歴書やカバーレターは、上質の紙に印刷するなどして、相手に好印象を与えるものを作成します。

仕事探しのための履歴書（見本）

Hanako Yamada

1-11-7 Higashioi，Shinagawa，
Tokyo 140-0011，Japan
(03) 1234-5678
E-mail: ××××××××@nifty.com

EDUCATION	CALIFORNIA STATE UNIVERSITY，LOS ANGELES Los Angeles，California Bachelor of Arts，June 1996 Major：Economics
	MIE PREFECTURAL SAKU SENIOR HIGH SCHOOL Mie，Japan Diploma，March 1992
WORK EXPERIENCE	April 1998 - July 2003 AMERICA JAPAN ELECTRIC，INC. Tokyo，Japan Position：Financial Analysist Responsibilities：Reviewed the quarterly financial reports, and made annual budget adjustments
	April 1997 - March 1998 EAST TOKYO TRADING CO，. LTD. Position：Assistant Marketing Researcher Responsibilities：Researched the U.S. and European markets for selling Japanese electric appliances
SKILLS	Typing：over 50 wpm Word Processing（English，Japanese） Computer Knowledge（MS-Word，Excel） TOEFL：560 Teaching certificate for Japanese as second language Teaching license for social studies
REFERENCES	Available upon request

13

確定申告の注意点

サラリーマンも自己申請

■サラリーマンも確定申告が必要

日本と同じように、アメリカでも給与生活者が受け取る給与は源泉徴収税が天引きされています。

日本では会社を通して年末調整をするため、ほとんどの給与生活者は自分で確定申告をする必要がありませんが、アメリカでは会社は年末調整には関わらないので、個人で確定申告をする必要があります。

日系の大手企業の一部は、日本のように経理課の職員に業務をさせているところもあります。そのような場合は確定申告をする必要がありませんが、そうでない場合は、毎年**4月15日までに**前年度分の申告を行います。確定申告者のうち、約70パーセントが還付金の支給を受けるということです。

■税法上の居住者と非居住者

外国人の場合、税法上の居住者か非居住者かで、所得に対する課税法が違います（移民法上の居住者とは関係ありません）。

居住者とみなされるのは永住権保持者と1年（1月1日～12月31日）のうち183日以上滞在した外国人で、それ以外は非居住者とみなされます。

居住者には**アメリカ内外の所得**に課税されるのに対して、**非居住者**には**アメリカ国内の所得のみ**が課税の対象となります。

非居住者による確定申告は複雑なので、会計士などの専門家に依頼したほうがいいでしょう。

■年間総所得の算出

申告の際にまず行うのは、前年度の自分の**年間総所得を算出**することです。年間総所得とは、給与所得と給与外所得の合計です。

給与外の収入には、銀行の利子、株の配当金、コミッション、離婚手当て、課税対象の恩給、年金手当て、権利使用料、ビジネスの純利益、賃貸料、宝くじやクイズ・コンテストの賞金などがあります。

給与の総所得に関しては、年明けの1月末までに前年度の「**源泉徴収票（Form W-2)**」を会社からもらい、それに基づいて申告します。給与外の収入については、収入を受け取った機関や個人から「**Form 1099**」をもらって申告します。

■控除の対象

税金の控除の対象としては、**州所得税**、**扶養家族**、**住宅ローンの利子**、**災害損失**、**医療費**、**寄付金**などがありますが、個人の収入の状況によって条件が異なります。

収入が給与所得だけの人のうち、扶養家族のいない独身者あるいは扶養家族のいない既婚者（扶養する子供や両親のいない共稼ぎの夫婦）は、連邦税に限り、簡素化された用紙（**1040EZ**）で申告できます。それ以外の人は、「**Form 1040**」などを用います。

■税金の種類

収入と控除をそれぞれ算出して書類を提出し、税金を納付したり還付を受けたりします。連邦政府には**連邦税**を、州政府には**州税**を納めます。連邦税は同一ですが、州税は州によって種類や税基準が異なります。

確定申告は期日の4月15日までにしないと、あとで罰金や利子を支払わなければならない場合もあるので、遅れないようにしましょう。

初めての申告では、必要書類の準備など、その煩雑さに戸惑うかもしれませんが、回を重ねていくうちに慣れてくる人が多いようです。

もし自分だけではどうしても不安だと思ったら、**会計士**や他の**税金専門家**に相談しましょう。地域のＹＭＣＡなどの施設で、毎年申告シーズンに特設される**税金相談コーナー**を利用してみるのもいいでしょう。

アメリカでは個人で申告するだけに、税金の種類や自分が納めるべき税金をひとりひとりがきちんと把握しています。そして、どうしたら節税できるのか、みんなあれこれと知恵を絞っているようです。「節税は国民の当然の権利」という考え方が広まっているのです。

申告の回を重ねるごとに、そんな権利意識と知恵が身についていくことでしょう。

14

国籍を問わないソーシャル・セキュリティー制度

アメリカの年金システム

■年金システム

アメリカには「**ソーシャル・セキュリティー**」と呼ばれる社会保障制度があり、人々はソーシャル・セキュリティー・ナンバーと呼ばれる番号で登録されています。ソーシャル・セキュリティーのもとで、通常**65歳以上**の人に**定年退職者対象の年金（Retirement Benefits）**が支払われます。定年退職者対象の年金は、日本の厚生年金・共済年金・国民年金に相当するものです。

掛け金は、ソーシャル・セキュリティー・タックスとして**給与から天引き**されます。税率は州により異なります。

このシステムのもとでは、単位（クレジット）が個人の年間の所得に応じて与えられ、**40単位**を取得してはじめて年金の受給資格が与えられます。ただし、いくら収入が高くても、個人が年間に取得できる単位の限度は4単位です。通常は10年働けば、それまでの平均収入に応じた年金が支払われるようになります。

国籍やビザの種類に関係なく、掛け金を支払った人に年金が支給されます。支給は65歳からで、受給資格者が**どの国に住んでいても支給**されます。

また、ソーシャル・セキュリティーのもとで、**遺族年金**、**傷病手当金**、**医療保険**（Medicare 65歳以上の人や就労不能になった人 Permanent Disability が対象）、**ＳＳＩ**と呼ばれる生活保護などが支払われます。これは40単位の掛け金に満たなくても支給されます。

■銀行のＩＲＡ

ソーシャル・セキュリティーによる年金の他に、どこの銀行でも扱っている「**Indivisual Retirement Account（ＩＲＡ）**」というのがあります。

この口座には年間５０００ドルまでの預金ができ、税金控除の対象にもなります。ソーシャル・セキュリティーによる年金だけでは不十分だと考える人が利用します。

■日本の公的年金も受けられる

日本では20歳以上60歳未満の国民は国民年金（自営・自由業者が加入）、厚生年金（会社員が加入）、共済年金（公務員が加入）のいずれかに加入しなければなりません。いわゆる年金の強制加入です。

ただし、会社を辞めて海外に在住する場合、**海外在住期間中は任意加入**扱いとなります。強制加入ではないので、加入して掛け金を支払うかどうかは自分で決めればいいわけです。つまり、国民年金に加入して掛け金を支払うか、その期間支払いを休止するかを選べるのです。

ソーシャル・セキュリティー・ナンバーを登録したカード

（表）

（裏）

Do not laminate this card.

This card is invalid if not signed by the number holder unless health or age prevents signature.

Improper use of this card and/or number by the number holder or any other person is punishable by fine, imprisonment or both.

This card is the property of the Social Security Administration and must be returned upon request. If found, return to:
SSA-ATTN: FOUND SSN CARD
P.O. Box 17087 Baltimore Md. 21203
Contact your local Social Security office for any other matter regarding this card.

Department of Health and Human Services
Social Security Administration
Form OA-702 (1-88)

年金を受給するためには25年以上掛け金を払っていなければなりませんが、海外で住んでいた期間は**カラ期間**とみなしてくれます。たとえば15年しか年金を払っていなくとも、海外に在住した期間が10年以上あれば受給資格に必要な期間を満たし、**給付の対象となる**わけです。その場合は受け取る給付金は少なくなります。

永住権を取得してアメリカに永住する場合も、海外に一時滞在する場合とまったく同じです。カラ期間を含めて受給資格に必要な期間を満たしていれば、老年になって給付を受けられます。日本にいない間、国民年金に任意加入するかどうかについても、本人が選べます。

いずれの場合も、必ず**役所に届ける**のを忘れないようにしましょう。届けるのを忘れると、カラ期間扱いにならないので、注意が必要です。

質問がある場合は、役所の窓口や社会保険庁に問い合わせてみるといいでしょう。

〈ソーシャル・セキュリティー・カードに関するサイト〉
http://www.ssa.gov/

社会難民はアメリカを目指す

■■専業主婦はナンバーワン

日本在住のアメリカ人女性Aさんは、日本で就職するなら「専業主婦」が一番だと苦笑する。主婦は年金を払わなくていいし、社会から守られていて、職業欄にも堂々と「主婦」と書ける。

アメリカでは肩身の狭い専業主婦だが、日本では社会的地位すら与えられているというわけだ。

■■アドバイス「アメリカに行くな」

会社に居づらくなったBさんは、転職の前に、「ちょっとアメリカへ遊学を」と考えている。

永住権を持ってアメリカで暮らしているCさんは、Bさんのような人にこうアドバイスしている。「アメリカに来るのはやめたほうがいい。日本に帰国するのが辛くなるから……」

アメリカという自由な国で暮らしたあと、帰国してムラ社会のような窮屈な日本で暮らしていくのは、あまりにも辛いと言うのである。

自由な生活を体験しなければ、もとの生活が窮屈で不自由かどうかにも気づかないというわけだ。

■■帰国者のユーウツ

そんなアドバイスを笑いとばして渡米したBさんだったが、帰国してから、案の定、それまでは感じることのなかった窮屈さを感じている。

たとえば職場では、女性によるお茶当番がまだまだシステムとして残っている。周囲からは「結婚はどうするの」とプレッシャーがかかる。趣味で入っているサークルでも、お茶の後片付けをするのは女性だけ。

Bさんは、こんな体験をするたびに「アメリカだったら……」と思ってしまう。

■■日本からの「社会難民」

このようなユーウツな状態が続くと、逃れるようにしてまたアメリカに行きたくなる。

かくして日本の窮屈な社会から逃れようとする多くの〝Bさん〟がアメリカへと向かっていく。その思いは「ちょっとアメリカへ」から、次第に確信犯に近い状態になってくる。

移民の国アメリカには世界各国から難民が集まってくる。

相容れない体制から逃れてくる「政治難民」、貧しさゆえに故郷に錦を飾ろうとやってくる「経済難民」。

窮屈な社会から逃れてやってくる人たちは、さしずめ「社会難民」といったところだろうか。

PART 5

仕事を通した永住権取得法

永住権の申請理由には「アメリカで仕事をする、結婚して暮らす、家族がいる、抽選に応募する、投資する」などがあります。仕事を通じて永住権を申請する場合、外国人採用の難しさという壁がありますが、中には永住権をとりやすい職種もあるのです。そういった職種や、なるべく短期間に取得する方法を紹介します。

01

永住権保持者の権利と義務

「移民」になることの意味

■永住権の特典

永住権保持者は、選挙権がないこと、公務員になれないこと（かなりの数の州や市町村ではそれも可能）、生活保護支給に制限があることを除いて、ほとんどアメリカ市民と同じ権利が与えられています。

他の滞在ビザは滞在年数にも制限があり、まめに更新する必要がありますが、永住権の場合は**滞在年数に制限がなく、10年に1回の更新**は運転免許証のように形式的なものです。

留学希望者は、永住権を取得すると有利な面がたくさんあります。

たとえば、公立の２年制短大に安い授業料で通うことができます。公立の４年制大学・大学院の授業料も、留学生に比べて安くなります。ただし、この特典を受けるためには、その学校のある地域に指定された期間以上滞在していることが条件とされています。また、アメリカの学生と同じような枠で奨学金が受けられます。

学生ビザの場合、週に決められた単位数をとらなければなりませんが、永住権保持者は自分のペースで勉強することができます。

学生ビザ取得者にはアルバイトに制限がありますが、永住権保持者は自由にアルバイトができます。卒業してからも、アメリカで就職したい、仕事経験を積みたい、と思ったら、ビザのことを気にせず行動できます。

■日本での特典

日本に帰国するときは、一般の日本人が購入できない全国ＪＲ乗り放題のレールパス（決められた期間、新幹線を含めてＪＲの列車に何回でも乗車可能）の入手が可能です。この切符は外国人旅行者のために便宜を図ったものですが、永住権保持者の日本人にも特別に購入を認めています。

■納税の義務

永住者には**納税の義務**が発生します。たとえアメリカに居住していなくても、税法上は居住者扱いとなり、**アメリカ内外の所得に課税**されます。ただし、日本での所得が８万ドル以下（毎年変わる）であれば、実質的には納税額はゼロです。しかし、確定申告はしなければなりません。

アメリカ入国・上位20カ国（2008年）

（単位：人）

❶メキシコ	189,989
❷中国	80,271
❸インド	63,352
❹フィリピン	54,030
❺キューバ	49,500
❻ドミニカ	31,879
❼ベトナム	31,497
❽コロンビア	30,213
❾韓国	26,666
❿ハイチ	26,007
⓫パキスタン	19,719
⓬エルサルバドル	19,659
⓭ジャマイカ	18,477
⓮グアテマラ	16,182
⓯ペルー	15,184
⓰カナダ	15,109
⓱イギリス	14,348
⓲イラン	13,852
⓳エチオピア	12,917
⓴ナイジェリア	12,475
日本	6,821
その他	365,800
総数	1,107,126

出典：Yearbook of Immigration Statistics

■メルティング・ポットからアメリカン・サラダへ

永住権をとった人は、好むと好まざるとにかかわらず、**「移民（Immigrant）」**と呼ばれて、アメリカの日系社会の構成員となります。

「移民」という言葉にはどことなく暗いイメージがありますが、「永住権保持者（Greencard Holder）」と呼び名を変えれば明るくて現代的な雰囲気があります。

かつてアメリカは〝メルティング・ポットの国〟と呼ばれていましたが、現在では〝サラダ・ボウルの国〟と呼ばれています。アメリカという大きなポットの中でひとつに溶け合うのではなくて、ひとつひとつの野菜の味を損なうことなく独自の味を出しながら、ドレッシングと一緒に混ざり合ってアメリカン・サラダという料理ができあがっているというわけです。

日系社会はアメリカン・サラダの野菜の一種です。永住権を取得した人は、日系社会に、ひいてはアメリカ社会に新しいエネルギーを注入する存在とも言えます。多民族社会のアメリカで、日系移民が歩んできた歴史（１６４～１６５頁参照）をかみしめながら暮らしていきたいものです。

02

カテゴリー別の5つの移民枠

仕事を通して永住権を申請するには

■申請の第一歩は本人でなく雇用主

仕事を通して永住権を申請するには、**雇用主**にスポンサーになってもらいます。つまり、雇用主が「山田花子を雇いたいので、彼女に永住権を発給してください」と移民局に書類を提出するわけです。

第1カテゴリー（後述）以外は、雇用主は移民局に申請書類を提出する前に、労働局で**労働証明書**（Labor Certification）を取得しなければなりません。手続きが複雑なため、通常は**移民法専門の弁護士**に申請手続きを依頼します。費用は雇用主が払う場合もあれば、申請者本人が払う場合もあります。

■カテゴリー分けされた移民枠

仕事を通して永住権を申請する場合には次のようなカテゴリーが設けられていて、該当する外国人労働者にはカテゴリーの移民枠に応じて永住権が発給されます。

どのカテゴリーのどの職種で申請するかで、永住権取得までの待ち時間が異なります。日本人の申請が最も多い第3カテゴリーの熟練労働者と専門職従事者の待ち時間は4～5年です。

①**第1カテゴリー**（移民枠4万人）

このカテゴリーの該当者は、労働証明書を取得する必要がないため、待ち時間は7～8カ月です。

・傑出した才能を有する外国人

各専門分野でトップの位置を占める外国人に限られます。第三者に申請してもらうか、または本人が申請者になることができます。本人が申請者になれるのは、この場合のみです。

・高名な教授および研究者

教育機関や研究機関に申請してもらいます。

・海外から派遣されている管理職該当者

申請できる雇用主はアメリカで創業1年以上の企業に

限られ、管理職該当者は派遣元の海外企業で過去3年間に1年以上勤務していなければなりません。

各国の失業率

（単位：%）

	1997年	2000年	2005年	2007年	2008年
日本	3.4	4.7	4.4	3.9	4.3
アメリカ	4.9	4.0	5.1	4.6	7.2
イギリス	7.1	5.5	4.9	5.3	6.3
イタリア	11.5	10.5	7.7	6.1	6.9
フランス	12.3	10.0	8.9	8.0	7.8
ドイツ	9.8	7.9	10.6	8.4	7.2

出典：『世界の統計』（総務省統計局）

②第2カテゴリー
（移民枠4万人）

・修士以上の学位を持つ専門職従事者（医師、弁護士、会計士、その他専門職など）

・科学、芸術、ビジネスの分野で際立っている外国人

③第3カテゴリー
（移民枠4万人）

・2年以上の見習いまたは経験を必要とする熟練労働者

ソフトウエア・エンジニア、映画ディレクター、レストラン・マネージャー、専門的なシェフ、企業コンサルタント、教師、旅行業・技術サービス・会計担当の中間管理職、国際医療研究開発の責任者など。

・学士以上の学位を持っている専門職従事者

会計士、建築士、コンピューター・システム・アナリスト、経済学者、エンジニア、グラフィック・デザイナー、ホテル・マネージャー、司書、心理学者、数学者、科学者、弁護士、記者、教師、技師など。

・その他非熟練労働者（移民枠は4万人のうち1万人）

特に熟練を要する職種ではなく、2年未満の訓練や経験でできる職種だが、どうしてもアメリカで他に適任者を採用できないような職業に従事している外国人。臨時的なもの、季節労働的なものは除外。

一般コック、老人介護員、子守などのお手伝いさん、旅行業などその国の言語を活かして働いている事務員など。

移民枠が少ないため、長年の待ち時間が必要です。

④第4カテゴリー（移民枠1万人）

・宗教関係の従事者

宗教団体または教会に申請者となってもらいます。

⑤第5カテゴリー（移民枠1万人）

・投資移民（158～159頁参照）

03

申請から取得までのプロセス

4～5年待つこともある

■アメリカ人の仕事を奪わないことが条件

第2・第3カテゴリーの移民枠（１４８頁参照）で永住権を申請するためには、雇用主が労働局から「**労働証明書（Labor Certification）**」を取得する必要があります。

これは、アメリカ市民や移民の労働市場を脅かす者に対して永住権を発給しないためのチェック体制です。

労働局は外国人労働者の永住を認めることにより、アメリカ市民や永住権保持者が失業などの影響を被ることがないかどうか、目を光らせています。また、外国人労働者が悪条件のもとで雇われることがないように監視する役目も果たしています。

■永住権申請のプロセス

仕事を通して永住権を申請する場合、次の3段階のプロセスを踏みます。第1カテゴリー（１４８頁参照）で申請する場合は労働証明書が不要なので、2段階です。

(1)労働局から労働証明書を取得する

①労働局に「労働証明申請書」を提出

雇用主は労働局に「労働証明申請書」を提出します。労働局は職務内容と就労者の資格条件がみあっているかどうか、給与が労働基準にみあっているかどうかなどを審査します。

②求人活動

労働局の指示に従って、雇用主は新聞、雑誌、インターネットなどに求人広告を出します。雇用主は、求人募集をしたにもかかわらず、適任者が見つからなかったことを証明しなければならないからです。

専門職の場合、一般新聞に求人広告を出すだけでは不十分で、専門誌などの求人欄にも広告を出すことが求められています。

③書類を提出

雇用主は、労働局にアメリカ国内で求人努力をしたの

アメリカの最低賃金（時給）

◆連邦最低賃金 Minimum Wage（時給）	
1997 年 08 月 31 日まで	4.75 ドル
1997 年 09 月 01 日から	5.15 ドル
2007 年 07 年 24 日から	5.85 ドル
2008 年 07 年 24 日から	6.55 ドル
2009 年 07 年 24 日から	7.25 ドル
◆州別最低賃金（時給）	
▽連邦最低賃金より高い州	
ワシントン	8.55 ドル
オレゴン	8.40 ドル
ワシントン DC	8.25 ドル
バーモント	8.06 ドル
コネチカット	8.00 ドル（10.1.1 より 8.25 ドル）
イリノイ	8.00 ドル（10.7.1 より 8.25 ドル）
カリフォルニア	8.00 ドル
マサチューセッツ	8.00 ドル
ネバダ	7.55 ドル（健康保険なし） 6.55 ドル（健康保険あり）
ニューメキシコ	7.50 ドル
ミシガン	7.40 ドル
ロードアイランド	7.40 ドル
オハイオ	7.30 ドル
コロラド	7.28 ドル
▽連邦最低賃金より低い州	
アーカンソー	6.25 ドル
ミネソタ	6.15 ドル（小企業は 5.25 ドル）
バージンアイランズ	6.15 ドル（小企業は 4.30 ドル）
グアム	5.85 ドル
ワイオミング	5.15 ドル
プエルトリコ	4.10 ドル
カンサス	2.65 ドル（10.1.1 より 7.25 ドル）
▽州規定のない州	
アラバマ、ルイジアナ、サウスカロライナ、テネシー、ミシシッピ。 連邦最低賃金を適用。	
▽連邦最低賃金と同じ州	
メイン	7.25 ドル（09.10.1 より 7.50 ドル）
モンタナ	7.25 ドル（小企業は 4.00 ドル）
オクラホマ	7.25 ドル（小企業は 2.00 ドル）
その他残りの州	

出典：Minimum Wage Laws in the States - July 24, 2009
http://www.dol.gov/esa/minwage/america.htm

にもかかわらず適任者が見つからなかったことを証明する書類を提出します。

新聞に出した求人広告、専門誌の求人欄、面接した就職希望者がどのように職務条件を満たさないかについて説明する書類などです。

④州の労働局による見直し
書類が地方の労働局から州の労働局へ転送されます。州の労働局は地方の労働局がすでに審査した過程を再度見直し、州の各地にある労働局を通して求人広告を出すことを指示します。十分でないと判断されれば、再審査もあります。

⑤労働証明書の発行
州の労働局による報告をもとに、連邦労働局が最終決定を下し、「労働証明書」を発行して雇用主に送付します。この労働証明書がなければ、次の段階に進めません。この段階に来るまでに約3年かかります。

(2)移民局に永住権を請願する

①永住権の請願
雇用主は申請者（外国人就労者）のために永住権の申請書類（I－140）を移民局に提出します。

申請者がアメリカに居住している場合は、Ｉ－１４０とともにＩ－４８５を提出して、滞在資格を変更します。この後、長い待ち時間があるため、同時に「就労許可（Application for Employment Arthorization）」や「事前出入国許可（Advance Parole）」を提出する場合が多いようです。

②請願の承認

移民局は雇用主に請願を承認した旨の書類を送付します。アメリカに居住している場合、ここまで来ればI-485 pending（１５４頁参照）となり、合法滞在となります。

次の段階として、永住権の発給となりますが、年間発給枠が決まっているため、待ち時間があります。

就労許可が下りれば、待っている間に働くことができます。事前出入国許可が下りれば、自由に出入国ができます。日本に居住している申請者は、通知があるまで、ただひたすら待つことになります。

(3) 面接を受ける

①大使館か移民局で面接

日本に居住している外国人申請者には、次の段階に進むための通知の書類が送られてきます。

申請者は申請書類に記入して、指示された住所に郵送し、アメリカ大使館からの面接日の連絡を待ちます。そして、書類に書かれている指示に従って必要書類（２００～２０１頁参照）を準備し、面接を受けにいきます。

問題がなければ、面接の日に移民ビザ（永住権）が発給されます。

アメリカに居住している人でも、日本での面接を選択することができます（日本のほうが手続きが早く進む）。日本での面接を選択する場合は、第2段階でＩ－４８５を提出して滞在資格を変更する必要はありません。

②グリーンカードの受け取り

大使館で移民ビザを発給してもらってから6カ月以内に渡米します。グリーンカードは、入国から１～２カ月で郵送されます。

アメリカに居住していてＩ－４８５を提出して滞在資格を変更した人は、通常は仮移民ビザが郵送されてきます。

面接の呼び出しがかかった場合は、アメリカの移民局で面接を受けて仮移民ビザを発給してもらいます。グリーンカードはその後郵送されてきます。

アメリカにおける人種別人口

（単位：万人）

	1940年	1950年	1960年	1970年	1980年	1990年	2000年
人口総数	13,167	15,070	17,932	20,321	22,655	24,871	28,490
白人	11,821	13,494	15,883	17,775	18,837	19,969	
黒人	1,287	1,504	1,888	2,258	2,650	2,999	
ネイティブ	33	34	52	79	142	196	
ヒスパニック系					1,461	2,235	
アジア系					350	727（全体の2.9%）	
うち日系	13	14	46	59	70	85	80
うち中国系	7	12	24	44	80	165	243
うちフィリピン系	5	6	18	34	78	141	185
うちインド系					36	82	167
うち韓国系					36	80	107
うちベトナム系					26	62	112

出典：U. S. Bureau of the Census（国勢調査：10年に1回実施）

海外在留邦人数（2007年）

▼国・地域別上位20位

国・地域名	総数（人）
❶アメリカ	374,732
❷中国	127,905
❸イギリス	63,526
❹オーストラリア	63,459
❺ブラジル	61,527
❻カナダ	47,376
❼タイ	42,736
❽ドイツ	32,755
❾フランス	29,279
❿シンガポール	25,969
⓫韓国	23,267
⓬台湾	17,409
⓭フィリピン	14,424
⓮ニュージーランド	12,250
⓯アルゼンチン	11,562
⓰イタリア	11,322
⓱インドネシア	11,225
⓲マレーシア	10,231
⓳スイス	7,739
⓴スペイン	6,253
総数	1,085,671

▼都市別上位20位

都市名	総数（人）
❶ロサンゼルス	61,336
❷ニューヨーク	51,705
❸上海	47,794
❹バンコク	31,616
❺ロンドン	28,787
❻シドニー	25,391
❼香港	24,274
❽バンクーバー	20,277
❾ホノルル	16,818
❿サンフランシスコ	14,607
⓫サンパウロ	13,780
⓬サンディエゴ	12,535
⓭北京	12,225
⓮サンノゼ	11,765
⓯パリ	11,739
⓰メルボルン	10,229
⓱台北	10,021
⓲トロント	8,694
⓳マニラ	8,673
⓴ソウル	8,618

▼地域別

地域名	総数（人）
❶北米（38.88%）	422,116
❷アジア（26.45%）	287,157
❸西欧（16.09%）	174,713
❹南米（7.92%）	85,974
❺大洋州（7.60%）	82,491
❻中米・カリブ（0.83%）	9,021
❼中東（0.81%）	8,845
❽中・東欧・旧ソ連（0.74%）	8,002
❾アフリカ（0.67%）	7,312
❿南極	35

▼米国内上位10位

都市名	総数（人）
❶ロサンゼルス	61,336
❷ニューヨーク	51,705
❸ホノルル	16,818
❹サンフランシスコ	14,607
❺サンディエゴ	12,535
❻サンノゼ	11,765
❼シカゴ	8,448
❽デトロイト	7,275
❾ポートランド	4,199
❿グアム	3,740

出典：『海外在留邦人数調査統計（2008年版）』外務省

04

移民局への問い合わせ

無料相談システムを活用しよう

■二種類の移民局

アメリカの移民局（U.S. Citizenship and Immigration Services:USCIS）には、「移民局サービスセンター」と「移民局地方事務所」の二種類があります。

▽移民局サービスセンター（USCIS Service Center）

永住権などの主な書類は4カ所にある移民局サービスセンター（バーモント、テキサス、ネブラスカ、カリフォルニア州）のいずれかに転送されて、手続きが進められていきます。

審査官が提出された書類のみで公平な審査ができるように、請願者や申請者がサービスセンターに問い合わせをしたり、コンタクトをとったりすることは認められていません。

▽移民局地方事務所（USCIS District Office/Sub Office）

全米各地にあります。比較的簡単な手続き、書類の配布、面接審査などを行います。請願者や申請者が問い合わせができるように、常設の窓口を設けています。

事務所の移転が多いので、所在地についてはインターネットなどを通して確認をとるようにしてください。

■申請用紙のダウンロードとオンライン登録

永住権の請願・申請、アメリカ国内での滞在資格の変更、就労許可の申請、グリーンカード更新の手続きなどは、すべて移民局に必要書類を郵送か宅急便などで提出します。一部の申請はオンラインによる登録が可能です。

申請用紙は移民局のウェブサイトにアクセスしてダウンロードするか電話で申し込みます。

宛先のP.O. Box（私書箱）やZip Code（郵便番号）は、請願者や申請者がどこに住んでいるかによって違ってきます。ほかにも、郵送で送るのか、宅急便で送るのかによっても違ってきますので、注意が必要です。

宛先や提出書類については、申請書類のインストラクションの部分に書かれていますので、指示に従います。

一部の申請は、書類提出後にアプリケーション・サポート・センターに出頭して、指紋採取と写真撮影を行う必要があります。

■ InfoPassを利用して無料相談

移民局では請願者や申請者を対象に、無料相談を行っています。かつては相談や問い合わせのために、移民局の前で早朝から長蛇の列を作って並ぶという光景が見られましたが、現在ではInfoPassで相談時間を予約できるようになりました。

申請時の宛先や提出する書類に間違いや不備がないように、InfoPassを利用してアドバイスを受けるといいでしょう。利用希望者はインターネットで予約をします。

移民局のサイトを活用しよう

◆移民局のサイト

http://www.uscis.gov/portal/site/uscis
電話：1-800-375-5283

◆最寄りの移民局地方事務所を調べる

①移民局のサイトにアクセスする。
②上部にある Services & Benefits をクリックする。
③左下にある Field Offices をクリックする。
④ Field Office Locator をクリックする。アメリカの州地図が出てくるので、自分の住む州をクリックします。または住まいの zip code（郵便番号）を入力して、探すこともできます。

◆申請用紙をダウンロードする

①移民局のサイトにアクセスする。
②上部にある Immigration Forms をクリックする。
③申請したいフォームをクリックする。

◆オンライン登録をする（一部の申請のみ）

①移民局のサイトにアクセスする。
②左下にある Electronic Filing をクリックする。
③指示に従って手続きを進める。
④受領確認の E メールが送られる（by 移民局）。

◆問い合わせ・相談のためにInfoPassの予約をする

①移民局のサイトにアクセスする。
②左下にある INFOPASS をクリックする。
③ 12 の言語のうち English を選択する（日本語なし）。
④ Make your appointment をクリックする。
⑤居住地の zip code（郵便番号）を入力する。
⑥以下の選択肢のなかから問い合わせをしたい項目をクリック。
・You need Service on a case has already been filed.
・You are a new Permanent Resident and have not yet received your Permanent Resident Card.
・You want to file an application in person.
・You need information or other services.
・You need a form.
（問い合わせをしたい場合は、You need information or other services を選択する）
⑦氏名、生年月日、Zip Code、電話番号、メールアドレス（オプション）などを入力する。
⑧予約の希望日と時間を選択する。
⑨画面に移民局の所在地と予約の日時が出るので印刷する。
⑩⑨を持参して移民局へ。

05

PERMによる待ち時間短縮

板前は永住権への近道

■永住権への近道

永住権を取得する上で、「急がば回れ」方式があります。留学して学位をとり、プラクティカル・トレーニングで実務研修を積み、就労ビザのスポンサーになってくれる雇用主を探し、その後は永住権のスポンサーにもなってもらうという方法です。

アメリカで働きたい人の多くがこれを実践すべく留学しますが、アメリカで学位をとるというのは、並大抵のことではありません。また、不況下での雇用主探しはなかなか難しいものがあります。

和食調理人は比較的簡単に雇用主が探せるため、留学するよりも日本で板前の修業をして、将来の永住権取得に備える人も少なくありません。

中には大学卒業後に板前の道に進む人もいます。ドラフト1位になった野球選手が現役をやめて板前の修業をし、アメリカで寿司を握っているという例もあります。

このように、多くの人が永住権取得への近道として、板前の道を進んでいます。

■寿司はアメリカで大人気

アメリカでは日本食がブームで、とりわけ寿司レストランの人気は高くなっています。

ひと昔前は、日本食レストランと言えば日本人の多い地域で見かけるくらいでしたが、今では至る所でSushi Barが見受けられます。また、普通のレストランのメニューにもSushiが登場し、スーパーにも寿司が並んでいます。

近頃では、日本人以外のシェフが寿司を握っている光景も見られます。客の顔ぶれも非日本人が多く、Sushiは日本という国境を超えたビジネスとして広がりを見せています。

このように寿司の需要は高く、日本で寿司を握った経験のある人をはじめ、和食調理人、レストランマネージャーなども需要の高い職種です。

■板前として働くには

板前として働きたい場合は、通常は永住権を申請します。優れた能力を持つ板前か、管理職的な立場で働いていた板前でないと、就労ビザの申請ができないからです。

板前として永住権を申請するには、学歴や年齢は問われませんが、日本などアメリカ以外の国で板前としての実務経験が2年以上なくてはなりません。調理師の免許を所持していなくても問題ありません。また、英語が話せなくても、永住権を取得する上においては問題ありません。

申請の際には、2年以上その仕事に就いていたことを証明する雇用主の手紙もしくは証明書が必要です。本採用でなくてもかまいません。

同じところで2年以上働いていなくても、同じ職種で合計2年以上働いていれば条件を満たしています。その場合は、複数の勤務先から手紙もしくは証明書を書いてもらいます。

仕事を通しての永住権の申請は複雑なので、弁護士を通して申請します。

■レストランマネージャーとして働くには

板前は就労ビザの申請ができないことがほとんどですが、レストランマネージャーは就労ビザの申請ができることが多いので、どのビザが申請できるかは、弁護士と相談して決めてください。就労ビザが申請できれば、申請してから数カ月程度で結果が出ます。

レストランマネージャーの場合は、数カ月で結果が出る就労ビザを申請し、アメリカで働きながら永住権を申請して、その結果を待つ場合が多いようです。

■PERMによる待ち時間の短縮化

第三カテゴリー（１４９頁参照）で永住権を申請すると、5年前後の待ち時間がかかります。

永住権の待ち時間を短縮するために、２００５年3月28日よりPERM（Program Electronic Review Management）の制度が導入されました。これにより労働局での審査が短縮化されましたが、移民局に審査待ちの申請書類が殺到するようになり、待ち時間の短縮化という当初の目的は達成されていないのが現状です。

06

100万ドル投資して「投資移民」に

投資によって永住権を申請するには

■投資移民

　1990年の新移民法で新しく創設されたのが「**雇用を創出する投資家**」というカテゴリーで、アメリカでの雇用を促進する投資家に対して発給される永住権です。

　これを取得するには、投資家本人も必ず経営に参加しなければなりません。また、投資で始める事業は**営利追求の事業**でなければならず、非営利事業であってはいけないことになっています。たとえば、個人が取得した住宅の管理などは営利事業としては認められません。

　毎年1万人の移民枠が割り当てられています。このうち3000人は、後述の雇用促進指定地域に投資する外国人に発給されます。

　投資は借入金であってもかまいませんが、投資した新事業そのものを借金の担保にすることはできません。

■条件付き永住権から永住権へ

　申請者は投資をするアメリカの地域の移民局に「**請願書（I－526）**」を提出します。そのときまでにすでに資金を投資していなければなりません。保証人は必要ありません。

　請願が受理されてから、**必要書類**（投資を証明する書類、16歳以降に1年以上住んだ国からの警察証明書、健康診断書など）を提出します。永住権が発給されるまでの時間は、申請者の出生国によって異なります。現在のところ、日本生まれの申請者には**待ち時間はありません**。

　投資移民の申請が承認されると、申請者本人とその配偶者や21歳未満の未婚の子供に渡航ビザが発給され、とりあえず2年間の居住が認められます。

　2年後の再審査で「投資移民」としての条件を満たしていれば、正規の永住権が発給されます。

■新たに投資する場合

新たに投資する場合の投資金額は、原則として**100万ドル**です（1ドル110円として、1億1000万円）。

これは地域によって違いがあります。たとえば「高就職率地域（High Employment Areas）」と呼ばれる大都市部では100万ドルですが、人口2万人以下の地方都市または失業率が1・5倍に達している「雇用促進指定地域（Targeted Employment Areas）」に投資する場合は、投資額は50万ドルになります。雇用促進指定地域は、各州ごとに州政府が指定しています。

もうひとつ大事なことは、投資して設立した企業が「適格勤労者（Qualifying Employee）」である**正社員を最低10人雇用**しなければならないことです（「雇用促進指定地域」では5人）。

「適格勤労者」はアメリカ市民や合法的に就労を認められた者のことで、投資家の配偶者や親族はこの中に含まれません。正社員とは週35時間以上就業する従業員のことです。下請業者・人材派遣会社からの派遣社員やパート労働者を雇用した場合は、合計して週35時間勤務していても1人分として計算されません。

■共同で投資する場合

複数の資本家が共同で出資して新事業を始める場合も、1人あたりの投資が100万ドル以上で、投資家1人あたりに10人以上の正社員を雇用しなければなりません。

雇用促進指定地域の場合はその半分です。

共同経営者が永住権の取得希望者でない場合は、それぞれの出資額を明確にし、永住権取得希望者の投資額と「適格勤労者」雇用人数が規定に達していれば、問題はありません。

■既存の企業を買収する場合

既存の企業に投資して事業を拡張する場合は、投資の結果、純資産の40パーセントを増加させるか、40パーセントの社員数の増加を図らなければなりません。この場合も、所定の金額を投資し、所定の人数の「適格勤労者」を雇用しなければなりません。

経営困難の企業を買収する場合は、特例として「適格勤労者」を雇用しなくてもかまいません。経営困難の会社を2年間経営し、同様に従業員を雇用しつづけていれば、2年後の再審査の際に「投資移民」として認められ、正規の永住権が発給されます。

07

移民政策の変遷

世界最大の移民受入国となった背景

アメリカは、**年間67万5000人の移民**を受け入れています。この他にも枠外の近親者や難民受け入れを含めると**年間80～100万人の外国人**を受け入れる、世界最大の移民受入国です。

■戦前の移民政策

19世紀末までアメリカは移民数を制限しませんでしたが、カリフォルニア州で中国からの移民が多数を占めるようになったため、**1882年**に中国人移民を排斥する移民法を成立させました。

中国人に代わってやってきた日本人も同じく排斥され、**1924年**に成立した移民法では日本を含むアジア諸国からの移民が禁止されました。

この移民法はアメリカの人種民族構成に見合った国別移民枠を設けており、北西ヨーロッパからの移民を優遇する人種差別的な法律です。また、すでにアメリカに移民していた日本人を「帰化不能外国人」と定めました（帰化不能外国人は土地所有が不可）。

■戦後から1965年まで

第二次大戦後の**1952年**、新しい世界情勢に対応する移民法が成立。日本人移民にも帰化市民になる道が開かれ、移民枠も設けられました。しかし、その移民枠はヨーロッパ諸国と比べると極端に数が少なかったのです。

60年代に公民権運動が盛んになって人種差別が告発されるとともに、移民法の見直しが行われました。**65年**、国別の不平等移民枠を撤廃し、各国平等の移民割当を実現する移民法が成立。一国あたり2万人までの平等移民枠を導入し、西半球（南北アメリカ）で12万人、東半球（ヨーロッパ、アジア、アフリカ）で17万人の全体枠を設けました。

この法律では、アメリカ市民・永住権保持者の家族関係や、職業的能力を基礎として移民を受け入れました。当時、家族関係を重視した移民受け入れは、不平等な国別移民枠を引き継ぐものとして批判されました。なぜなら、家族関係を重視すれば、すでにアメリカに数多く居住しているヨーロッパ系の家族が増えると考えられたからです。

　ところが結果はそうはならずにヨーロッパ系の移民が激減し、アジア、中南米系の移民が増大しました。新しく永住権をとった移民がアメリカ市民に帰化して、親族を呼び寄せるという方法を採ったためです。

■不法在留外国人対策の86年移民法

　80年代、アメリカには不法入国や不法残留する不法在留外国人が多くなってきました。当時、その数は数百万～１０００万とも言われました。そこで**86年**、不法在留外国人の増加防止を目的に移民法が改正されました。

　激増する不法在留外国人を雇用の場から閉め出すために、雇用者罰則制度が設けられました。「その代わり」とでも言うように、すでにアメリカに滞在する不法在留外国人には恩赦という形で永住権獲得への道が開かれました。申請者の数はおよそ３００万人と言われています。

　なお、日本は雇用者罰則制度だけを参考にして、89年に新入管法を成立させました。

■抽選永住権が新設された90年移民法

　65年に移民法が改正されて以来、ヨーロッパからの移民が激減し、アジア・中南米からの移民が激増しました。この法律のためにヨーロッパからの移民が「悪い影響」を受けたとする声が高まり、**90年**に法律が改正されました。

　従来通り、家族関係や職業的能力を基礎とした移民を受け入れる他に、世界各国からの移民を平均化しようという試みのもと「分散移民」の制度が創設されました。いわゆる「抽選永住権」と言われるもので、応募資格を満たす応募者の中から、毎年抽選で永住権を発給する制度です。

　移民法の改正に先立って、産業界、移民の権利擁護市民団体、人権団体などが意見を闘わせました。その結果、専門職移民を増やして産業界の要望を満たし、同時に家族関係移民の移民枠を増やして市民団体の要望も満たしました。こうした背景のもと、全体の移民枠が年間67万５０００人に増えることになったのです。

アメリカには「移民は社会に混乱を及ぼし、経済を低下させる」として移民削減を唱える風潮があり、一方で「多様な人々を受け入れる社会こそがアメリカ経済の強さであり、自由な移民がこれからの時代の経済的繁栄をもたらす」として移民拡大を訴える声もあります。これまで反移民にまわるのが常であった保守派にも移民拡大を訴える勢力が登場しています。たとえば『ウォール・ストリート・ジャーナル』は80年代後半に、移民受け入れを支持する記事を発表しました。

抽選永住権の応募資格を「高卒に匹敵する学歴を持つ者」か「熟練労働者」としていることからもわかる通り、家族関係移民よりも雇用関連移民を増やしていこうとするアメリカの移民政策が窺われます。

■不法移民取り締まり強化の96年移民法

不況が続く90年代に、移民法を改正する声が上がってきました。タカ派の議員は全体の移民数の削減、家族呼び寄せ移民の一部廃止、抽選永住権の廃止、雇用移民数の削減などの案を盛り込んだ法案を準備し、移民擁護派はこれに対する反対運動を展開しました。

移民削減派の労働団体は「アメリカ人の労働市場を圧迫する」と削減案に賛成する一方、財界関係者、特にシリコンバレーのハイテク企業は「優秀な職能者に外国人が多い」と主張してロビー活動を展開し、削減条項を廃案に追い込みました。

１９９６年9月、クリントン大統領が署名して新しい移民法が成立しました。合法移民に対する削減案は撤回され、抽選永住権も続行されることになりました。

しかし、不法移民（＊）の取り締まりに重点を置いた新法案は、国境警備や移民局の取り締まり要員の増加、不法滞在者に対する一定期間の再入国禁止など、不法移民にとっては厳しい内容となっています。

＊アメリカ政府は不法入国者や不法残留者を「不法移民（illegal immigrant）」という言葉で呼んでいます。結婚や恩赦によって、不法移民も合法移民に転ずることがあり得る移民大国アメリカならではの言葉といえるでしょう。日本では自国の不法残留外国人を「不法滞在者」「不法就労者」などと呼び、「不法移民」と呼ぶことはありません。

■9・11同時多発テロ以降の厳戒態勢

２００１年9月11日に起こった同時多発テロ以降、入国審査やビザの審査が厳しくなりました。犯人の何人かが観光ビザで入国し、その後学生ビザへと滞在資格を変更してアメリカに潜入していたからです。

このためアメリカ政府は「国土安全保障省」を新設し、移民局を法務省の管轄下から国土安全保障省の管轄下へと移しました。また、移民局が一括して担っていた「申請業務」「捜査・拘留」「入国・国境警備」も、国土安全保障省のそれぞれ独立した部署の下で行われることになりました。

移民局の呼び名も、長年使われてきた「INS（Immigration and Naturalization Service）から、「USCIS（U.S. Citizenship and Immigration Services）」へと変わりました。

テロリストへの対策として、非移民ビザの申請用紙が追加され、面接審査が義務づけられるようになりました。

また、２００３年1月から、留学生はＳＥＶＩＳ（＊）によってその動向を管理されることになりました。

＊SEVIS（Student and Exchange Visitor Information System）
すべての留学生には　ＳＥＶＩＳ－ＩＤ の番号がつけられ、留学生を受け入れる学校はオンライン上で留学生に関するデータをＳＥＶＩＳに入力して、学生を管理する。これにより留学生が無断で休学したり、規定の単位を落としたりすると、学生資格を失い、不法滞在者とみなされる。

■入国時の管理システム

２００４年1月から、US-VISIT（United States Visitor and Immigration Status Indicator Technology）という管理システムが導入され、入国時に非移民ビザ保持者の顔写真と指紋を採取してコンピューターに記録することになりました。同年9月末からはノービザ渡航者にも適用されています。

２００９年1月から、ビザ免除プログラム参加国のノービザ渡航者（日本人など）は、渡米前に電子渡航認証システム（ESTA：Electronic System for Travel Authorization）によるオンライン事前登録をして、認証を受けることが必要になりました。事前登録をしないと、入国の際にトラブルとなるので、注意が必要です。

また、ビザ免除プログラムでノービザ渡航が認められている国の入国者は、ＩＣチップが搭載されたパスポートを所持していなければなりません（詳細については25頁参照）。このように、アメリカは不審者の入国を水際で防ぐために、厳戒態勢をとっています。

08

日系一世の受難の道のり

日本人移民の歴史

■明治元年は移民元年

日本人移民の渡米の歴史は、**１８６８年**（明治元年）の**ハワイ（当時ハワイ王国）への移住**から始まります。本土への移住は翌年で、官軍に敗れた会津藩による集団移住から始まりました。

　１８８２年、カリフォルニア州に中国人が増加したため、中国人の移民が禁止され、その代わりとして日本人の労働力が求められるようになりました。「ひと旗あげて故郷に錦を飾ろう」という日本人移民の渡米が本格化しますが、その増加に連れてアメリカには排外主義が台頭し、移民の波が最高潮に達した**１９０８年**には、日米政府間の「**紳士協定**」が結ばれて**移民は禁止**されました。

　これはサンフランシスコで起こった日本人学童の隔離命令（「日本人はアメリカ人の学校に通うな」というもの）に端を発しています。この事件をめぐって日米間で「**移民摩擦**」が起こり、妥協策として出てきたのが「紳士協定」だったのです。

■写真結婚で渡米

協定のため、新たな移民は禁止となりましたが、在米の日本人移民が本国から家族を呼び寄せるのは許可されました。そのため、写真を頼りにまだ見ぬ夫に嫁いでいく「写真結婚」の日本人女性が増加しました。その背景には、日本人とアメリカ人との結婚を禁止するカリフォルニアの州法があったと言えるでしょう。

　１９１３年、日本人は「**帰化不能外国人**」と定められ、一世の土地所有の道は閉ざされました（当時は市民のみ土地所有が可能）。**１９２４年、呼び寄せによる渡航が禁止**され、一世による移民の動きはなくなりました。

■戦争中の強制収容

日本人による移民が全面禁止となってからは、日系社会は日本生まれの一世からアメリカ生まれの二世（アメリカ市民）へと移行していきます。

太平洋戦争勃発時には西海岸にいた日系人12万人が「**敵国外人**」として10カ所の強制収容所に送り込まれました。この中にはアメリカ国籍を持つ二世も含まれていました。アメリカ映画『愛と哀しみの旅路（Come See The Paradise）』や、日本映画『地平線』では強制収容所の様子がリアルに描かれています。

70年代末より日系人による戦後補償運動が巻き起こり、政府は1人につき2万ドルの賠償を支払うことになりました。公聴会で証言する日系人の姿を見て初めて事実を知ったアメリカ人もいて、この運動はアメリカ人を「教育」する役目も果たしたようです。

■戦後の日本人渡米

戦争が終わって、アメリカ軍人と結婚して海を渡る日本人女性が増え、**52年**には日本からの**移民が再開**されました。日系一世には帰化市民になる道が開かれました。

64年に日本人の海外渡航が自由化され、70年代になると、ごく普通の日本人にも観光や留学が可能になり、渡米する日本人が増加しました。その中にはアメリカで暮らすうちに結婚したり仕事に就いたりして永住権を獲得し、現地の人間（移民）となった人たちも少なくありません。

このように、「移民になろうとしていたわけではないけれど、結果として移民となった」という人の占める割合が多いのが、70年代以降の移民（海外移住者）の特徴です。また、正式な永住権はなくてもアメリカ暮らしを望む、移民予備軍ともいうべき「潜在移民」の日本人もかなり多いようです。

■日系人と新一世

アメリカの日系社会では、戦前に渡米した日本人を一世、その子孫を二世、三世と呼び、戦後に渡米した日本人を「新一世」あるいは「新渡米者」と呼んでいます。

国勢調査によれば、アメリカの日系人人口はおよそ80万人で、全人口2億８４９０万人に占める割合は１パーセント以下です。ハワイに3分の１（ハワイ人口の4分の1）、西海岸に3分の1、その他アメリカ各地に3分の1、といった構成になっています。

ロスのリトル東京にある「全米日系人博物館」は、日系人とその歴史に関わる資料を展示しています。

COLUMN 楽しきかな、バス旅行

■発車は遅れて当たり前

日本の新幹線では、わずか数分発車が遅れても車内放送があるが、アメリカの長距離バスとなると、始発駅でも発車が遅れるのは当たり前のことである。

アメリカでは、発車時間とはバス会社のスタッフがやってきて、待合室で待っている乗客をバスに乗せる時間であるようだ。長距離バスともなれば、大きな荷物を積み込む乗客も多く、乗車には時間がかかる。かくしてアメリカの長距離バスは必ず10～20分遅れて発車することになる。

■荷物の移動ミスも日常茶飯事

乗換ジャンクションでバスを乗り換えるとき、預けた荷物の移動はバス会社のスタッフが行う。

しかし、かなり杜撰に物事が運営されるアメリカでは、荷物の移動はバス旅行最大の心配事。

不安になったAさんが荷物の行方をウォッチングしていると、自分の荷物が違うバスに積み込まれていくのを目の当たりにした。あわてて注意したAさんだったが、もし待合室でくつろいでいたら、荷物はあらぬ方向へと旅をしていたことになる。

■荷物は「バスと共に去りぬ」

ドライバーが食事休憩をとったあと、乗客がそろっているかどうかをチェックしないで発車してしまうこともある。

Bさんはバスのすぐそばに立っていたのに、声もかけてくれずにバスは発車。残酷にもBさんを残して走り去ってしまった。身につけているのは、貴重品のみ。その他の荷物はバスと共に去りぬ――。

あとから来たバスに乗せてもらってターミナル駅に着いたBさんは、保管されている荷物に再会して涙目になった。

■釣り銭はナシ

アメリカでは小銭は貴重だ。小銭がなければ公衆電話はかけられないし、市内の公共バスにも乗れない。

乗り込んでバスのドアが閉まってから小銭がないとわかると、うろたえてしまう。こうなるとドライバーの横に立って、お札をひらひらさせながら、バスの乗客に両替を頼まなければならない。

両替ができないと、道はふたつにひとつとなる。無料で乗せてもらうか、バスを降ろされるか。

火星探知機を宇宙へ飛ばすほどの科学先進国アメリカだが、バスに両替機は備えていないのだ。

PART 6

アメリカで結婚するときの必須事項

アメリカで結婚するのか、日本で結婚するのかによって、手続きが異なります。結婚後も名前や戸籍の問題など、複雑な手続きが待ち受けています。でも、ここでポイントを押さえておけば大丈夫。また、慣れない土地での出産・育児にあたふたしないように、注意点を確認しておきましょう。

01

アメリカでの結婚手続き

州によってプロセスが異なる

■挙式が必要

日本では「籍を入れる」と言えば結婚のことを意味します。そのため、式を挙げなくても入籍さえすれば婚姻関係が成立しますが、アメリカで婚姻関係を成立させるためには、**司式者**のもとで**結婚式**を挙げて**サイン**をもらうことが必要不可欠です。

ただし、花嫁がウェディングドレスを着て盛大に行う必要はなく、当事者だけの平服の式でもかまいません。

アメリカ映画を見ていると、よく当人同士だけで式を挙げるシーンがありますが、それはこういった事実によります。

■婚姻成立までのプロセス

アメリカでは、婚姻の条件や婚姻関係が成立するまでのプロセスが**州によって異なります**。

結婚できる年齢に関しても、14歳から認めているところがあるかと思えば、18歳からしか認めていないところもあります。

男女とも**血液検査**が必要な州、女性だけ必要な州、どちらも必要のない州とさまざまです。女性に**風疹の診断書**を要求する州もあります。

ネバダ州は血液検査が不要で申請手続きも簡単なため、申請後すぐに許可証が取得できることで有名です。

ここでは一般的なプロセスを紹介します。

①役所で結婚許可証を取得する

役所で「結婚許可証（Marriage License）」を取得します。許可証は本来の住まいとは関係なく、どこの州で申請してもかまいません。申請時には次の書類を提出します。

・身分証明書（日本人はパスポート、アメリカ人は出生証明書）

・離婚証明書か死亡証明書（該当者のみ）

・血液検査証（必要な州のみ）

②結婚式を挙げる

牧師、神父、裁判所判事など、結婚式を行ってもよいと認可された司式者のもとで結婚式を挙げます。

司式者が結婚許可証にサインをして役所に送付し、登録されれば婚姻関係が成立します。結婚式は結婚許可証を取得してから60日以内に、同じ州内で行います。当事者だけで式を挙げたい場合は、裁判所を利用します。立会人（証人）が1人必要ですが、適当な人が見つからない場合は、裁判所で代行してくれます。

③結婚証明書を発行してもらう

婚姻関係の成立後、役所で「結婚証明書（Marriage Certificate）」を発行してもらいます。

結婚証明書を取得してはじめて、永住権の申請が可能となります。

■日本の領事館へ届ける

前述の方法での婚姻届でも正式の結婚と認められますが、アメリカでの結婚を日本の戸籍に反映させるには、アメリカでの婚姻成立から**3カ月以内**に日本領事館に婚姻届を提出する必要があります。

もし日本領事館に届けなければ、日本の法律上では未婚となり、子供が生まれても、子供は日本国籍を取得できません。

提出する書類は、申請用紙、戸籍謄本、結婚証明書、外国人の出生証明書です。英語の書類には日本語訳が必要です。何通用意するかについては、各領事館で尋ねてください。

永住権取得者の年齢

5歳未満	38,278
5～14歳	127,601
15～24歳	199,029
25～34歳	261,548
35～44歳	216,968
45～54歳	123,716
55～64歳	79,375
65歳以上	60,604

永住権取得者・居住地

1	カリフォルニア	238,444
2	ニューヨーク	143,679
3	フォロリダ	133,445
4	テキサス	89,811
5	ニュージャージー	53,997
6	イリノイ	42,723
7	マサチューセッツ	30,369
8	バージニア	30,257
9	ジョージア	27,769
10	メリーランド	27,062

出典：U.S. Legal Permanent Residents： 2008

02

アメリカ人と日本で結婚するには

日本での手続きは永住権申請の近道

■日本で結婚することのメリット

結婚を通して永住権を申請する場合、アメリカの移民局で手続きをするよりも、日本のアメリカ大使館で手続きをしたほうが、はるかに**早く移民ビザ（永住権）を取得**できます。

手続きをするためには、アメリカ市民が日本で6カ月以上居住していなければなりませんが、もしこの条件を満たしている場合は、日本で結婚して永住権の手続きを進めるといいでしょう。

■婚姻成立までのプロセス

日本での婚姻手続きは、次のようなプロセスで行われます。

①アメリカ大使館・領事館に出向く

アメリカ市民が日本の役所で婚姻の手続きをするためには、「婚姻要件宣誓書（Affidavit of Competency to Marry）」をアメリカ大使館・領事館（218頁参照）で発行してもらう必要があります。これは、本人が結婚できる状態にあることを証明するための書類です。離婚や死別の経験者はそれを証明する書類を提出します。

軍人の場合は米軍基地で発行してもらいます。

②書類を翻訳する

発行してもらった「婚姻要件宣誓書」は英語で書かれているので、翻訳の必要があります。アメリカ大使館・領事館にある翻訳フォームを参照しながら、日本人配偶者が翻訳してもかまいません。

③日本の役所へ婚姻届を提出する

アメリカ市民は「婚姻要件宣誓書」とその翻訳、パスポート、外国人登録証（もし所有していれば必要。日本への一時滞在者は必要なし）、日本人は戸籍抄本または謄本と印鑑を持参して、役所で婚姻届を提出します。

婚姻届には、成人2人（両親、兄弟姉妹可）の自署と押印が必要です。

カップルが2人とも出頭すれば、どの役所でもかまいません。アメリカ大使館に近い、東京の港区役所で婚姻届を提出する人が多いようです。

「婚姻届受理証明書」の翻訳フォーム

Translation of Certificate of Acceptance of Report of Marriage

Date of Report: ____________

Husband

Name: ________________________________

Date of Birth: ________________________________

Nationality or Permanent Domicile: ____________________

Wife

Name: ________________________________

Date of Birth: ________________________________

Nationality or Permanent Domicile: ____________________

This is to certify that the foregoing report was accepted on ____________

Date: ____________________

Name: ____________________ *(seal)*

Title: ____________________

I certify that the foregoing is a true and correct translation.

Translator's Signature: ________________________

Translator's Name: ________________________

Today's Date: ________________________

④「婚姻届受理証明書」をもらい翻訳する

婚姻届を提出したときに、役所に「婚姻届受理証明書」を発行してもらいます。日本語でしか発行してくれないので翻訳が必要です。大使館にある翻訳フォームを参照しながら、日本人配偶者が翻訳してもかまいません。

⑤結婚証明書をもらう

「婚姻届受理証明書」（日本語原文）と「英文翻訳フォーム」の2点セットが全世界で通用する「結婚証明書（Marriage Certificate）」となります。アメリカの役所に改めて結婚の届け出を提出する必要はありません。

「婚姻届受理証明書」には、卒業証書のような賞状形式の大型サイズと、通常の証明書サイズの2種類の書類があります。大型のものは発行までに数日かかるようです。普通サイズのものは当日発行してくれます。

この結婚証明書を入手してはじめて、アメリカ市民は配偶者のために移民ビザ（永住権）を申請できます。

03

アメリカ人配偶者の姓を名乗るには

戸籍を変えるか、パスポートに追記するか

■結婚後の戸籍

国際結婚をすると、家族の戸籍から離れて新しい戸籍をつくることになります。新戸籍をつくる際は、本籍地を定めて新戸主となりますが、特に届け出ないかぎり、氏名の変更はありません。

戸籍には日本国籍者のみが記載されるため、外国人配偶者の項目はありません。「平成×年×月×日　国籍アメリカ合衆国スミス、ジョンリチャード（西暦一九××年×月×日生）と婚姻届出」といった記載がなされるだけです。

子供が生まれれば、子供の項目が設けられます。

氏名変更の届けを出さないかぎり、パスポートの氏名も変わりません。

■戸籍の姓を変える場合

日本の戸籍上で姓の変更を希望する場合は、婚姻成立後**6カ月以内**に「氏名変更届」を日本の**役所**か**日本領事館**に提出します。6カ月を超えた場合は、家庭裁判所の許可が必要となります。

姓を変えたら、**パスポート**の氏名を変更する必要があります。日本ではミドルネームが認められないので、山田花子がJohn Smithと結婚した場合、パスポートにはHanako Smithと記載されることになります。

日本領事館か日本の**旅券センター**に氏名欄を変更する届けを提出するか、パスポートを新規に発給してもらいます。

■戸籍は変えずに配偶者の姓を名乗る場合

戸籍の姓はそのままにしておき、アメリカでは配偶者と一緒の姓を名乗りたい場合、グリーンカードやソーシャル・セキュリティー・カードに配偶者の姓を使うことができます。そのためには、**配偶者の姓をパスポートに**

追記してもらいます。

追記してもらうと、山田花子がJohn Smithと結婚した場合、Hanako Yamada（Smith）と括弧に入れて記載されます。

グリーンカードに記載名としてSmithを入れたい場合、永住権の申請書類に「Smith」の姓を記載し、パスポートにも「(Smith)」と記載してもらう必要があります。

国際結婚をした人の戸籍（氏名変更のないもの）

本籍	東京都千代田区千代田一番地一
氏名	山田　花子
	平成拾六年参月参日編製 印
	昭和参拾九年拾月拾日東京都千代田区で出生同月拾七日父届出入籍 印
	平成拾六年参月参日国籍アメリカ合衆国スミス、ジョンリチャード（西暦千九百六拾四年弐月五日生）と婚姻届出東京都千代田区千代田一番地一山田太郎戸籍から入籍 印
父	山田　太郎　長
母	陽子　女
妻	花子
出生	昭和参拾九年拾月拾日

■アメリカでの公式名を届け出る

アメリカではソーシャル・セキュリティー・カードに記載された名前が公式名となるので、SSオフィスにナンバーを申請するときに、使用したい姓を届け出ます。すでにSSナンバーを保持している人は、氏名変更をします。日本の戸籍名は山田花子のままでもかまいません。

アメリカの公式名としては、「Hanako Yamada」「Hanako Yamada Smith」（山田をミドルネームとして使用）「Hanako Smith-Yamada」「Hanako Yamada-Smith」（双方の姓をハイフンでつないで使用）のいずれでもかまいません。

日本と違って、アメリカには戸籍がありません。強いて挙げればソーシャル・セキュリティー・カードにある名前が公式名と言えるようです。カードの名前と免許証やパスポートの名前が違っていても問題はないようです。

04

アメリカ生まれの子はみんなアメリカ人

アメリカで子供が生まれたら

■アメリカの生地主義と日本の血統主義

アメリカで子供が生まれた場合、その両親のビザが何であれ、たとえ両親が旅行者であろうと不法在留外国人であろうと、子供はアメリカ国籍を持ったアメリカ市民となります。

これはアメリカが国内で生まれた子供はアメリカ人だという「**生地主義**」を採っているからです。日本の場合は、両親の国籍に従う「**血統主義**」を採っています。

したがって、アメリカで生まれた日本人の子供は、アメリカ国籍と日本国籍の二重国籍を有することになります。アメリカの国籍法では、アメリカ市民が多国籍を持つことに対して反対の規定をしていないので、その両親の国籍によっては二重国籍、三重国籍を持つアメリカ人が存在するわけです。

■アメリカ生まれの子供の親の滞在資格

アメリカ生まれの子供はアメリカ市民ですが、市民の特典である「親族の呼び寄せ」を行使できるのは、その市民が21歳に達してからです。

したがって、子供がアメリカ市民であるからと言って、親にアメリカでの滞在資格があるわけではありません。親は別途にビザを取得しなければ、合法的に滞在することはできません。

家族の中にアメリカ市民の子供がいるが、他のメンバーは不法在留外国人、という家族がアメリカには多数存在します。

■アメリカで生まれた場合の手続き

アメリカで子供が生まれると、病院がその地域の保健局（Department of Health）に届け出をすることが義務づけられているので、**自分で手続きをする必要はありま**

せん。

①出生証明書が届く

「出生証明書（Birth Certificate)」の原本とそのコピーが、2週間ほどで自宅に送られてきます。

これは日本領事館への出生届けに必要な書類であり、また子供にとっては大切な**身分証明書**となります。コピーは多めに請求しておきましょう。

②領事館へ届け出る

子供が生まれた日を入れて**3カ月以内**に、管轄の日本領事館か本籍地のある市区町村役場へ出生届けを提出します。

提出するものは、

・所定の申請用紙
・出生証明書の原本とそのコピー（2～3通）
・出生証明書の和訳文（翻訳者の署名入り）

です。申請用紙と和訳文フォーマットは領事館に備え付けてあります。

もし、出生後3カ月以内に領事館に出生届けをしなかった場合は、日本国籍の留保ができず、子供はアメリカ国籍の外国人として扱われます。

■二重国籍の子は20歳でどちらかを選択

アメリカで生まれた子はアメリカ国籍なので、日本の戸籍には「日本国籍を留保する」と記録されます。つまり、日本とアメリカの二重国籍を持つことになります。

日本の国籍法では、二重国籍を有する日本人は、**20歳に達してから2年以内**にいずれかの国籍を選択しなければなりません。したがって、日本の国籍法により、22歳以上の日本人で二重国籍の人はいないことになります。

22歳までに国籍の選択をしなかった場合、日本の国籍を失うことがあるので注意が必要です。再び日本国籍を取得するためには、帰化の申請をしなくてはなりません。

■永住権保持者の子供が日本で生まれたら

永住権保持者同士の夫婦が日本滞在中に子供が生まれたら、渡米前に子供の**出生証明**（**戸籍謄本**）と子供の**写真**をアメリカ大使館へ提出して、「**Transportation Letter**」を発行してもらいます（有料）。

入国時にこの手紙を見せると、子供のパスポートに移民ビザのスタンプが押され、後にグリーンカードが郵送されてきます。

05

双方とも必ず弁護士を立てる

アメリカでの離婚手続き

■州によって手続きが異なる

アメリカでは、結婚と同じように離婚も各州の法律に従って手続きが進められていきます。

ネバダ州にある**ラスベガス**では、結婚も離婚も手続きが簡単なので、結婚式を挙げる人が多いのと同時に**スピード離婚**をするために訪れる人が多いことでも有名です。

ここではカリフォルニア州の場合を紹介します。

■離婚するには弁護士が必要

日本では、お互いの同意があれば弁護士に依頼せずとも離婚が成立します（協議離婚）。協議離婚できない場合は裁判所に提訴することになりますが、原則として、浮気などをした有責配偶者のほうから提訴する離婚は認められていません。

しかし、カリフォルニアでは離婚はすべて裁判離婚となり、弁護士に依頼する必要があります。

カリフォルニアで離婚訴訟をするには、当事者のどちらかが**カリフォルニアに6カ月**、提訴をする**郡内に3カ月、継続して居住**していなければなりません。

「無責主義」をとっているカリフォルニアでは、浮気などをした有責者でも離婚請求が可能です。つまり、理由が何であっても、離婚を請求できるというわけです。

■簡易離婚

結婚年数が**2年未満**、**子供なし**、貯金などの夫婦の**共有財産が1万2000ドル以下**の夫婦で、離婚と生活費受領権の放棄について合意に達していれば、「簡易離婚」の提訴ができます。

この場合でも書類の提出は弁護士が行います。

■離婚における確認事項

簡易離婚の条件を満たしていない場合は、通常の離婚手続きが必要です。双方が弁護士を立てて、次のような事項について決めていきます。

・子供の親権（法的親権、居住親権）と面会権

法的親権は夫婦共同、居住親権は母親、面会権は父親に与えられるのが一般的なようです。

・養育費

養育費は原則として子供が18歳になるまで、支払い者の給料から天引きされます。カリフォルニアでは支払い能力があるのに養育費を支払わない場合、収監されたり、運転免許を停止されることがあります。

・生活費

日本のように一括払いの慰謝料という概念はなく、収入の多いほうが少ないほうに月々生活費を支払います。時には無責者が有責者に、女性が男性に支払うこともあります。

支払い期間の目安としては、結婚10年未満ならその半分の年数、10年以上なら終身（どちらかが死亡、再婚するまで）になることもあります。

・財産・負債の分配

共有の財産・負債は分配となるので、共有か個別かを明らかにします。結婚後に発生した財産や負債は共有となります。妻が専業主婦でも夫の収入の半分は妻のものなので、その収入で購入した家などは共有財産とみなされます。ただし、いずれかが相続したり贈与されて発生した財産は、共有財産とはみなされません。

これらの事項で夫婦間で合意に達していれば、弁護士の手を煩わせることがなく、あまり費用をかけずに離婚することができます。

■離婚による姓の変更届

アメリカ人配偶者の姓を名乗っていた人が離婚後に日本の姓に戻したい場合、離婚後**3カ月以内**に「**外国人との離婚による氏の変更届出書**」を日本の役所か日本領事館に提出します。3カ月を超えた場合は、家庭裁判所の許可が必要となります。

日本人同士の結婚の場合、婚姻名を継続して名乗りたい場合、離婚後3カ月以内に「氏の変更届」を日本の役所か日本領事館に提出します。

日本では、離婚後、女性は6カ月間再婚できないのに対して男性はいつでも再婚できます。カリフォルニアでは、**男女とも6カ月間は再婚できません**。

06

誰でも気軽に利用可能

避妊の相談ができるクリニック

■未婚でも気軽に相談できる

日本の病院では、避妊の相談と言えば既婚女性がするもので、未婚の女性が避妊相談のために気軽に訪問できる機関がほとんどありません。

しかし、アメリカでは未婚の女性でも気軽に相談できる機関が各地にあります。既婚、未婚、国籍、滞在の合法不法にかかわらず、誰でも必要なときにクリニックを利用できる環境をつくり、望まない妊娠を防いでいます。

ここでいう**クリニック**とは、非営利団体が運営する**低所得者用の保健所**のことを指します。医療費は通常より低料金で、各自の所得に応じて料金を算出するスライディング・スケール方式を採っているところが多いようです。このような料金制度の場合は、払える範囲内の料金しか請求されませんが、事前に自分の年間所得を申し出ないと相談を受け付けてくれないことがあります。

■避妊の方法

「避妊(Birth Control)」または「家族計画(Family Planning)」の方法は多種多様ですが、どの方法が自分に合うかをクリニックで相談して知ることができます。

通常クリニックでは、通称「**ピル**」と呼ばれる経口避妊薬、**ダイヤフラム**(ペッサリー)、**リング**、**ジェリー**、**避妊用スポンジ**、**殺精子フォーム**などの避妊具について、実物を示しながら、ひとつひとつ説明してくれます。説明が終わると、担当者が実際に避妊具の使い方や注意事項について教えてくれます。

ピルは30代の女性には勧めていないようです。現在は**エイズ防止**のためにも、コンドーム、ダイヤフラム、殺精子フォームの併用を勧めることが多いようです。

クリニックでは、妊娠検査も行っています。検査は短時間ですみ、痛みを伴いません。他にも、自分で簡単に調べられる妊娠テストキットが市販されています。

避妊の方法

・**基礎体温計**
毎朝、基礎体温を計って、高温期と低温期から排卵日を予測し、妊娠可能・不可能時期を知る。
・**コンドーム**
日本で最もポピュラーな方法。性病を防止するのに役立つが、男性の意思がなくては使えない。
・**ダイヤフラム（ペッサリー）**
子宮口を覆って精子の侵入を防ぐ。人によってサイズが違うので、クリニックなどでつくってもらって挿入方法を練習する必要がある。挿入は性交直前でなくてもいい。女性主導で避妊ができるため、アメリカ人女性の間でポピュラーな方法。
・**殺精子ゼリー**
膣の中に入れて精子を殺す。コンドームやペッサリーと併用すると、より避妊効果があがる。
・**ピル（経口避妊薬）**
排卵を抑制して妊娠を防止する。月経の５日目から21日間服用、７日間休薬する。休薬の間に月経がある。副作用がある人もいるので、服用時は健康チェックを定期的に受ける。
・**子宮内避妊器（IUD）**
子宮に入れて受精卵の着床を防ぐ。挿入も除去も医師が行い、１～２年で新しいものに替える。定期検診を受ける必要がある。

■低所得者用の無料分娩プログラム

クリニックでは避妊の相談だけでなく、婦人科、産婦人科関係の**検診**を行っています。低所得者用の「**無料分娩プログラム**」を設けているところでは、外国人でも受けることができます。

州が定める年収に達していない場合、書類をそろえて提出すれば、クリニックが**メディケード**（低所得者のための医療補助）の代行申請をしてくれます。このシステムを利用すれば、最初に数十ドルを払うだけで出産でき、ミルク代も支払われます。ただし、将来は医療費削減によって、外国人には適用されなくなるかもしれません。

■クリニックで相談するには

クリニックを訪れるには、電話をかけて予約をします。当日は受付で用紙をもらい、質問事項に答えていきます。日本の病院では相談者が既婚か未婚かを問う項目がありますが、ここではたいがい問われません。

相談の際にも、パートナーがひとりであることを前提にするのではなく、「複数のパートナーがいる場合はこんな避妊法がいいですよ」と説明してくれます。このあたりに、アメリカらしいオープンさが窺えます。

07

4人にひとりが帝王切開

出産・中絶のための病院選び

■検診を受けるには

日本では、妊娠すると病院で出産する人がほとんどですが、アメリカでは、大きく分けて次の3つの方法をとっています。

①個人開業医で診てもらい、提携病院で出産

プライベート・プラクティスと呼ばれる開業医で診てもらい、その医師が提携している病院で出産するという方法です。

この方法の利点は、ひとりの医師に妊娠初期から出産まで一貫して診察してもらえることと、設備が整った総合病院で出産できることです。特に異常分娩の場合は、安心して任せることができるでしょう。

地域や病院によって差はありますが、普通分娩で費用はだいたい**8000~1万ドル**です。

ちなみに、訴訟を避けるためか、アメリカでは帝王切開率が出産の25パーセントに上ります（日本では13パーセント）。アメリカの保険でカバーされますが、海外旅行保険では帝王切開を含む出産費用は支払われません。

②病院のクリニックで診てもらい、出産

病院のクリニックには何人かの医師が働いているため、ひとりの医師に妊娠初期から出産まで一貫して診てもらうわけにはいきませんが、病院の一部であるクリニックは設備が充実していてスタッフがそろっています。異常分娩の場合も安心して任せられます。費用も、個人医師に診てもらうよりも安くすみます。

③助産婦に診てもらい、出産

アメリカの助産婦は、医師との提携のもとに妊婦を診ています。異常分娩の場合のことを考慮して、助産婦も医師と提携しているのです。地域の Birthing Center や助産婦のグループで、診察から出産まで行っています。

日本では、看護婦が授乳指導をしてくれるなどきめの細かい指導をしてくれますが、アメリカの病院ではそういったサポートがありません。助産婦は、それをカバーしてくれます。

■初回の検診から出産まで

アメリカでは通常、初回の検診にパートナーが同伴することになっています。診察の前にカップルの氏名、住所、勤務先、カップルの出生国、妊婦の父母の出生国、妊婦の旧姓、結婚歴、過去の妊娠、出産、流産、死産、中絶歴、子供の数と年齢、初潮と最後の月経などを質問されます。また、アレルギーや持病の有無、外科手術の有無、健康保険の種類などについても質問されます。

診察室に入ると、尿検査、血圧、体重測定、胸部の検診、内診などが行われます。診察がすむと、出産予定日、出産費用が告げられて、妊娠中の食べ物に関する注意点について教えてくれます。出産費用は、出産後6週間までの検診料すべてを含んで**出産後に請求**されます。

初診のあとは**1カ月に1回**の割合で検診を受けます。妊娠8カ月になると**2週間に1回**や**週1回**というように、回数を増やしていきます。いざ出産となれば、診察してくれている医師や助産婦に連絡します。

入院期間は**3泊4日**がほとんどです。出産したあとも、すぐにトイレに行くことやシャワーを浴びることが許可されます。

■中絶するには

妊娠しても出産を望まない場合は、中絶手術を受けられます。ただし、中絶手術は安全だと言われてはいますが、まったく危険がないとは言えません。

妊娠初期のうちに中絶手術を受けると、比較的危険性が少ないと言われています。一般に、妊娠してから**12週間まで**の間に手術を受けるのが安全であると考えられています。それ以降になると、母体が危険を伴うので注意が必要です。

アメリカでは州によって、中絶を禁止しているところがあります。また、全米で**中絶反対運動**が活発に行われており、その是非をめぐって法廷でも争われていることを知っておくべきでしょう。

なかには、中絶をおこなう病院を焼き打ちしようとするなど、過激な行動に出る団体もあります。中絶クリニックの前でおこなわれたデモの最中に、医師が銃殺されるという事件もありました。これに対して、女性団体は女性の権利への侵害だと批判しています。

08

ラマーズ法やブラドレー法を学べる
出産準備コース

■自然分娩

かつてアメリカでは、麻酔を使った分娩や無痛分娩が主流でしたが、最近では自然分娩、特に「**ラマーズ法(Lamaze Technique)**」を取り入れる傾向があります。

ラマーズ法とは、フランスの産科医ラマーズが１９５０年に開発した無痛自然分娩法のことです。心理学を応用して分娩に伴う苦痛を減少させる方法で、妊婦が妊娠中から胸式呼吸法や筋肉弛緩法などの訓練を受けておくことで、分娩時の緊張を取り除き、痛みを和らげます。

ラマーズ法の大きな特徴は、パートナーが出産に立ち会うことです。パートナーはそばに付き添って妊婦の不安や緊張を和らげる役目を果たします。パートナーのサポートを得ながら出産を行うことによって、「出産は産婦だけの仕事ではない」という認識を高めるわけです。パートナーは必ずしも赤ん坊の父親である必要はなく、友人でも母親の肉親でもかまいません。

他にも、心理的にも肉体的にもよりリラックスして出産をすませるための方法がいろいろとあります。ラマーズ法と並んでよく採用されているのが「**ブラドレー法**」です。ブラドレー法も、出産時のパートナーの立ち会いを必要としています。双方の違いは、呼吸法と、出産時の集中力の高め方です。

ラマーズ法は、妊婦がある一定の呼吸パターンを学ぶことによって心と体をリラックスさせ、絵や置き物など体の外にある対象物に焦点を当てることによって、出産時に必要な集中力を高めます。ブラドレー法は、一定の呼吸法を学ぶよりも、妊婦個人が自分の自然な呼吸のリズムを活用しながらリラックスすることを学び、体の外部ではなく体の内部のどこかに焦点を当てることによって、集中力を高めます。

■出産準備コース

これらのリラックス方法は、たいていの**病院の婦人科**や**Women's Services**が提供している「出産準備コース（Child Preparation Course）」で、パートナーと一緒に学ぶことができます。

出産準備コースでは、ラマーズ法やブラドレー法だけでなく、他にも体をリラックスさせる方法をいろいろと学ぶことができます。妊婦の体のしくみ、出産のしくみ、赤ちゃんの体などについての知識も得られます。

地方自治体の公衆衛生課や衛生教育課、民間の出産教育機関なども、出産準備コースを提供しています。

サンフランシスコの自治体が提供しているクラスでは、リラックス法や妊婦がとるべき栄養など、病院とだいたい同じことが学べます。費用は病院と比べて格安のようです。

民間の出産教育機関で出産準備コースを受けたい場合は、病院や女性のためのクリニックなどで紹介してもらうか、電話帳のChildbirth Educationの欄で調べます。

ロサンゼルスなど日本人が多く住む地域には日本語を話す産科医がいて、日本語によるコースも提供されているようです。

コースの長さは提供する機関によって違いますが、**週1回3時間で4週間**、または**週1回2時間で6週間**というのが多いようです。費用は、これもまちまちですが、**2人で100ドル前後**でしょう。

■公認指導官に指導を受ける

出産準備コースで教えている指導官は、必ずしも検定試験に合格してラマーズ法やブラドレー法などの公認指導官の資格を持った人とは限りません。

正式な資格を持った指導官から、個人指導やグループ指導でより深く学びたい場合は、出産準備コースを提供している機関に問い合わせてみましょう。公認指導官か指導官照会機関の連絡先を教えてくれるでしょう。

費用は指導官によって違いますが、カリフォルニア州のバークレーで教えているラマーズ法公認指導官は、9週間のクラス（週1回2時間から2時間半）で、出産準備コースの費用の約1・3倍の授業料をとっています。

09

保育園と幼稚園

5歳からはみんな幼稚園へ

■充実した保育施設

働く母親が多いアメリカでは、保育施設も充実しています。保育施設は公立経営、個人経営、教会経営と経営の形態がさまざまで、預かってくれる子供の年齢や保育時間も多岐にわたっています。終日預かってくれるところもあれば、3～4時間のところ、週に3日のところもあります。

預かってくれる子供の年齢もまちまちなので、1歳未満の乳児を預けたい場合は、母親の都合にあわせて保育施設を選ぶといいでしょう。

教育内容も、各保育施設で異なります。遊びが中心のところや、工作などを採り入れた内容のところもあります。入園時に教育内容について説明を受けておくといいでしょう。

公立の場合は無料です。その他の場合でも、収入に応じて保育料を払うスライディング・スケール方式をとっているところもあります。いずれにしても低所得者が優先されます。

大学では子供のいる学生のために、保育施設を設置しているところもあるので、子連れ留学の母親にとっては心強い味方となるでしょう。

保育施設を利用するのは、働いている母親だけではありません。母親が家にいる場合でも、幼稚園に入る前に協調性を身につけさせるために通わせることもあります。

■保育施設の探し方

保育施設は、「Day-Care Center」「Nursery School」「Pre-Nursery School」「Pre-Kindergarten」「Pre-School」といろいろな呼称で呼ばれています。

近くの**学校**や**図書館**などで、保育施設リストを入手することができます。**電話帳**の「Child Care」の項目で調べることもできます。

施設を選択するにあたっては、実際に訪問して自分の目で設備、雰囲気、安全性を確認し、次のことを尋ねておきましょう。

・免許証の有無
・費用（スライディング・スケールは適用されるのか）
・保育時間、保育内容
・有資格の保母の人数
・子供の人数
・日本人の子供の人数
・保母ひとりが見る子供の数
・規則

■ベビーシッターの確保

保育施設によっては、規則を設けています。たとえば、子供が病気のときは預からない、おムツがとれているはずの3歳児が園内で3回おもらしをすると、何日かの「停園」といったことです。

子供が病気や「停園」になったときには、ベビーシッターに頼むことになるので、ベビーシッターを確保できる体制も整えておく必要があるでしょう。

■5歳からは幼稚園へ

アメリカでは5歳から「幼稚園（Kindergarten）」に通います。州や学校区によって年齢のカウントの仕方が違いますが、通常は9月の時点で翌年の8月末までに5歳になる子供が通います。中には12月末で区切っているところもあるので、入学前に調べておきましょう。

幼稚園は義務教育としてとらえられていて、**小学校に併設**されています。公立の場合、費用はかかりません。

生徒は**月曜日から金曜日まで**毎日通園します。授業はほとんどの場合、**午前中で終了**します。午前ではなく、午後に授業があるところもあります。

授業内容は幼稚園によって異なり、また担当の先生によっても異なります。保育園のような遊びの要素は少なくなり、代わりに読むこと、書くこと、話し方、図画工作など、小学校へ行く準備としての学習内容になります。幼稚園からコンピューターを利用した教育をしているところも増えています。

アメリカの幼児教育は、自立心を芽生えさせることに重きを置いていると同時に、子供が学校生活に適応し、協調性を身につけることを目標としています。

10

住む地域によって教育レベルに格差

子供を公立学校に通わせるには

■公立学校へ通学できる条件

永住権保持者や学生・就労ビザ保持者の子供（21歳未満の未婚者）は、公立の学校に無料で通学できます。

1996年に改正された移民法により、公立学校に関する学生ビザの扱いが変わりました。それまでは、駐在員の父親が帰国しても、子供がアメリカの公立学校に残りたいと希望すれば学生ビザが発給されていましたが、改正後、公立の小学校では不可能になり、公立の中高では授業料を納めた生徒に限り、1年間だけ学生ビザが発給されることとなりました。

もし1年以上勉学を続けたければ、母親が学生ビザ（F－1）を取得して、子供はその家族（F－2）として通学するか、私立の学校に転校して学生ビザ（F－1）を申請する必要があります。

■州や学校区が教育方針を決める

アメリカの公立教育の特徴は、日本のように行政機関である文部科学省が統括するのではなく、**州**や**学校区**が独自の教育方針によって行っている点です。公立学校の教育行政を行う連邦政府の教育省は、教育予算の配分などを主な仕事とし、教育内容には関与していません。

各州には州の教育局があり、その下に各学校区の「**教育委員会（Board of Education）**」があります。この教育委員会が就学学齢、学年制度、入学、カリキュラムなどを決める権限を持っています。教育委員会のメンバーは、選挙によって選出される仕組みになっています。

■子供のための学校選び

学校区は住む地域によって分けられています。教育内容にほとんど格差のない日本の公立学校と違って、アメリカの公立学校には格差があります。

それぞれの学校区に割り当てられた教育予算は、連邦政府や州からの予算と、居住区での住宅税や固定資産税の一部から捻出されます。そのため、税金の高い地区では教育資金が豊富で、学校施設が整っており、先生の給料が高く、教育レベルも高いということになります。

　子供を優秀な学校に入れたければ、税金が高くて教育レベルが高い地区に住む必要があります。しかし、移民や駐在員の子が少ない地域の学校には、ＥＳＬのクラス（英語を母国語としない生徒のための英語クラス）がない場合もあるため、事前に調べておく必要があります。

　子供のいる人は、**まず学校を調べて希望の学校区に住居を探す**といった順番で、アメリカへの移住計画を進めていく必要があるでしょう。

　地元の教育委員会に問い合わせれば、地区内の学校の学力テストの結果やカリキュラムなどについて教えてくれるので、教育レベルが調べられます。

アメリカの学校の調べ方

▼学校の生徒数、先生数、人種構成を調べる
①http://nces.ed.gov/nceskids/Allschool/index.asp にアクセス。
②調べたい学校の種類（公立、私立）をクリック。
③調べたい州、調べたい都市をクリック。
④調べたい都市にある学校がリストアップされるので、個別にクリックして調べる。

▼学校の生徒が受けたテストの成績などを調べる
①http://realestate.yahoo.com/Schools/ にアクセス。
②調べたい州、調べたい都市 ZipCode（郵便番号）や学校の種類などを入力。
③調べたい都市にある学校がリストアップされるので個別にクリックして調べる。

▼ホノルルにある公立学校を調べる
①http://www.honolulumagazine.com/Honolulu-Magazine/Schools/ にアクセス。
②Grading the Public Schools Chart をクリック。
③調べたい地域を入力。
④学校がリストアップされるので、個別にクリックして調べる。州全体のランクも表示される。

■入学するには

　居住している学校区の教育委員会に連絡すれば、通学する学校を教えてくれます。

　日本のように入学通知が来るわけではないので、夏休み前の5月頃に親が手続きを行います。入居契約書など居住地を証明する書類、パスポートや出生証明書など生年月日を証明できるもの、予防接種済みの証明書などを提出し、子供を連れて面接を受け、受入学年を判定してもらいます。

　編入する場合、前述の書類以外に英文の在学証明書と成績証明書を提出し、面接を受けます。渡米時期により、編入する学年が日本での学年と異なることがあります。

11

全日制日本人学校と日本語補習校

子供を日本人学校に通わせるには

■日本語で学習できる機関

アメリカに在住する日本人の子供が日本語で学習できる学校には、次の4つの機関があります。

①文部科学省管轄の全日制日本人学校
②文部科学省管轄の補習学校（土日）
③私立の教育機関
④学習塾

①～③の日本人学校の詳細については、「海外子女教育振興財団」（http://www.joes.or.jp/ 東京・03－4330－1341）に問い合わせてみるといいでしょう。

■全日制日本人学校

全日制の日本人学校とは、日本の文部科学省が指定した教科書を使って、日本の学校と同じ内容の教育を行う学校です。文科省管轄の学校と私立の学校があります。日本と同じように、4月に新学期が始まり、翌年の3月に学年が終了します。卒業すれば、正規の学歴として認められます。

学習内容は国語、算数（数学）、社会、理科、英語、美術、音楽、保健体育、技術家庭、と日本と同じ教科で、これらの他にアメリカ社会の学習が追加されます。英語とアメリカ社会の学習はアメリカ人教師が担当します。

文科省管轄の学校の場合、各教科は文科省から3年周期で日本より派遣される現職の教師が担当します。

■日本語補習校

全日制の日本人学校の他に、土曜日だけの日本語補習校があります。土曜日だけの日本語補習校は、全米で80校あまり存在します。

補習校は、本来日本語学習を補充する目的で設立されましたが、現在では国語の他にも算数（数学）、理科、社会を教えている学校もあります。

▼全日制の日本人学校（公立）

▽ニューヨーク日本人学校（小中）
15 Ridgeway, Greenwich, CT 06831
TEL:203-629-9039
http://www.gwjs.org/

▽ニュージャージー日本人学校（小中）
117 Franklin Ave., Oakland NJ 07436
TEL:201-405-0888
http://newjerseyjapaneseschool.org/

▽シカゴ日本人学校（小中）
2550 North Arlington Heights Road, Arlington Heights, IL 60004
TEL:847-590-5700
http://www.chicagojs.com/

▽グァム日本人学校（小中）
170 Terao St., Mangilao Guam 96913
TEL:671-734-8024
http://www.geocities.co.jp/NeverLand/3604/

▼全日制の日本人学校（私立）

▽西大和学園カリフォルニア校（幼小中）
平日校・土曜補習校
2458 Lomita Blvd., Lomita, CA 90717
TEL: 米 310-325-7040
日 0745-73-6565
http://www.nacus.org/

▽ロサンゼルス国際学園中・高等学校（中高）
23800 Hawthorne Blvd., Torrance, CA 90505
TEL: 米 310-373-0430
日 03-5791-1395
http://65.61.170.18/jpn/isla.htm

▽ニューヨーク育英学園（幼小）
8 Bayview Avenue, Englewood Cliffs, NJ 07632
TEL:201-947-4832
http://www.japaneseschool.org/

▽慶應義塾ニューヨーク学院高等部（中高）
3 College Road, Purchase, NY 10577
TEL: 米 914-694-4825
http://www.keio.edu/

▽聖学園アトランタ国際学校（幼小）
5505 Winters Chapel Road, Atlanta, GA 30360
TEL: 米 770-730-0045
日 03-3917-8351
http://www.seig.ac.jp/atlanta/index.html

日本の文科省指定の教科書を使用し、教職資格を持つ現地採用の日本人教師が各教科を担当します。補習校を管理する職員は、文科省を通して日本から数年の任期で派遣された人が担当します。

ほとんどの補習校は独自の校舎を持たずに、現地の学校や公共施設の一部を借りています。

■塾やその他の教育機関

日本での受験戦争を反映してか、通信教育や学習塾、進学塾（河合塾、教育塾、公文教育研究会、国立学院予備校、一橋ゼミナールなど）がアメリカに進出しています。プレスクールとして、2歳児、3歳児教育を実施している機関もあります。

アフタースクールとしては、書道、そろばん、茶道、華道、舞踊、武道などの教室も各地で見受けられます。また、全日制学校の中には、夏だけのサマースクールを設けている学校もあります。

アメリカの日系企業を網羅した電話帳『イエローページ・ジャパン』（135頁参照）には、全米28都市にある学校や塾が網羅されています。

12

民族的バックグラウンドを尊重

バイリンガル教育

■39カ国語が話されているロサンゼルス

「モダン・ランゲージ・アソシエーション（http://www.mla.org）」によると、アメリカの家庭で英語を話す人口の比率は、全米平均で82パーセント、カリフォルニア州で61パーセント、最も英語を話す率が高いミシシッピー州では96パーセントです。

一般には英語に次いで多いのがスペイン語人口ですが、バーモント、ニューハンプシャー、メイン、ルイジアナ州ではフランス語人口が、ノースダコタ、サウスダコタ、モンタナ州ではドイツ語人口が多くなっています。

最も多くの言語が話されている地区はロサンゼルス郡南部北ロングビーチのベルフラワーとアーテシアにまたがる一帯で、39カ国語が話されています。

移民や外国からの駐在員が多い地域では、英語を母国語としない多くの生徒が公立学校に在籍しています。これらの生徒が無理なく授業を理解するために、英語の特別指導を行うＥＳＬ（English as a Second Language）クラスや英語以外の言語によるクラス（いわゆるバイリンガル教育）が設けられています。

■カリキュラムに組み込まれるＥＳＬ

英語を話せない生徒が入学すると、授業内容が理解できるようになるまで**英語の特別指導**を受けるように指示されます。入学前に英語力判定テストがあり、初級、中級、上級のクラス分けが行われます。

ＥＳＬの授業は週2～3回ですが、学校によっては、週に10時間くらいをＥＳＬクラスに割り当てて、残りの時間は通常授業を受けさせることもあります。授業はＥＳＬの教授免許を持った教師が担当し、初級クラスには生徒の母国語を話すアシスタントをつけて、生徒の理解を助けます。

移民や駐在員子弟の少ない学校では、ＥＳＬの教育は行われないので、子供にＥＳＬの教育を受けさせたければ、どこに居住するかが大きなポイントとなります。

■バイリンガル教育とは

ＥＳＬは英語そのものを勉強しますが、「**バイリンガル教育**（**Bilingual Education**）」は、英語以外の言語を使用して授業を進めていきます。母国語と英語の両方を使用して授業を進めることもあります。

多様な民族的バックグラウンドを尊重するこの政策が採られたのは、１９６４年に人種、肌の色、出身地による差別を廃止する公民権法が制定されたことと大きく関わっています。

英語が理解できないサンフランシスコ在住の中国系生徒は平等な学校教育を受けることができなかったため、74年に学校側を相手取って訴えを起こしました。これが勝訴し、英語能力に限界がある生徒に対しては母国語と英語の二カ国語で授業を行うというプログラムが編成されるようになりました。これによってバイリンガル教育が誕生したのです。

バイリンガル教育としては、スペイン語によるものがほとんどですが、中国語、韓国語、ベトナム語などのアジア系の言語の授業も行われています。

授業形態は、英語以外の言語を話す生徒の割合によって変わります。母国語だけで授業が進められる方法や、英語で授業が進められ、母国語を話すアシスタントが生徒のそばで解説をする方法などがあります。

■日本語によるバイリンガル教育

サンフランシスコにある公立学校「Clarendon Alternative School」（＊）では、日本語によるバイリンガル教育をおこなっています。同校では幼稚園児から小学5年生を対象にしていますが、生徒を広く募集しているため、その学校区に住んでいなくても通学できます。人気がある学校なので、申し込みは早目にしたほうがいいでしょう。

日本人が多い都市には、バイリンガルの保育園があります（ほとんどが私立）。所在地に関しては、各地域で発行されている日本語の職業別電話帳（１３５頁参照）で調べて問い合わせてください。

＊Clarendon Alternative School（ＴＥＬ：４１５－７５９－２７９６）
http://portal.sfusd.edu/template/default.cfm?page=es.clarendon

COLUMN 所変われば常識も違う

■通勤に便利なほど家賃が安い

日本では、「××駅より徒歩5分」とうたい文句のあるアパート物件は、たいがい徒歩30分のところよりも家賃が高い。

ところがアメリカでは、通勤に便利なところは治安が悪いことが多く、逆に家賃が安くなる。

■知らなくても知っているフリ

日本では〝目から鼻に抜ける〟ような賢い人は敬遠されがち。男性は頭のキレる女性を好まず、上司もそんな部下が苦手である。そのため、知っていても知らないフリをしたほうが奥ゆかしいとされている。

しかし、アメリカでは反対に、知っていることはハキハキと言い、知らないことでも知っているフリをしたほうがよしとされる。「能あるタカは爪を隠す」ではなく、「能あるタカは爪をみがく」がアメリカの常識なのだ。

■「売春婦」は「売春婦」らしく

日本人は、「売春」と言わずに「援助交際」などという言葉を使ってオブラートに包む。買春するオジサンたちには、なぜか普通っぽい清純派の女の子が受けるそうだ。

アメリカでは、その種の職業の女性はボディコンの服を身につけ、どぎつい化粧をして、遠目からもひと目でそれとわかる。

日本でボディコンが流行った80年代後半、このスタイルで町を歩く日本人旅行者（特に新婚旅行の女性）を見て、アメリカ人はどう解釈すればいいのか戸惑ったとか。

■転職すると給料が上がる

日本では、転職すると給料が下がって生活が苦しくなることが多いが、アメリカではより条件のいいポストへ移ることが多いようだ。

日本では、最初はみんなヒラ社員で、次第に係長、課長……と役付きになっていくが、アメリカでは、ヒラで雇われるとずっとヒラのままでいることが多いため、転職しない限りハシゴ段を上がっていけないからだろう。

■「性格の不一致」では離婚不可

日本では、当人同士が納得していれば「協議離婚」が可能で、当人と証人2人が署名捺印をして戸籍を提出するだけで離婚が成立する。

しかし、アメリカでは離婚には裁判が必要。「性格の不一致」という理由では離婚訴訟は起こせない。

州によって離婚できる理由も違うため、通常は弁護士に依頼する。離婚大国のアメリカでは、かくして弁護士の需要が多いというわけだ。

PART 7

結婚・家族を通した永住権取得法

結婚を通して永住権を申請する場合、アメリカの移民局で手続きすると発給までに時間がかかるのに対して、日本のアメリカ大使館で手続きすれば１～２カ月（相手がアメリカ市民の場合のみ可）。「これから結婚」という人は、どうしたらいいのでしょう？ ここではさまざまなケースについて解説します。

01

日本で申請すればスピーディー

結婚を通して永住権を申請するには

■請願者と受益者

アメリカ市民か永住権保持者と結婚すれば、永住権が申請できます。アメリカ市民か永住権保持者が「請願者」となり、その配偶者は「受益者」となります。

配偶者に21歳未満の未婚の子供がいると、子供にも同じく永住権が発給されます。ただし、配偶者が子供の親権を所有していて、その子供が18歳になるまでに結婚が成立していなければなりません。

■請願者がアメリカ市民か永住権保持者か

結婚を通して永住権を申請するにあたってまず重要なのが、請願者がアメリカ市民か永住権保持者のどちらかということです。

永住権の発給には年間割当というものがあります。永住権保持者の配偶者は年間割当が限られているため、請願、申請してから手続きが進められるまでの待ち時間が5年前後となります。

いっぽうアメリカ市民の配偶者、親、21歳未満の未婚の子供は年間割当から除外されているため、待ち時間はありません。しかし、アメリカ本国では請願者があまりにも多いため、事務手続きの待ち時間があります。

カップルが日米に離れて暮らしている場合、移民ビザ（永住権）が発給されるまでの長い待ち時間をどうするのかという問題があるため、対策が必要となります。

■もっとも早い永住権の取得方法

永住権を取得するうえでもっとも早い方法は、日本のアメリカ大使館か沖縄の領事館に請願書類を提出することです。

日本で請願すると、数がそれほど多くないため、通常は請願をしてから面接まで1～2カ月ですみます。そのため日米に離れて住むカップルの場合、アメリカ市民が短期来日して日本で結婚の手続きをすませ、日本で請願をするといったパターンをとることが多かったのですが、2007年3月22日より、短期滞在のアメリカ市民は日本で請願することができなくなりました。

現在、日本で永住権を請願できるのは、日本で6カ月以上居住しているアメリカ市民のみです。

結婚する相手がアメリカ市民で、日本に6カ月以上滞在している場合は、東京のアメリカ大使館か沖縄のアメリカ領事館に請願書類を提出します（198頁参照）。

■申請方法を検討する

日米に離れているカップル（アメリカ市民と日本人など）の場合、永住権を取得するためには、次のような方法が考えられます。

①永住権を請願

いずれかの国で結婚の手続きをして、アメリカに居住する請願者が、アメリカの移民局に永住権を請願します。待ち時間は6～12カ月。

②Kビザ（婚約者・婚姻ビザ）を請願

アメリカに居住する請願者が、アメリカの移民局にKビザを請願します。待ち時間は①より少し短くなりますが、受益者は日本でほとんど永住権と同じ面倒な手続きを行わなければならず、渡米してからも永住権へと滞在資格を変更する手続きを行わなければなりません。あまりお勧めではありませんが、いずれかの国で結婚の手続きを進めるのが難しいというカップルは、この方法をとることが多いようです。

③非移民ビザで渡航、滞在資格を永住権へと変更

学生ビザなど非移民ビザで渡航して、60日（＊）以上たってから結婚し、永住権を請願して、滞在資格を変更するという方法です。離れ離れに暮らしたくない未婚のカップル、請願者が永住権保持者のカップルは、この方法をとることが多いようです。

＊60日ルール

ビザは滞在目的にそって発給されます。たとえば学生ビザの場合は、勉強する人のために発給されます。ただし、途中で結婚して学生ビザから永住権へと滞在資格を変更することは可能です。その場合、60日以上たってから結婚するのであれば、滞在資格の変更が認められます。60日以上たっていれば、「勉学のため渡航したが、滞在するうちに結婚することに気持ちが変わった」という主張が認められるからです。60日以内であれば、最初から結婚する気だったのに、学生ビザで渡航したのだろうと疑われるので注意が必要です。

■永住権申請の流れ

①永住権を請願する

請願者が書類を提出して受益者のために永住権の請願をします。

仕事を通して永住権を請願する場合、弁護士に依頼して手続きを進めていきますが、結婚の場合は、特に弁護士に依頼する必要はありません。

ただし、受益者が不法滞在をしているなど手続きに不安がある場合は、弁護士に依頼したほうがいいでしょう。

②永住権を申請し、書類を準備する

請願が受理されると、次の段階に進むための指示が出されます。その指示に従って受益者は申請書類を提出します。

③必要書類を準備する

面接に向けて、請願者は扶養宣誓供述書、受益者は健康診断書、予防接種証明書、警察証明書などを準備します。

④面接を受ける

面接といっても一対一の面接ではなく、カウンター越しに準備した書類を提出して、サインをします。婚姻による永住権申請の場合、犯罪者でないかぎり、永住権の申請が却下になることはありません。

⑤永住権（グリーンカード）が発給される

大まかな永住権申請の流れ

請願者による書類の提出（＝永住権の「請願」）

↓

請願が受理され手続きが開始

↓

受益者による書類の提出（＝永住権の「申請」）

↓

面　接

↓

移民ビザ（永住権）取得

日本在住者は移民ビザで渡航

アメリカ在住者は滞在資格を変更

02

日本のアメリカ大使館で申請するには

アメリカ市民が6カ月滞在していれば可能

■アメリカ市民が6カ月滞在していれば可能

日本で永住権を申請すると、請願者が永住権を請願してから、受益者が面接を受けて移民ビザ（永住権）を取得するまでに、通常1～2カ月しかかかりません。アメリカで請願・申請すると長期間かかることを思えば、かなりの格差があります。

この方法をとるには、請願者であるアメリカ市民が日本で6カ月以上滞在していなければなりません。条件を満たしている場合は、東京のアメリカ大使館か沖縄の領事館に請願書類を提出します。

請願予約、面接予約、申請書類のダウンロードはインターネットを通して行います。インターネットとプリンターの設備がない場合は、グローバルJネットワークのサービスを利用するといいでしょう（巻末資料参照）

■手続きの流れ

①請願の予約をする

希望の請願日をインターネットを利用して予約します（コラム参照）。予約した画面内容を印刷して、入館時に提示します。請願者（アメリカ市民）と受益者（外国人配偶者）が一緒に出向くのが望ましいでしょう。

②永住権を請願する

請願者は、外国人配偶者（受益者）のために、次の書類を提出して、永住権を請願します。

・Ｉ－１３０（外国人親族のための移民申請書）

・請願者が6カ月間居住していることを証明する書類
オリジナルを提示し、コピーを提出します。

・婚姻関係を証明する書類
役所が発行したオリジナルのサティフィケートコピーを提出。日本で結婚した人は、婚姻届受理証明書とその翻訳、翻訳証明書を提出。離婚や死別の経験者は、それらを証明する書類も提出します。

・パスポート（請願者、受益者が提出）

実物を提示し、顔写真の部分のコピーを提出します。受益者はそのほかに、アメリカのビザ、他の外国のビザ、SOFA（Status of Forces Agreement 駐留米軍地位に関する協定）のスタンプなどのあるページのコピーを提出します。受益者が日本人でない場合は、過去のすべてのパスポートも提出します。もし、提出できない場合は、その理由を文書で提出します。

・G－325（請願者、受益者が提出）

・受益者戸籍、英文翻訳、翻訳証明書

・カラー写真（請願者、受益者が提出）

・DS－230 パート1（受益者が提出）

・2人の関係の証明（結婚2年以内のカップルのみ）

2人の出会いについて簡単な報告書（出会った日付、婚約した日付、結婚した日付などを含める）を提出します。2人で撮った写真や結婚式の写真、共通の銀行口座の証明書、2人の間でやりとりした手紙、メール、通話記録なども添付するといいでしょう（偽装結婚の疑いを晴らすため）。

・扶養宣誓供述書（200頁参照）

・離婚か死別の証明書（該当者のみ）

初婚でない場合は、それぞれが離婚か死別を証明した書類を提出します。日本人の場合、戸籍に離婚・死別について記載があれば提出不要。

・その他

子連れ結婚の場合は、子供（21歳未満で未婚）の関連書類も提出します。

・I－130申請料金

当日、アメリカ大使館でドル建て支払います。クレジットカードの使用可能。

③面接に必要な書類を準備

永住権の請願が受理されると、受益者に対する面接審査があります。受益者は面接に必要な次の書類を準備します。

・パスポート（古いパスポートも持参）

・写真2枚

・警察証明書（16歳以上の受益者）

都道府県レベルの警察署に発行してもらいます。

・健康診断書と予防接種証明書

指定された医療機関（東京、横須賀、神戸、沖縄にある6機関のみ）で健康診断と予防接種を受けます。

・請願者の扶養宣誓供述書（２００頁参照）
請願時に不備とされた人は提出します。
・アメリカの住所と電話番号
・エクスパック５００（東京のみ）
関連書類を郵送してもらうためのプリペイド封筒。郵便局やコンビニで入手できます。封筒には日本の住所を明記します。

④面接審査を受ける

書類がそろえば、インターネットを利用して、面接のリクエストを提出します（コラム参照）。

東京のアメリカ大使館での面接は月曜日（休日の場合は火曜日）に割り当てられています。請願時と違って、日付を指定することはできず、「×月の×週目」と希望を出します。

14日以内に面接の日時が記載された通知がEメールで届きます。そのページを印刷して、入館時に提示します。

面接といっても一対一で行うのではなく、③で準備した書類を窓口で渡して、係官の目前で書類にサインをします。申請料金は当日、アメリカ大使館でドル建て支払います。クレジットカードの使用可能。

⑤永住権が発給される

面接審査で問題がなければ、1週間以内に永住権（移民ビザ）が発給され、郵送されてきます。

結婚期間が2年以内であれば、条件付き永住権が発給され、2年後に正規の永住権へと切り替えます。

⑥渡航する

ビザ発給日から6カ月以内に渡米します。入国時に1年間有効のスタンプを押してくれます。

⑦グリーンカードを受け取る

入国後1カ月前後でグリーンカードが郵送されてきます。送られてくるまでは、入国時に押してもらったスタンプが身分を保証するものとなります。

このスタンプがあれば、入国直後から就労が可能で、アメリカからの出入りも自由におこなえます。

手続きを進めるためのウェブサイト

- **請願日の予約**
  http://japan.usembassy.gov/j/visa/tvisaj-iv-i130appo.html
- **請願時の書類チェックリスト**
  http://japan.usembassy.gov/j/visa/tvisaj-ivi130check.html
  このサイトを通して申請用紙のダウンロードも可能。
- **面接日のリクエストフォーム**
  http://japan.usembassy.gov/j/visa/tvisaj-ivapptrequest.html
- **面接時の書類チェックリスト**
  http://japan.usembassy.gov/j/visa/tvisaj-ivinterviewcheck2.html

貧困ラインを超えることが条件

扶養宣誓供述書で収入があることを証明

■請願者の責任

扶養宣誓供述書（Ｉ－８６４）はアメリカ市民が受益者を経済的に養えるだけの収入や資産を有していることを証明するためのものです。収入の目安となるのは、国が定める貧困ラインの１２５％以上（軍人の場合は１００％以上）です。貧困ラインは毎年2月に発表され、住む州や扶養する家族構成によって違ってきます。

請願者はＩ－８６４にサインをして、受益者が生活に困窮しないように援助する責任を負います。この責任は受益者がアメリカ市民権を取得するか、仕事で10年間ソーシャル・セキュリティ税を払って年金受給資格を得るまで続きます。離婚で責任が回避されることはありません。

■3種類のＩ－８６４

①Ｉ－８６４ＥＺ…Ｉ－８６４の省略版。受益者が１人で、収入が貧困ラインを超えている場合に使用します。

②Ｉ－８６４…①以外の請願者が利用。受益者に21歳未満の未婚の子供がいたり、請願者の収入が条件を満たしていない場合などに使用します。ジョイントスポンサーをたてる場合は、請願者とジョイントスポンサーの各々がこの用紙を使用します。

③Ｉ－８６４Ａ…請願者の親族の収入や資産（預金、証券、不動産など）を合算するときなどに使用します。

http://japan.usembassy.gov/j/visa/tvisaj-ivi864.html

■クリアできない場合はジョイントスポンサーが必要

Ｉ－８６４には請願者の収入と受益者の収入（アメリカで得ている収入）を記載して総計を出します。この総計で貧困ラインを超える条件を満たしている場合は、パート７の資産についての質問に答える必要はありません。

もし条件を満たしていない場合は、パート７に請願者と受益者の資産（預金、証券、不動産など）を記載します。日本の預金はドル換算で計算します。資産の場合はカウントの仕方が違っています。

｛(移民局が求める収入基準)－(前年の tax return に記載された税引き前の収入 unadjusted gross income)｝×3倍の金額

移民局が求める収入基準に6000ドル足りない場合、3倍の1万8000ドルの預金が必要になります。

この段階で条件を満たしていない場合は、一緒に住んでいる親の資産を合算して、条件を満たしているかどうかチェックします。この段階でもクリアできなければ、ジョイントスポンサーをたてる必要があります。

ジョイントスポンサーになれるのは、アメリカに在住している18歳以上のアメリカ市民か永住権保持者で、移民局が求める収入基準を満たしている人です。

貧困ライン（2009年2月発表）

離婚経験者で養育中の子供がある人は、家族構成に注意。貧困ラインは毎年3％前後上昇していくので、この額より大目の収入があることが望ましい。毎年2月発表。（括弧は前年度）

家族構成	本土	アラスカ	ハワイ
1人	$10,830 (10,400)	$13,530 (13,000)	$12,460 (11,960)
2人	$14,570 (14,000)	$18,210 (17,500)	$16,760 (16,100)
3人	$18,310 (17,600)	$22,890 (22,000)	$21,060 (20,240)
4人	$22,050 (21,200)	$27,570 (26,500)	$25,360 (24,380)
1人増加ごと	$3,740 (3,600)	$4,680 (4,500)	$4,300 (4,140)

出典：http://aspe.hhs.gov/poverty/ 参照

◆I－864に添付する書類

・請願者の雇用を証明する書類……請願者の年収、勤続年数、肩書き、仕事内容、ポジションが一時雇用か終身雇用か、会社の所在地などを明記したもの。自営業者は自営を証明する書類（営業職種の内容、資産、業績、会計報告などを明記したもの）、軍人は軍に勤務することを示す書類を提出します。

・最新年の納税証明書（Federal income tax return）

納税証明書とは1040（テン・フォーティ）と呼ばれる連邦政府に納める所得税の申告用紙のことです。最新の納税証明書（＝前年度の納税証明書）を提出できない場合は、その旨を記載した請願者の手紙を添付します。現在十分な収入があれば、問題ありません。

・最新年のW－2(源泉徴収票)と Form 1099（Miscellaneous Income）……必要に応じて提出します。

04

提出前に移民局で無料相談

アメリカの移民局で申請するには

■移民局の無料相談サービスを活用しよう

アメリカの移民局で永住権を申請する場合、請願者は永住権の請願書類をシカゴの移民局に送付します。宛先のP.O. Box や Zip Code（郵便番号）は、請願者の居住地によって違ってきます。ほかにも、郵送で送るのか、宅急便で送るのかによっても違ってきます。

P.O. Box や Zip Code はＩ－１３０（永住権請願用紙）のインストラクションの部分に記載されています。また、提出書類や添付書類についても、記載されています。

シカゴの移民局は、受け取った請願書類を請願者の居住地を管轄する移民局に送付してくれます。

移民局にはサービスセンター（USCIS Service Center）とローカルの地方事務所（USCIS District Office）があります。地方事務所ではInfoPassという無料相談システムを提供しています。利用するには、インターネットで訪問日時を予約をして出向きます。提出先や提出書類を確認したり、書類の書き方でわからないところを質問したりして、提出書類に不備がないようにアドバイスを受けましょう。

移民局について、InfoPassの予約方法、書類のダウンロードの方法については、１５５頁を参照してください。

■請願後のプロセス

請願が受理されると、請願者と受益者にインストラクションが送られてきますので、指示に従って、要求された書類を送付します。

申請にあたって準備する書類は、「日本のアメリカ大使館で申請するには」（１９７頁）で述べた通りですが、どの段階で提出するのかが違っています。また、日本ではすべて窓口で提出しますが、アメリカで請願した場合は、郵送での提出が多くなります。

■面接をどこで受けるか先に決めておくこと

受益者が日本に住んでいる場合、面接場所は「東京のアメリカ大使館」か「沖縄の領事館」となります。

受益者がすでにアメリカに住んでいる場合、日本で面接を受けるか、アメリカの移民局で受けるか、どちらかを選択できます。しかし、日本で面接を受ける場合と、アメリカで面接を受ける場合では、その前後のプロセスが違ってきます。

アメリカでの面接を希望する場合は、請願時にＩ－１３０とともに滞在資格を変更する申請書（Ｉ－４８５）を提出しなければなりません。また、面接をどこで受けるかで、最初の請願書類を送るときのP.O. Box や Zip Code が違ってきますので注意が必要です。

■日本での面接を選択した場合

請願者と受益者が指示された書類を送ると、受益者の日本の自宅に日本での面接の日時を通知した書類が送られてきます。この通知がくるまで、請願してから６～12カ月かかっているようです。

もしその日に都合が悪ければ、同じ月内であれば変更が可能です。

受益者は指示された書類を準備して面接に出向きます。このあとのプロセスは「日本のアメリカ大使館で申請するには」（１９７頁）と同じです。

■アメリカの移民局での面接を選択した場合

請願者と受益者が指示された書類を送ると、受益者のＩ－４８５（滞在資格の変更申請書）のプロセスが始まり、受益者は「Ｉ－４８５ pending（滞在資格変更申請中）」という特殊ステータスとして合法滞在となり、Ａナンバー（グリーンカードナンバー）が与えられます。Ｉ－４８５と一緒にＩ－７６５（就労許可）やＩ－１３１（旅行許可）を申請して許可が下りれば、合法的就労や国外への旅行が可能です。

受益者はこのステータスに至るまでは、アメリカで合法滞在を維持している必要があります。この時点から実際に永住権を取得できるのは、さらに時間がかかりますが（6カ月～3年）、待っている間は合法的滞在となるのでプレッシャーは少ないでしょう。

05

I−765（就労許可申請書）を提出

アメリカで永住権申請中に働くには

■特殊ステータスとは

アメリカで永住権を請願してアメリカで面接を受ける場合、結婚相手がアメリカ市民であっても、請願してから実際にグリーンカードを取得できるまでに長い待ち時間があります。

ただし、請願が受理された後、I−485（滞在資格の変更申請書）が審査されると、「I−485 pending（滞在資格変更申請中）」という特殊ステータスとなって合法滞在となります。

それまで合法滞在をキープするために学生ビザを保持していた人にとって、必要がなければ学校をやめても問題のない状態となります。

■就労許可と旅行許可を申請

特殊ステータスになると、就労やアメリカ国外への旅行が可能になるので、I−485を申請するときに、I−765（就労許可申請書 Application for Employment Arthorization）やI−131（旅行許可申請書 Application for travel document）の申請書類を一緒に申請します。

I−131には「Reentry Permit」「RefugeeTravel」「Advance Parole」の3種類がありますが、永住権申請者の国外旅行は、Advance Parole の項目にチェックマークをつけて申請します。

移民局での指紋採取と写真撮影を経て、就労許可（I−765）や旅行許可（I−131）が認められれば、自由に働いたり、アメリカ国外への旅行ができるようになります。

■申請用紙の入手方法

無料電話（1−800−870−3676）で申し込むか、インターネットでダウンロードします。

アメリカへの移民（内訳の変遷）

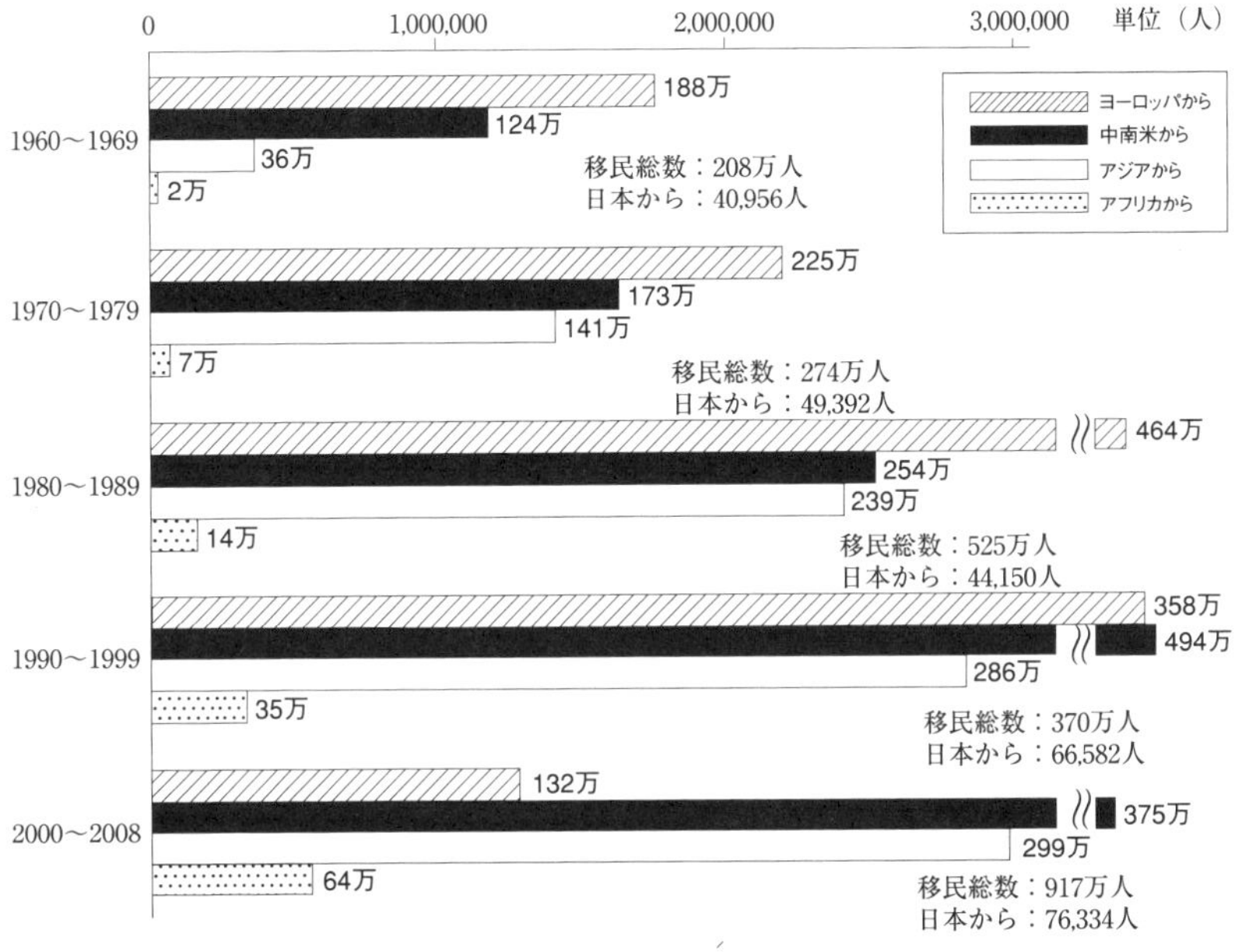

出典：Yearbook of Immigration Statistics

ダウンロードするには、移民局のサイト（http://www.uscis.gov/portal/site/uscis）にアクセスして、Immigration Forms をクリックし、ダウンロードしたい書類をクリックします。

■就労許可が遅れた場合は

就労許可の申請時点で、雇用主は決まっていなくてもかまいません。

就労許可の審査は申請書の受理から通常90日以内に行うことになっていますが、移民局の業務の混み具合によっては、さらに時間がかかることもあるようです。もし90日たっても結果が出ない場合、仮の就労許可証（Interim Employment Arthorization Document）を要請できます。

移民局から送られてきた書類（受理したという内容のもの）と身分証明書を持参して最寄りの移民局地方事務所に出向き、手続きを行います。

06

渡米して90日以内に結婚して申請

婚約者ビザで渡米して永住権を申請するには

■待ち時間の少なさがメリット

アメリカに結婚しようとする相手がいて、その相手がアメリカ市民であれば「婚約者ビザ（K－1）」を申請できます。相手が永住権保持者の場合、申請はできません。子連れの結婚の場合、21歳未満の未婚の子供にも「K－2ビザ）」が発給されます。

Kビザは通称「婚約者ビザ」と呼ばれていますが、「婚姻ビザ」というのが正しいでしょう。既婚のカップルも申請できますが、手続きは永住権申請の手続きとほとんど同じで、しかも渡米後にあらためて滞在資格を変更する手続きを行わなければなりません。ダブルで面倒な手続きをしなくてはならないため、通常、結婚している人は永住権を申請します。

Kビザは、日米に離れて住んでいる未婚のカップルが、申請することが多いようです。Kビザのメリットは、永住権よりも、待ち時間がより少ないことです。

■永住権取得まで3段階の申請

①Kビザを請願する（請願者）

請願者はシカゴの移民局に請願書（I－29F）を提出します。宛先のP.O. BoxやZip Code（郵便番号）は、請願者の居住地によって違ってきます。ほかにも、郵送で送るのか、宅急便で送るのかによっても違ってきます。P.O. BoxやZip CodeはI－29F（永住権請願用紙）のインストラクションの部分に記載されています。また、提出書類や添付書類についても、記載されています。

請願にあたって、移民局の無料相談サービス（Info Pass）を利用して、提出先や提出書類を確認したり、書類の書き方でわからないところを質問したりして、提出書類に不備がないようアドバイスを受けるといいでしょう。

移民局について、InfoPassの予約方法、書類のダウンロード方法については、155頁を参照してください。

②申請書を送付、書類を準備、面接を受ける（受益者）

請願書が受理されると、受益者（アメリカ市民の婚約者）の日本の住所に「インストラクション」が郵送されます。第2段階は受益者が申請書（DS－230 Part I）に記入して送付することから始まります。アメリカ大使館か沖縄の領事館へファックス（東京03－3224－5929、沖縄098－876－4232）か郵送で送付します。

①で許可された請願書には4カ月という有効期限があります。有効期限は、移民局が請願者へ郵送したNotice of approvalに記載されています。もし有効期限が切れているときは、請願者が延長願いの手紙を書いて、アメリカ大使館か沖縄の領事館へ送付します。

DS－230 Part 1を送付したあとは、インストラクションで指示された面接に必要な書類を準備します。「日本のアメリカ大使館で申請するには」（197頁）で紹介した書類とほとんど同じですが、「扶養宣誓証明書」（200頁）はI－864ではなくI－134を提出します。また、非移民ビザとしての書類（DS－156、DS－156Kなど）も必要です。

書類がそろえば、オンラインで面接の予約をします。面接に必要な書類やオンラインでの面接予約に関しては、アメリカ大使館のサイト（http://japan.usembassy.gov/j/visa/tvisaj-niv-k.html）にアクセスして情報を得てください。

面接や渡米までのプロセスは、「日本のアメリカ大使館で申請するには」（197頁）と同じです。

③渡米後90日以内に結婚し永住権を申請する（受益者）

渡米後90日以内に結婚し、永住権へと滞在資格を変更します。結婚証明書、I－485（永住権への資格変更申請書）、I－864、関連書類を移民局に送付します。送付先や関連書類については、I－485のインストラクションの部分を参照してください。

提出にあたって、移民局の無料相談サービス（Info Pass）を利用するといいでしょう。その後のプロセスについては、「アメリカの移民局で申請するには」（202頁）と同じです。

婚約による永住権申請についてより詳しく知りたい場合は、グローバルJネットワーク発行の「婚約・結婚を通しての永住権申請マニュアル」をお読みください。入手方法については261頁を参照してください。

07

ノービザ渡航で永住権を申請したい場合

待ち時間中に不法滞在となる茨の道

■面接審査の待ち時間

結婚相手のアメリカ市民（または永住権保持者）による永住権の請願が受理されると、面接審査があります。

どのくらい待たされるかが問題ですが、大都市では請願者が多く、結婚相手がアメリカ市民の場合でも数カ月（ひどい場合は数年）待たされるようです。相手が永住権保持者の場合、待ち時間は5～6年にもなります。

■移民法改正で審査がシビアに

ノービザで渡航した場合、90日以内しか滞在できません。そのため、面接審査の際にはすでに滞在期間が切れて不法滞在状態となってしまいます。

かつてはノービザで渡航して、アメリカで結婚して永住権を申請した場合でも、罰金を支払えばアメリカ国内で面接を受けることができ、永住者へと滞在資格を変更することができました。しかし、１９９６年の移民法改正後は、罰金を支払ってもアメリカで面接審査を受けることができなくなりました。

新移民法では「滞在期間が切れて不法滞在状態になった場合、滞在資格の変更は本国で行わなければならない」と規定されています。また、6カ月以上不法滞在をした場合は3年間の再入国禁止、1年以上不法滞在をした場合は10年間の再入国禁止となったため、該当者はアメリカへ再入国できなくなりました。

ただし、国籍法２０１条ｂでは、アメリカ市民の配偶者は滞在資格の変更ができると明記されています。これを利用して、「ノービザ渡航から請願」の道を実行する人もいるわけですが、弁護士に依頼して書類を作成するなど面倒な手続きが必要なため、ノービザで渡米して結婚することはお勧めできません。

■どうしてもノービザ渡航で結婚したい場合

ノービザで渡航して結婚することの困難さを覚悟の上で、どうしても実行したいという切羽詰まった状況にいる人に言えることは、「入国審査の際に係官に結婚の意思を悟られたら入国を拒否される」ということです。

婚約指輪をはめたり、お互いにやりとりした手紙や結婚の招待状を所持していては見抜かれますし、アメリカの滞在先を書く際に相手の住所を書いたりしたら、悟られるでしょう。

係官が「ボーイフレンド（ガールフレンド）はいるか」という質問をしてくることがありますが、この言葉は恋人を意味するので、イエスと答えると、その恋人と結婚するだろうと判断されて、入国拒否されます。

永住や結婚の意思があるのにノービザで渡航したことが明らかになった場合、永住権を発給されないことがあります。ただし、入国してから60日以上経ってから永住権の申請をした場合、可能性は低くなります。入国してすぐに永住権の申請をすれば、最初から結婚する気で入国したと疑われますが、60日以上経っていれば、「観光のためノービザで渡航したが、滞在するうちに結婚へと気持ちが変わった」という主張が認められるからです。

日本における国際結婚の推移

	1970年	1990年	2006年
結婚総数	1,029,405	722,138	730,971
日本人同士結婚	1,023,859	696,512	686,270
国際結婚	5,546	25,626	44,701
夫が日本人	2,108	20,026	35,993
妻が日本人	3,438	5,600	8,708

国際結婚・相手の出身国

	1970年	1990年	2006年
▼夫日本・妻外国	2,108	20,026	35,993
妻の国籍			
中国	280	3,614	12,131
フィリピン	…	…	12,150
韓国・朝鮮	1,536	8,940	6,041
タイ	…	…	1,676
ブラジル	…	…	285
アメリカ	75	260	215
ペルー	…	…	117
イギリス	…	…	79
その他	217	7,212	3,299
▼夫外国・妻日本	3,438	5,600	8,708
夫の国籍			
韓国・朝鮮	1,386	2,721	2,335
アメリカ	1,571	1,091	1,474
中国	195	708	1,084
イギリス	…	…	386
ブラジル	…	…	292
フィリピン	…	…	195
ペルー	…	…	115
タイ	…	…	54
その他	286	1,080	2,773

出典：『人口動態統計年俸』（厚生労働省）

08

直系親族は最優先

家族関係や養子縁組で永住権を申請するには

■呼び寄せにおけるカテゴリー

アメリカ市民や永住権保持者は、家族呼び寄せ移民のスポンサーになって、永住権を請願することができます。

家族を呼び寄せには次のようなカテゴリーがあり、各カテゴリーごとに年間の永住権発給枠が設けられています（全体の年間発給枠は48万人）。

①第1カテゴリー（年間発給枠・2万3400人）
市民の子で、21歳以上の未婚者。

②第2カテゴリー（年間発給枠・11万4200人）
永住権保持者の配偶者と未婚の子（年齢制限なし）。

③第3カテゴリー（年間発給枠・2万3400人）
市民の子で既婚者。

④第4カテゴリー（年間発給枠・6万5000人）
21歳以上の市民の兄弟姉妹。

祖父母や孫はカテゴリー外となり、永住権を請願してもらうことはできません。

アメリカ市民の配偶者、21歳未満の未婚の子、親については、カテゴリーの設定がなされていません。これは直系親族として、年間発給枠に関係なく、最優先で発給という配慮がなされてるからです。

アメリカ市民が結婚した配偶者に21歳未満の未婚の子供がいれば、年間発給枠に関係なく最優先で永住権が発給されます。ただし、その結婚は子供が18歳未満に成立していなければなりません。

■申請から発給までの待ち時間

アメリカ国務省が発行する『Visa Bulletin』は、永住権申請者の推定待ち時間を発表しています。

最優先の直系親族以外は、請願者の出生国によって待ち時間が異なります。移民数が少ない国（日本）と移民数の多い国（メキシコやフィリピン）の待ち時間の違いがよくわかります。

家族呼び寄せ移民の申請処理状況

	その他の国	中　国	インド	メキシコ	フィリピン
第 1 カテゴリー（市民の子で 21 歳以上の未婚者）					
	03.1.8	03.1.8	03.1.8	91.1.1	93.9.15
第 2 カテゴリー（永住者の配偶者と 21 歳未満の未婚の子）					
	05.1.15	05.1.15	05.1.15	02.9.22	05.1.15
〃（永住者の 21 歳以上の未婚の子）					
	01.5.1	01.5.1	01.5.1	92.5.8	98.5.1
第 3 カテゴリー（市民の子・既婚者）					
	00.11.1	00.11.1	00.11.1	91.7.1	91.8.8
第 4 カテゴリー（市民の兄弟姉妹）					
	98.12.22	98.12.22	98.12.22	95.8.1	86.9.8

【注】表記の日付の申請者の書類が処理中。たとえば日本人が永住権保持者と結婚した場合は、2005 年 1 月 15 日に請願した人の書類が審査中で、4 年 6 カ月待たされたことになる。
出典：国務省発行の Visa Bulletin（2009 年 8 月号）

■養子縁組

養子縁組の場合、養い親に永住権を申請してもらいます。養い親は、夫婦のいずれかがアメリカ市民であるか、または25歳以上で独身のアメリカ市民でなければなりません。養子とする外国人に永住権が与えられるためには、以下の条件を満たしている必要があります。

①養子が16歳未満のときに養子縁組が行われていること。
②養子縁組が行われてから、法律上および実際上の親権行使期間が2年以上経っていること。

■呼び寄せ制度と移民の人口増加

家族呼び寄せの制度を利用して、アジア系やヒスパニック系（ラテンアメリカ系）は合法的に人口を増やしています。21世紀半ばか後半には、白人人口を上回ると予測されています。

PART3で解説した「抽選永住権」の制度などは、白人国家からの移民数を増やすために設けられたとも言えるもので、増えていくアジア系、ヒスパニック系の移民に対して、アメリカ議会が考えた苦肉の策とも言えるでしょう。

09

結婚して2年以内の夫婦に発給される

条件付き永住権

■条件付き永住権とは

通常、永住権を申請すると正規の永住権が発給されます。ただし結婚によって永住権を申請した場合、結婚の期間によって発給される永住権が異なります。

結婚して2年以上経った夫婦が永住権を申請すると、正規の永住権が発給されます。一方、結婚後2年以内の夫婦に発給されるのは、「**条件付き永住権（Conditional Residency）**」です。

1986年の移民結婚詐欺改正法により、結婚後2年以内に結婚を通して永住権の申請をすると、その結婚は制限付き結婚とされています。

そのため2年間は正規の永住権ではなく、条件付き永住権しか発給されません。これは、永住権取得を目的とした**偽装結婚を防ぐため**にとられた措置です。

■正規永住権の申請

条件付き永住権は、発行日から**2年間有効**です。**期限が切れる90日前**から、正規の永住権を申請することができます。

申請は夫婦共同でおこないます。この手続きを忘れると、永住権が無効になるので注意が必要です。

■準備する書類

▽グリーンカードの裏表のコピー

▽I－751（Petition to Remove the Condition on Residence）と申請費用

申請費用は、パーソナルチェックか郵便為替（Postal Money Order）を同封します。

▽I－751のサポート書類

（偽装結婚でないことを裏付ける下記の書類など）

・2人の結婚によって生まれた子供の出生証明書

・同居していることを示す住まいの契約書など
・銀行の共同名義の口座の証明書
・2人の結婚が偽装結婚でないことを裏付けるその他の書類
・結婚以来2人のことをよく知っている人物による手紙

少なくとも2人の人物が書いた手紙が必要です（それぞれ1通。合計2通必要）。必要に応じて移民局からその人たちに呼び出しがかかる場合もあります。

手紙にはその人物の氏名、住所、日付、出生地、申請者もしくは申請者の配偶者との関係性を書き、申請者夫婦と知り合うようになったいきさつなどを書きます。サインも必要です。

■正規の永住権取得までの流れ

準備した書類は移民局に郵送します。宛先はI－751のインストラクションの部分に記載されています。

書類のダウンロードや移民局の無料相談サービス（InfoPass）については、155頁を参照してください。

書類が受理されると、移民局から写真撮影と指紋採取の日時が通知されます。移民局に出頭して写真撮影と指紋採取が終わると、申請手続きは終了です。

あとは申請結果と正規のグリーンカードが郵送されてくるのを待ちます。場合によっては、面接の呼び出しがかかることもあります。

■条件付き永住権保持者の離婚

もし条件付き永住権を保持している2年の間に離婚をした場合は、その時点でその旨を**移民局に報告**しなければなりません。

通常は、そこで永住権の申請は取り消されますが、それまでの結婚が偽装結婚でないことが証明され、離婚の理由が移民局側に納得のいくものであれば、引き続き申請を続行することも可能です。

たとえば、結婚相手に虐待された場合や理由もなく離婚を強制された場合、それをきちんと証明すれば、申請が続行される可能性は高くなるわけです。

■正規の永住権保持者の離婚

正規の永住権を得たあとに離婚をした場合、そのことで**永住権が無効になることはなく、移民局に届ける必要もありません。**

10

永住権取得から5年経つと申請可能

市民権取得のプロセス

■申請から取得まで

永住権保持者が市民権を取得するには、移民局に「**帰化申請書**」を提出して帰化試験を受け、合格しなければなりません。**永住権を取得して5年**経つと、帰化申請書を提出する資格ができます。ただし、18歳以上で2年半以上アメリカに居住していなければなりません。アメリカ市民との**結婚を通して永住権を取得した場合は、3年**経つと帰化申請書を提出できます。うち1年半以上はアメリカに居住していなければなりません。

帰化申請書を提出すると数カ月後に呼び出しがあって、「**帰化試験**」を受けることになります。帰化試験は口頭で行われます。永住権を取得してから20年以上経っている人、取得後15年以上経っていて55歳以上の人などは、母国語で試験を受けることができます。

試験の内容は、**アメリカの歴史や政治について**です。アメリカ各地のアダルト・スクールには試験に向けた準備クラスが設けられています。また、政府発行の「帰化読本」が出版されているので、独学することも可能です。日本語で書かれた『市民権への手引き』（アメリカの日系書店で購入可能）や『Pass The U.S. Citizenship Test & Interview（DVD）』（http://www.uscitizenship.info/から購入可能）が役に立つでしょう。

試験は何回でも挑戦することができます。試験に合格すれば犯罪歴が調べられ、問題がなければ**宣誓式**の通知が送られてきます。申請者は移民局か連邦裁判所のどちらかで、〝アメリカ市民〟の宣誓を行います。

宣誓式が終了すると、「**帰化証書(Certificate of Naturalization)**」が渡され、アメリカ市民が誕生します。

帰化の際にアメリカ風の名前や名字に**改名**したい人は、裁判所で手続きをします。帰化すれば日本の国籍を失い、アメリカの市民権やパスポートを持つことになります。

■呼び寄せができる対象は

アメリカ市民には親族を呼び寄せる特典があります。つまり、親族のために永住権を請願するスポンサー（請願者）になれるのです。

呼び寄せができるのは、配偶者、子供、親、兄弟姉妹です。祖父母や親の兄弟姉妹の請願者にはなれません。

配偶者、21歳未満の未婚の子供、親を呼び寄せる場合は最優先扱いとなり、ほとんど待ち時間なく永住権が発給されます。

呼び寄せるのが21歳以上の未婚の子供の場合は「第1カテゴリー」、既婚の子供は「第3カテゴリー」、兄弟姉妹の場合は「第4カテゴリー」順位となり、それぞれ待ち時間が異なります。特に兄弟姉妹の場合は申込者が多いため、永住権が発給されるまでの待ち時間が長いと言われています（211頁の表参照）。

帰化試験で出題される質問例（抜粋）

Q　国旗の色は。
A　赤、白、青。
Q　国旗に描かれた星の数はいくつで、何を意味しますか。
A　50個で、アメリカの州を表します。
Q　国旗の横しまは何本で、何を意味しますか。
A　13本で、最初の13州を表します。
Q　独立宣言を採択したのは誰ですか。
A　トーマス・ジェファーソン。
Q　憲法が書かれた年は。
A　1787年。
Q　誰が憲法を採択しましたか。
A　最初の13州。
Q　憲法修正の数は。
A　26。
Q　合衆国政府が連邦政府と呼ばれる理由は。
A　合衆国が州の連合だから。
Q　連邦政府の他にも政府がありますか。
A　はい。州と地方政府があり、各州は州の憲法と州の政府を持っています。
Q　連邦政府にはいくつの部門がありますか。
A　立法部門である議会、行政部門である大統領、司法部門である最高裁判所。
Q　議会とは何ですか。
A　上院と下院に分かれ、各州から2名の上院議員が選ばれ、下院議員は人口に応じて各州から選出されます。
Q　上院議員と下院議員の任期は。
A　上院議員は6年で、下院議員は2年。
Q　最初の大統領は誰ですか。
A　ジョージ・ワシントン。
Q　最高裁判事を選ぶのは誰ですか。
A　大統領。
Q　最高裁判事の数は。
A　9人。
Q　マルティン・ルーサー・キング師とは誰ですか。
A　公民権運動の指導者。
Q　大統領は誰ですか。
Q　この州の2人の上院議員は誰ですか。
Q　この州の知事は誰ですか。

COLUMN アメリカの常識知らずは“犯罪者”？

■蒙古斑と「虐待ママ」

アメリカ人は、幼児虐待にとても敏感。日本人の赤ちゃんにはお尻に蒙古斑（青いアザ）があるが、初めて見るアメリカ人はびっくり仰天。幼児虐待の「証拠」と思い込んでしまう。

アザを目撃したアメリカ人が「このお母さんは〝虐待ママ〟!」と誤解することも……。

勘違いを防ぐためにも、蒙古斑について書かれている英語の本か、医師による書類を用意しておいたほうがいいだろう。

■「良い子でお留守番」は法律違反

日本では、子供が一人で留守番をしていると「手のかからない良い子」などと言われるが、アメリカのほとんどの州では、12歳以下の子供は留守番をしてはいけない。

12歳以下の子供に大人の付き添いなしで留守番をさせると、大人が法的に罰せられることになってしまう。

■子供に振り回される大人たち

日本では、子供が小学校高学年になると「子供の手が離れて……」と言うが、アメリカではこの頃からかえって手がかかるようだ。

なぜかというと習い事や友達の家に遊びに行ったりする子供のために、送り迎えが必要になってくるからだ。車社会のアメリカでは、子供の行動範囲が広くなるに連れて、大人は子供に振り回されることになる。

日本では「××ちゃんのところに遊びに行っていらっしゃい」と言えば大人はフリーになれるが、アメリカでは、そう簡単に大人をフリーにしてはくれないようだ。

■夫婦喧嘩で強制送還

日本では「夫婦喧嘩は犬も食わない」と言うが、アメリカでは夫婦喧嘩をするにも周囲の目を気にする必要がある。

日本人の夫婦で、喧嘩の末に妻に手をあげてしまった夫がいた。たまたまそれを見ていた隣人がすぐに警察に通報し、警官が駆けつけた。

「この人は悪くないんです。逮捕しないでください」

という妻の必死の願いも虚しく、夫は警察に連れていかれ、強制送還が言い渡された。

後悔先に立たず。「夫婦喧嘩で、つい手を上げてしまって……」などという言い訳は、アメリカでは通用しないのだから……。

PART 8

各種ビザの申請法

遊学、就労、結婚、永住権取得についていろいろと述べてきました。最後に、それぞれのビザ取得の具体的な方法、各問い合わせ先、申請を却下されないためのノウハウ、弁護士の選び方などについて、詳しく説明します。書類に不備はありませんか？　面接の準備はＯＫですか？　ここできちんと確認しておきましょう。

01

ビザ申請書類の提出先

アメリカ大使館と領事館

ビザの申請者が日本に居住している場合、日本にあるアメリカ大使館か領事館に出頭して、窓口でビザの申請書類を提出します。

■移民ビザの請願と申請

結婚を通して移民ビザ（永住権）を申請するには、第一段階として請願者（アメリカ市民）が請願書類を提出し、その後に受益者（外国人配偶者）が移民ビザを申請して面接を受けます。面接といっても、個室で行うのではなく、窓口で書類を提出してサインをするだけです。

移民ビザの請願と申請を受け付けているのは、東京のアメリカ大使館と沖縄の領事館の2カ所です。

請願も申請（面接）もインターネットを通して予約が必要です、請願や申請に必要な関連書類は、インターネットを通してダウンロードします（１９９頁参照）。

ちなみに日本で移民ビザが請願できるのは、日本で6カ月以上居住しているアメリカ市民だけです。アメリカ市民がアメリカに居住している場合は、アメリカの移民局に郵送で請願し、受益者は日本で面接を受けます。

■非移民ビザの申請

学生ビザや就労ビザなどの非移民ビザは、アメリカ大使館や各地にある領事館で申請します。ただし、名古屋の領事館では申請できません。また、札幌や福岡の領事館に申請する場合、面接日は限定されており、面接の1週間前までに指定された書類を郵送している必要があります。その他の都市で面接を受ける場合、郵送の必要はありません。面接といっても、個室で行うのではなく、窓口で書類を提出するだけです。

面接はインターネットを通して予約が必要です。申請に必要な書類は、インターネットを通してダウンロードします（２２２頁参照）。

アメリカ大使館と領事館の連絡先

▼アメリカ大使館

〒107-8420　東京都港区赤坂 1-10-5
TEL：03-3224-5000［代表］
03-3224-5856
［市民サービス一般］
http://japan.usembassy.gov/j/tvisaj-main.html

●業務時間
平日 8:30-12:00　14:00-16:00
［一部の業務のみ］

●主な業務内容
移民ビザの請願、申請受付［要予約］、非移民ビザの申請受付［要予約］、アメリカ市民向けの結婚などの諸手続、公証サインの手続き

●最寄り駅
地下鉄銀座線「溜池山王」駅
下車 13 番出口徒歩 5 分

▼在大阪・神戸アメリカ総領事館

〒530-8543　大阪市北区西天満 2-11-5
TEL：06-6315-5900

●業務時間
平日 9:00-12:00　13:00-16:00［要予約］

●主な業務内容
非移民ビザの申請受付［要予約］、アメリカ市民向けの結婚などの諸手続、公証サインの手続き

●最寄り駅
地下鉄御堂筋線および京阪電車の「淀屋橋駅」下車。
1 番出口より地上に出て北へ向かい、御堂筋に沿って徒歩 5 分

▼在沖縄アメリカ総領事館

〒901-2104　沖縄県浦添市当山 2-1-1
TEL：098-8876-4243

●業務時間
平日 8:30-12:30　13:30-15:00

●主な業務内容
移民ビザの請願、申請受付［要予約］、非移民ビザの申請受付［要予約］、アメリカ市民向けの結婚などの諸手続、公証サインの手続き

▼在札幌アメリカ総領事館

〒064-0821　北海道札幌市中央区
北一条西 28-3-1
TEL：011-641-1115

●業務時間
月水金 9:00-11:30　13:30-16:00

●主な業務内容
非移民ビザの申請受付［月数回のみ・要予約］、アメリカ市民向けの結婚などの諸手続［要予約］、公証サインの手続き［要予約］

▼在名古屋アメリカ総領事館

〒450-0001　名古屋市中村区那古野
1-47-1 名古屋国際センタービル 6 階
TEL：052-581-4501

●主な業務内容
アメリカ市民向けの結婚などの諸手続［要予約］、公証サインの手続き［要予約］

▼在福岡アメリカ総領事館

〒810-0052　福岡県福岡市中央区
大濠 2-5-26
TEL：092-751-9331

●業務時間
平日 9:00-12:00　13:00-16:00

●主な業務内容
非移民ビザの申請受付［月数回のみ・要予約］、アメリカ市民向けの結婚などの諸手続［要予約］、公証サインの手続き［要予約］

［注］各公館のサイトの探し方

1 ● アメリカ大使館のサイトにアクセス
http://japan.usembassy.gov/j/tvisaj-main.html
2 ●「領事館・アメリカンセンター」をクリック
3 ● 希望の公館をクリック

０２

大使館・領事館の電話サービス

電話やＥメールで問い合わせるには

わからないことがあれば、まずアメリカ大使館のウェブサイト（２１９頁参照）で調べてみましょう。それでもわからない場合は、電話かＥメールで、情報サービス（有料）を利用して問い合わせをします。日本語で質問して、日本語で回答してもらえます。

回答に時間がかかりそうな特殊なケースについては、Ｅメールを利用するのがいいでしょう。

■携帯電話を利用するには

携帯メールを使用してのＥメールでの問い合わせはできません。携帯電話を利用して電話で問い合わせをすることは可能ですが、事前に登録する必要があります（無料）。

①００５７にダイアルし、ＫＤＤＩの音声案内を聞く。
②「＊５」を押し、オペレーターに携帯電話から国際電話をかけるための登録を申し込む。
③オペレーターに、携帯番号、携帯電話の会社、氏名、住所、クレジットカード番号と有効期限を告げる。
④約１時間後に利用が可能となる。

■回答できない問い合わせ

移民ビザの請願の確定、移民ビザの面接確認、再入国許可、グリーンカード喪失、国家協定による取引業者、投資者のビザについて、米国パスポート、動物・植物検疫、サイパンのビザ、米国籍者の他の国へのビザ、米移民局関連事項（例・帰化、グリーンカードの再発行や未到着、再入国許可証、Ｉ－７５１フォーム、米国への入国に関するトラブルなど）、食品・物品等の持ち込みに関する通関時のトラブル、ＩＲＳ、ソーシャルセキュリティー（社会保障・年金カード）、ヴァイタルレコード（米国各州政府より入手する出生・死亡・結婚・離婚等証明書）、およびアメリカのビザ以外の問い合わせ。

■緊急対応できる問い合わせ

アメリカ大使館のウェブサイトでは、問い合わせが次のいずれかに該当する場合は、緊急として対応すると記載しています。その場合は、「お問い合わせ内容」から「緊急に該当する場合」を選択し、質問の前に必ず「緊急」と明記のうえ送信します。そして、発行された問い合わせ番号を手元に控えてキープします。

①米国で緊急の治療を受けるまたは継続する必要がある場合
②大病を患っている近親者を見舞う必要がある場合
③近親者の葬式に出席する必要がある場合
④次の可能な面接日の前に、学生の方の授業が開始する場合
⑤次の可能な面接日の前に、交流訪問者の方のプログラムが開始する場合
⑥次の可能な面接日の前に、短期就労者（ほとんどの場合がOとP）の方の仕事が始まる場合
⑦ビザ免除プログラムの申請者の方が機械読取り式パスポートを保有しない場合

情報電話のかけ方とコードリスト

◆電話によるオペレーターとの通話サービス
月～金　8:00 ～ 18:00
料金：18.35 ドル（日本円相当額）
支払方法：クレジットカードで支払い

▽日本とアメリカからアクセス可能
①日本国内では、00531-13-1353 にダイヤルする（アメリカからは 866-238-6449）
②音声に従って番号を押していく。プッシュ回線でない場合は、「1：英語」か「2：日本語」を選択する前に、「＊」などのトーンボタンを押してから「1」か「2」の番号を押す
③クレジットカードの番号と有効期限を入力する。料金はクレジットカードから引き落とされる

◆Ｅメールで質問（24 時間可能）
通常は休館日を除き３日以内に日本語で回答あり
料金：2129 円
支払方法：クレジットカードで支払い
①以下のウェブサイトにアクセスする
http://japan.us-visaservices.com/Forms/default.aspx/
②以下の各項目に回答
１利用者区分（一般の方、旅行代理店、弁護士）
２ビザタイプ（非移民ビザ、移民ビザ）
３お問い合わせ内容
各種ビザについてのお問い合わせ
申請用紙、申請料金、面接日時の確認
ビザの審査状況の確認
ビザ免除プログラム
その他
緊急に該当する場合
③「問い合わせをする」をクリック
④【「お問い合わせの登録」画面】に必要事項（氏名、メールアドレス、電話番号、ファックス番号、パスポート番号など）を入力して、問い合わせ内容を記載
⑤「確認画面へ」をクリック
⑥「送信する」をクリック
⑦【「お支払い」画面】に必要事項（クレジットカード、会社、番号、有効期限、カード名義人など）を入力
⑧「確認画面へ」をクリック
⑨「上記の内容で支払う」をクリック
⑩【「お支払い完了」画面】で、問い合わせを受け付けた旨のメッセージが出て、問い合わせ番号が通知されるので、番号をひかえるか、画面を印刷する
⑪受付が完了したら、受付完了のお知らせメールが送られる

03

面接から約1週間で発給

非移民ビザの申請

■申請用紙の入手とオンライン登録

非移民ビザには次の３種類の申請用紙があります。

・ＤＳ－１５６（全員が提出）
・ＤＳ－１５７（16歳～45歳の男性申請者のみ提出）
・ＤＳ－１５８（16歳以上のＦ・Ｍ・Ｊビザ申請者のみ提出）

アメリカ大使館のウェブサイト（http://japan.usembassy.gov/j/visa/tvisaj-nivforms.html）にアクセスすると、用紙のダウンロードができます。

ＤＳ－１５７とＤＳ－１５８はそのままダウンロードして印刷し、必要事項を書き込んで提出します。手書きでもかまいませんが、筆記体は使用しないでください。

ＤＳ－１５６はオンラインで登録する書類です。オンラインで必要事項に入力して、プリンターで印刷します。印刷するとバーコード番号が発給されます。この番号は面接予約時と申請料金支払時に必要な番号です。

■面接の予約

非移民ビザの申請者は、アメリカ大使館・領事館に出頭して、窓口で書類を提出します。これは面接と呼ばれていて、インターネットを通して予約が必要です。

予約は３カ月前から可能です。申請者に同行する家族も予約が必要で、面接を受けなければなりません。ただし、次に該当する申請者の場合、書類の提出のみで面接が免除されます。

・外交または公用ビザの申請者
・13歳以下の申請者
・80歳以上の申請者

▽予約方法

①サイトにアクセスする
http://japan.usembassy.gov/j/visa/tvisaj-niv-walkin1.html

②面接地の領事館を選ぶと面接可能日が提示される
③面接希望日や希望時間を選択する
④姓名（ローマ字）、電話番号、パスポート番号を半角文字で入力する
⑤予約確認書を印刷して面接時に持参する

■申請料金の支払い

申請料金１３１ドルを円換算にした料金を支払います。円とドルの通過レートがあるため、インターネットで金額の通知を受け、支払い手続きに必要な番号を発給してもらってから、ＡＴＭを通して支払います。

①次のウェブサイトにアクセスする
https://www.personal.billingjapan.co.jp/NASApp/bjp/USEmbassy/PB83BOLogin.jsp?
②パスポート番号とバーコード番号を入力する
支払いの有効期限（2週間後の日付）と申請料金（円相当）が表示されます。もし面接日が支払有効期限より早い場合は、面接日までに支払います。
③「確認」をクリックする
収納期間番号、お客様番号、確認番号が発給されます。
④「Pay-easy」マークのついたＡＴＭで支払い
ＡＴＭに③で発給された番号を入力する必要があります。支払可能な金融機関はゆうちょ、みずほ、三井住友、りそな、埼玉、千葉、東和、京葉などの銀行です。インターネットバンキングを利用しての支払いはできません。

■提出書類の準備

ビザを申請するには、▼の書類を提出します。必要に応じて▽の書類も提出します。可能なかぎり、書類のコピーを保存しておきましょう。

書類はすべて英文で提出します。日本語の書類には英語の翻訳と翻訳証明書を添付します。

▼現在有効のパスポート
▼過去10年間に発行されたパスポートすべて
▼申請用紙
▼面接予約確認書
▼カラーの顔写真1枚（街角のスピード写真ＯＫ）
ＤＳ－１５６の所定の位置に貼り付けます。背景の色は白で、サイズは５×５センチ（頭髪の頂点からあごまでは2.5～3.5センチ）。
▼ビザ申請料金を払い込んだ領収書（オリジナル）
ＤＳ－１５６の３ページ目に貼り付けます。

▼エクスパック５００

提出した書類の返信用封筒として、宛先を記入します。（郵便局やコンビニで入手可能）。

▼クリアファイル（Ａ４サイズ）

この中にすべての書類を入れて提出します。

▼各ビザ申請にあたっての必要書類重要

それぞれのビザの申請に必要とされている書類。たとえば学生ビザ（Ｆ・Ｍ・Ｊ）の場合は、ＳＥＶＩＳ管理費の領収関連書類。「Ｆ・Ｍ」はＩ－２０のオリジナルとそのコピー、「Ｊ」はＤＳ－２０１９のオリジナルとそのコピー、「Ｈ・Ｌ」はＩ－７９７のオリジナル、移民局へ提出した請願書（Ｉ－１２９）のコピーなど。

▽裁判記録または警察証明（該当者のみ）

過去に逮捕歴や犯罪歴のある申請者が提出します。

▽預金残高証明書（Ｂ・Ｆ・Ｊ・Ｍ申請者）

滞在費を支払う準備ができていることを証明するため。親の預金残高証明書でもかまいませんが、その場合は給与証明書や渡航同意書も提出します。

ビザの申請時に不利な条件があって、不安のある人は次の書類も提出します。

▽日本とのつながりを示す書類（Ｂ・Ｆ・Ｉ・Ｊ・Ｍ）

・現役の学生の場合

在籍証明書か休学証明書か復学証明書

親の留学同意書

・卒業したばかりで無職の場合

卒業証明書、親の留学同意書

・主婦の場合

配偶者の留学同意書、配偶者の在職証明書と源泉徴収票

・社会人で仕事を休職して留学する場合

休職証明書もしくは休職を認める雇用主の手紙

源泉徴収票

・社会人で仕事を辞めて留学する場合

在職証明書もしくは在職している（いた）ことを認める雇用主の手紙、源泉徴収票

▽申請者の手紙（英文）

申請理由と帰国の意思を綴った手紙。Ａ４サイズ１枚で簡潔に仕上げます。

▽その他の書類（雇用確約書、学校の教師や会社の上司の推薦状など）

推薦状はかつての恩師、上司、ボランティア団体や教

会の責任者など、周囲の人々に書いてもらいます。

アメリカ大使館のウェブサイト（http://japan.usembassy.gov/j/visa/tvisaj-niv-walkin1.html）に提出書類について記載されていますので、最終確認をおこなってください。

非移民ビザ申請の流れ

❶申請に必要な書類を準備する
↓
❷ DS-156 のオンライン登録をする（印刷して面接時に持参）
↓
❸面接の予約（オンライン）をする。
（❷で印刷された用紙のバーコード番号が必要）
↓
❹申請料金を指定された日までに支払う
↓
❺面接を受ける
↓
❻ビザ取得（面接後に郵送される）

■面接

アメリカ大使館・領事館への入館時には空港同様の荷物検査があります。予約時刻に遅れた場合は入館できないことがあるので、注意が必要です。予約時刻に行っても、ときには館外で長時間待たされることがあるようです。そのため、暑さ、寒さ、雨の対策をしていくことをお勧めします。

窓口で係官から質問されたら、渡航理由や帰国の意思をはっきりと伝えてください。申請するビザの種類にもよりますが、英語でうまく伝えることができなければ、日本語でもかまいません。

係官は申請者の服装や態度など第一印象も重視しますので、好印象を与えるような服装が望ましいでしょう。

通常、面接日に結果がわかります。ビザの申請が認められると、１週間以内で郵送されます。

■自己申請ができない場合

非移民ビザは自己申請が可能ですが、インターネットを利用しての面接の予約やオンライン入力による申請用紙の印刷が不可能な場合、代行機関を利用します。

グローバルＪネットワークでは、代行サービスも行っています（２５９頁参照）。

04

学生ビザの申請

不安な場合は手紙と推薦状を準備

■入国は通学の1カ月前から

学生ビザには、語学学校、短大、大学に通学する学生に発給される「**Fビザ**」、専門学校に通学する学生に発給される「**Mビザ**」、教育機関やその他の機関で教育や研修を受ける研修生に発給される「**Jビザ**」の3種類があります。

入学を許可されると、FとMの申請者には「**I-20**」が、Jの申請者には「**DS-2019**」が発行されます。これらの書類には、オンラインで学生を管理する「**SEVIS**（Student and Exchange Visitor Information System）」の番号がバーコードでつけられ、学生の動向が管理されます。

ビザ申請のための面接予約は3カ月前からできますが、実際に渡航できるのは、I-20やDS-2019に記載されているプログラム開始日の1カ月前からです。

■提出する書類

学生ビザを申請するには、222～224頁で説明した▼の書類の他に次の書類が必要です。

□I-20かDS-2019

Jビザで研修を受ける場合は、受入機関が署名したDS-7002のコピーも提出します。

□SEVIS管理費の領収関連書類（左頁の囲み参照）

□財政を証明する書類

学費・滞在費などが支払えるかどうかを審査されるので、本人もしくは保護者の預金残高証明書、給与証明書（源泉徴収票、給与明細書など）を提出。額としては、I-20に記載されている少なくとも1年分が必要。

□留学同意書

保護者に学費などを支払ってもらう場合に提出。

□成績証明書

最近3年分の成績証明書を提出します。社会人で卒業

SEVIS 管理費の支払方法

F、J、Mなどの学生ビザ保持者はI-20やDS-2019につけられたバーコードのSEVIS（Student and Exchange Visitor Information System） 番号でその動向を管理されます。

管理費としてF、M申請者は200ドル、Jビザ申請者は180ドル（一部のプログラムは35ドル、アメリカ政府がスポンサーの場合は免除）。領収書は面接の際に提出します（領収書は12カ月有効）。払い戻し不可。アメリカで転校する場合は、あらたに支払う必要あり。

支払い対象となるのは、ビザ保持者のみです。家族用ビザ申請者は各自にSEVIS番号が発給されますが、SEVIS管理費は不要です。

管理費は、I-20を発行してくれた学校側や機関がすでに払ってくれていることもあるので、確認をとってください。もし支払う必要がある場合は、オンラインでクレジットカードで支払うか、郵送で支払います。

▼オンラインで支払う場合

①https://www.fmjfee.com にアクセス
②「Proceed to I-901 Form and Payment」をクリック
③支払いの手続きを進める
　クレジットカードのCredit Card Security Codeとは、カードの署名欄にある右3桁の番号です。
④オンラインで支払いが確認されるので、それを印刷する（面接時に領収書として提示）。

▼郵送で支払う場合

①申請用紙（I-901）をダウンロード
　http://www.ice.gov/doclib/sevis/pdf/I-901.pdf
②記載した用紙と小切手またはInternational Postal Money Order（郵便局で入手可能）を送付
　送付先はI-901のインストラクションの部分に記載されています。
③後に領収書が郵送されてくる。

▼支払いを確認する方法

https://www.fmjfee.com/check_status.jhtml
にアクセスして、自分のデータを入力して確認する。

後3年以上たっている場合は不要。過去5年間にアメリカへの正規留学の経験がある場合、その期間の成績証明書を提出します。

□申請者の手紙（英文）

□日本とのつながりを示す書類

アメリカ大使館・領事館は、日本に帰るべき学校や職場がある人、日本に配偶者や子供がいる人、渡航前まで仕事をしていた人などを、日本とのつながりがある人とみなしているようです。したがって、ビザを申請するときは申請者の身分によって次の書類を提出します。

・学生……在籍証明書か休学証明書、親の留学同意書
・新規卒業生……卒業証明書、親の留学同意書
・主婦……夫の在職証明書と源泉徴収票、留学同意書
・勤め人……休職証明書か在職証明書、源泉徴収票
・会社を辞めて留学する人……在職している（いた）ことを証明する書類、源泉徴収票
・自営業者……営業許可証のコピー、納税証明書

■却下されないために

アメリカ大使館・領事館が申請者に対して、真面目に勉強しそうにない人、長期滞在しそうな人、就労しそう

な人、アメリカで結婚して永住しそうな人、という判断を下したときはビザの申請を認めずに却下します。

高校中退者、何年も無職状態の人、2回目の学生ビザ申請にもかかわらず再び語学留学する人、子連れで留学する人、1年間に何度も渡航している人などは、ビザの申請が却下される確率が高いと言えます。

申請の際に不安材料を抱えている人は、「留学理由と帰国の意思を綴った手紙」と「推薦状」を提出するのが望ましいでしょう。

■留学理由と帰国の意思を綴った手紙

Ａ4サイズの紙に留学理由とアメリカで勉強したい学科や専攻について書き、アメリカでの滞在は一時的で、コースを修了すれば日本に帰国して、アメリカで勉強したことを日本で活かせる仕事に就きたい旨を明記します。

ただ単に英語を勉強するといった内容では、「英語の勉強なら日本でもできますよ」と素っ気なく言われてしまうので、次のようなプラスアルファの理由が必要でしょう。

・理由1

××カレッジ（××大学）で××を勉強したいが、今のところＴＯＥＦＬのスコアが足りないので、英語力を上げるために語学学校で勉強する。

・理由2

××語学学校で一般の英語コースを勉強したあとで、同校にあるビジネス・イングリッシュのコースで勉強して、ビジネスで通用する英語を身につけたい。

■推薦状

推薦状は、学校時代の先生、職場の上司、ボランティア団体の人など社会的に認められた職業や肩書きを持っている人に書いてもらうといいでしょう。周囲に政治家などがいれば、より一層効果的でしょう。サイズや枚数の規定はありませんが、Ａ4サイズで1枚程度に簡潔にまとめます。

内容としては、推薦状の書き手の簡単な自己紹介と、その人と申請者の関係について記載してもらい、「申請者の渡航は、申請者の視野を広げ、帰国後の日本でのキャリアアップにもつながることになるでしょう」といった推薦の言葉を書いてもらいます。

最後に推薦者の肩書きと氏名を書いてもらいます。

■書類のつくり方

提出する書類が日本語でしか発行してもらえない場合、すべて英訳を添付します。印鑑の部分は「Impression of seal」と記載します。

職場に休職証明書や在職証明書がない場合は、申請者が英文で準備して、上司や責任者にサインをしてもらってもかまいません。その際は会社の便箋を使用します。もし会社の便箋がなければ、会社の所在地と電話番号をレターヘッドにした便箋をワープロでつくります。

留学同意書などは、最初から英文で作成するといいでしょう。英文で作成した書類には、書いた人のローマ字によるサインが必要です。

留学同意書

2-8-8 Uenosaka
Toyonaka, Osaka 560-0012
TEL:06-3333-4444
（手紙を書いた人の住所と電話番号）

July 1, 2010

Consular Section
American Embassy
1-10-5 Akasaka
Minato, Tokyo 107-8420
（東京の大使館領事部に申請する場合）

American Consulate
2-11-5 Nishitenma
Kita, Osaka 530-8543
（大阪の領事館に申請する場合）

RE: Financial sponsorship

To whom it may concern:

I will admit that my son, Yukio Sasaki, will study in the U.S.A., and I will guarantee the payment of all the expenses such as tuition, educational expenses, personal expenses, transportation, and travel expenses for him to return home from the U.S.A. after he completes the course.

Sincerely yours,

親のサイン →

Jiro Sasaki

【注】学生ビザの申請者に経済力がない場合に、保護者（親または配偶者）に書いてもらう手紙。この手紙に保護者の預金残高証明書（英文）を添付する。

■より詳しく知るために

学生ビザを申請するにあたって、より詳しく知りたい場合は、申請用紙や提出書類のサンプルが記載されたグローバルJネットワーク発行「学生ビザ申請マニュアル」をお読みください（261頁参照）。

05

ビザによっては弁護士が必要

就労ビザの申請

■就労ビザの種類

就労ビザは大きく分けて次の3つに分類されます。それぞれの就労ビザを申請するにあたっては細かい規定があるので、「ＰＡＲＴ４　アメリカで仕事をしよう」を参照してください。

①アメリカの移民局で認可されてから、日本で申請できるビザ

Ｌ（同系企業内転勤者ビザ）
Ｏ（技能者ビザ）
Ｐ（スポーツ・芸能ビザ）
Ｑ（国際文化交流訪問者ビザ）

②アメリカの労働局と移民局で認可されてから、日本で申請できるビザ

Ｈ（現地採用職能者ビザ）

③日本のアメリカ大使館・領事館で申請できるビザ

Ａ（外交官ビザ）
Ｅ（駐在員ビザ）
Ｇ（国際機関関連者ビザ）
Ｉ（ジャーナリストビザ）
Ｒ（宗教活動家ビザ）

■I-797が必要なビザ（L、O、P、Q、H）

①のビザはスポンサーである雇用主に書類を作成してもらい、アメリカの移民局に請願します。許可されると、「Ｉ－７９７（請願許可通知）」が発行されます。

②のビザは移民局に請願する前に、労働局に「労働条件申請（Labor Condition Application）」を提出して、労働条件の認可を受ける必要があります。認可された後、移民局に請願して「Ｉ－７９７」を発行してもらうよう手続きをします。

①や②のビザを申請するには、さまざまな書類を提出しなければならないため、**通常は弁護士に依頼**して手続

きを進めていきます。弁護士費用は、雇用主と申請者のいずれが払ってもかまいません。

I−797を取得してはじめて、就労申請者は日本のアメリカ大使館・領事館でビザの申請ができます。

H-1BとL-1取得者数（2008年）

H-1B取得者数		
国名	数	%
インド	154,726	37.8
カナダ	23,312	5.7
イギリス	19,209	4.7
メキシコ	16,382	4.0
中国	13,828	3.4
その他	181,073	44.2
不明	1,089	0.3
総数	409,619	100.0

L-1取得者数		
国名	数	%
インド	63,156	16.5
イギリス	52,687	13.8
日本	37,507	9.8
ドイツ	23,338	6.1
フランス	21,858	5.7
その他	183,631	48.0
不明	599	0.2
総数	382,776	100.0

出典：Nonimmigrant Admissions to the United States： 2008

■日本で申請できるビザ（A、E、G、I、R）

①や②のビザが弁護士に依頼してアメリカの労働局や移民局に申請しなければならないのに対し、③のビザは日本のアメリカ大使館・領事館に直接申請できます。

そのため、**特に弁護士に依頼する必要はなく**、IビザやRビザは個人でも申請できます（Iビザに関しては234頁参照）。

ただし、**Eビザの場合は手続きが複雑**なため、Eビザを扱う専門家に依頼したほうがいいでしょう。大企業には、ビザ申請の専門部門を設けているところもあります。

■①と②のビザ申請者の提出書類

222〜224頁で説明した▼の書類の他に、次の書類が必要です。

・I−797
・雇用主が移民局に提出した請願書のコピー
・雇用主が書いた書類（採用通知、契約書など）
　書類には給料明細についても記載します。

■Eビザ申請者の提出書類

２２２～２２４頁で説明した▼の書類の他に、次の書類が必要です。

・申請資格を満たしていることを説明する手紙

企業や申請者が申請にあたって資格を満たしていることを明記します。同行家族があれば、人数を記載します。

・組織図

部下の名前、役職名、アメリカでの滞在資格を記入します。

・履歴書

各部署での役職名、仕事内容、連絡先も明記します。Ｅビザを申請するには、請願者となる企業が、あらかじめ登録をしている必要があります（１１２頁参照）。

■ビザ有効期限と滞在資格

発給されるビザによって、有効期限が異なります。ここでは、日本人の申請が多いビザについて説明します。

・Lビザ

通常は3年間有効のビザが発給されます。アメリカでの会社が設立1年未満の場合は、1年間有効のビザが発給され、1年後にビジネス状況を見て更新が判断されます。

更新の有効期限は2年間。Ｌ－１Ａ（幹部社員）は2回更新が可能（最長滞在7年間）。Ｌ－１Ｂ（技術系社員）は1回更新が可能（最長滞在5年間）。

・Eビザ

5年間有効のビザが発給され、入国ごとに1年の滞在が認められます。勤務しているかぎり何回でも更新でき、期限なしにアメリカでの就労が可能です。就労ビザの中で最も有利で、永住権とほとんど変わらないとさえ言われています。

・H－1Bビザ

3年間有効のビザが発給され、1回の更新（3年間）が可能。永住権の労働許可または永住権申請をしてから３６５日以上経過した場合は、さらに延長が可能。

■より詳しく知るために

就労ビザを申請するにあたって、より詳しく知りたい場合は、申請用紙や提出書類のサンプルが記載されたグローバルＪネットワーク発行「就労・渡航ビザ申請マニュアル」をお読みください（２６０頁参照）。

働けるビザ（一部）

名称	職種	延長を含む滞在期間	最初の書類提出先	取得までの期間
〈日本からアメリカに派遣〉				
L－1A	管理職	7年	移民局	数カ月（Eより時間がかかる）
L－1B	専門職	5年	〃	〃
E－1	管理職／専門職	制限なし	領事館	1～2カ月
〈アメリカ現地採用〉				
H－1B	専門職	6年＋α	労働局	数カ月(年間枠があるため時間がかかる)
H－2A	短期農業労働者	2年	〃	数カ月
H－2B	その他短期就労者	2年	〃	〃
H－3	研修者	2年	〃	〃

就労ビザの申請の流れ（本人が日本にいる場合）

Eビザ

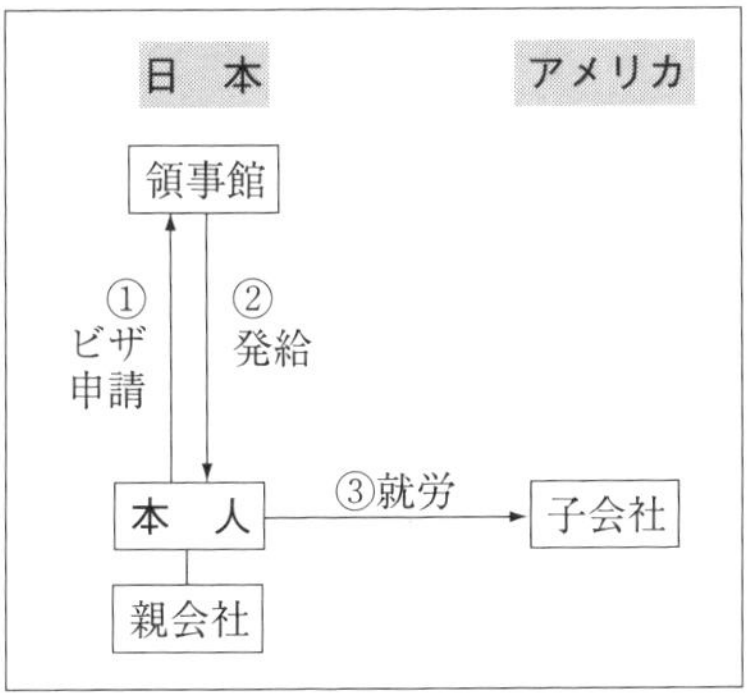

Lビザ

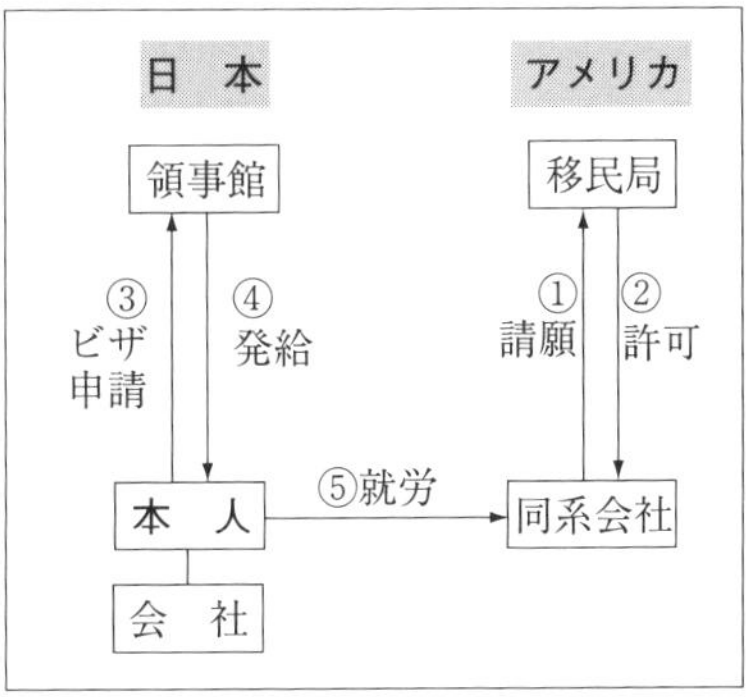

【注】本人は日本の会社で1年間就労していること。

Hビザ／永住権

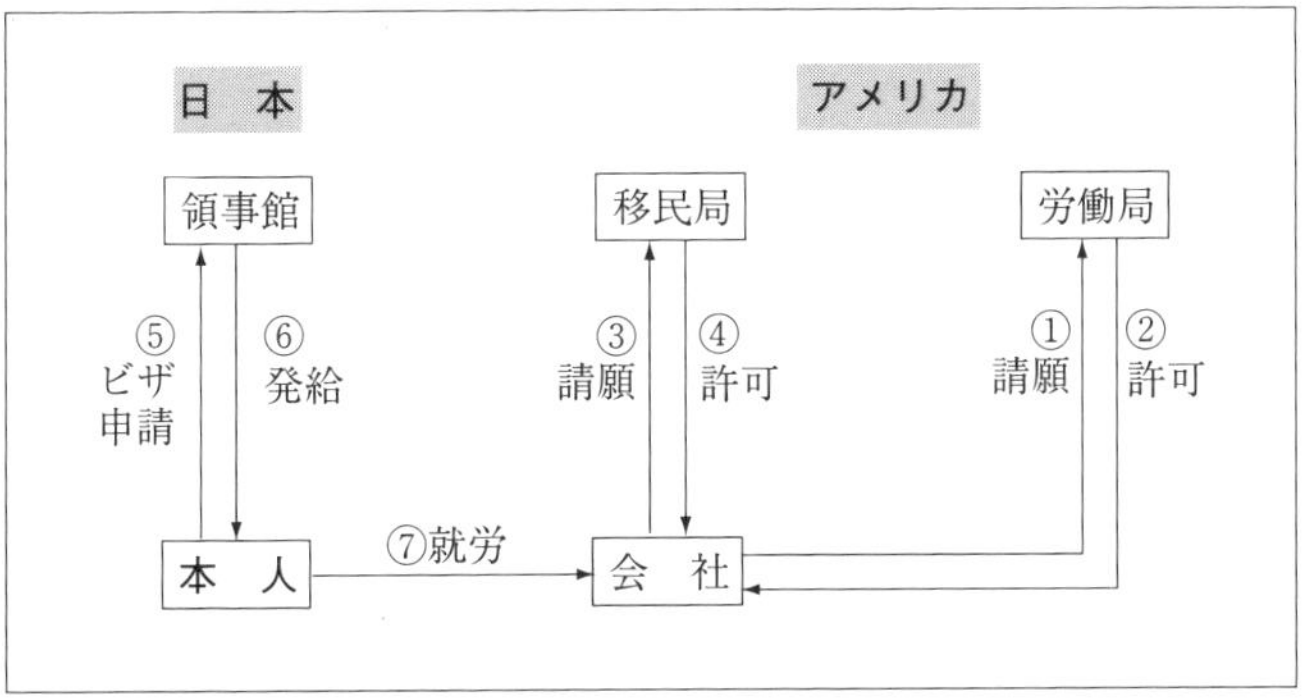

06

会社の手紙が成否を分ける
ジャーナリストビザの申請

■Iビザの申請資格

「**Iビザ（ジャーナリストビザ）**」は、本、新聞、雑誌づくりに関連する**記者**、**ライター**、**編集者**、**ジャーナリスト**、**カメラマン**などが申請できるビザです。特に記者証を持っている必要はありません。契約に基づいて活動するフリーランスの人でも申請できます。

雇用主や契約先の会社は、あくまでも日本の会社です。アメリカ大使館・領事館は、申請者が**日本の会社から給料を受け取るという条件**で、ビザを発給するからです。

取材は出版・撮影の双方で許可されますが、商業的な宣伝やコマーシャル・娯楽番組の制作は許可されず、**報道性**や**教育性**のある取材・制作でなければなりません。

Iビザは、特に弁護士に依頼しなくても、**個人で申請**できます。

■提出する書類

Iビザを申請するには222～224頁で説明した▼の書類の他に、次に挙げる書類が必要です。面接時には、雑誌や新聞に書いた記事、出版・編集した単行本、掲載された写真などを提示するといいでしょう。実際の作品を提示しながら申請すると、よい印象を与えるからです。

・雇用主もしくは契約先の会社が書いた手紙
　次項の「会社が書く手紙の内容」参照。
・プレスカードや所属報道機関の身分証明書
　フリーランスの場合はなくても可。
・申請者の学歴・職歴・作品をリストにしたもの
・申請者の手紙
　申請理由と帰国の意思を綴る。
・在職証明書もしくは契約書
・源泉徴収票もしくは納税証明書
　働いている（いた）会社から発行された最新のもの。

フリーランスで源泉徴収票がない場合、年収がわかる書類（納税証明書など）を提出。

・雇用主もしくは契約先の会社の案内書かパンフレット

英文の場合は添付して提出。日本語の場合は面接の際に提示。

・実際の作品

作品を持参して面接の際に提示。

■会社が書く手紙の内容

会社が申請者にどのような業務を委託するかを綴った手紙には、次のような内容を含めます。ビザが発給されるか却下されるかは、この手紙にかかっている言っても差し支えないでしょう。

・会社の業務内容や規模

英語の案内パンフレットがあれば添付します。もしなければ、面接の際に日本語のパンフレットを提示します。

・申請者の雇用状況

申請者が正社員か臨時職員か。申請者がいつから勤務していて、現在どんな職種の仕事・役職についているか。

フリーランスの場合は、いつからその会社と契約をし、どんな仕事をしているか（する予定なのか）を明記します。

・会社が申請者に対してどのような滞在期間で、どのような業務を委託するのか

・申請者がアメリカで任務を遂行する間、会社が給料（または原稿料など）を支払うこと

■ビザ有効期限と滞在資格

通常は5年間有効のビザが発給されます。

入国時には「D／S（Duration of Status）」という滞在が認められます。これは×年×月×日というように滞在期限が規定されるわけではなく、依頼された仕事が終了するまで滞在が認められます。そのため、一度入国すればほぼ無制限に滞在が認められます。

■より詳しく知るために

ジャーナリストビザを申請するにあたって、より詳しく知りたい場合は、申請用紙や提出書類のサンプルが記載されたグローバルJネットワーク発行「就労・渡航ビザ申請マニュアル」をお読みください（２６０頁参照）。

07

観光・商用ビザの申請

入国拒否・ビザ却下経験者もこれを申請

■厳しく審査される観光・商用ビザ

日本人の場合、観光や商用で90日以内のノービザ渡航が可能なため、よほどの理由がないかぎり「観光ビザ（B－2）」や「商用ビザ（B－1）」は発給されません。

そのため、単に90日以上長期滞在したいという安易な理由で、これらのビザを申請するのは避けたいものです。もしビザの申請が却下されれば、その後、たとえ短い期間であろうと、ノービザ渡航が難しくなるからです。

■入国拒否・ビザ却下の経験者による申請

かつて入国拒否をされたり、ビザの申請を却下された経験のある人はノービザ渡航が難しくなるため、たとえ短期間の観光・商用目的の渡航であっても、観光ビザか商用ビザを申請したほうがいいでしょう。

ビザを申請するには申請理由が必要ですが、「かつて入国を拒否された」「ビザの申請を却下された」という人は申請条件を満たしていることになります。ただし、申請には「日本とのつながりを示す書類」を提出する必要があるので、仕事を持たない人（学生や主婦を除く）は、申請しても発給される見込みが薄いと言えます。

■提出書類

商用ビザ（B－1）や観光ビザ（B－2）を申請するには、定められた書類（222～224頁参照）の他に、次の書類が必要です。書類は英文で提出するか、英訳を添付します（▼は必須。▽は該当者のみ）。

①B－1、B－2に共通する書類

▼渡航理由を綴った手紙（英文）

アメリカでの滞在の目的と期間、帰国の意思を示す手紙を提出します。

入国拒否やビザ却下の経験者は、「以前××ビザを却下されたことがありますが（入国拒否されたことがありますが)、×月×日から×月×日までアメリカの観光旅行(ビジネストリップ)を計画していますので、観光ビザ(商用ビザ)を発給してください」といった内容の手紙を書きます。

手紙の最後には申請者の英文署名が必要です。理由があって90日以上長期滞在したい人は、アメリカにいる個人や団体に書いてもらった手紙も提出します。

▼日本とのつながりを示す書類

アメリカ大使館・領事館は、日本に帰るべき学校や職場がある人、日本に配偶者や子供がいる人、渡航前まで仕事をしていた人などを「日本とのつながりがある人」とみなしているようです。したがってビザを申請するときは、申請者の身分によって次の書類を提出します。

・学生……在籍証明書か休学証明書、親の留学同意書
・新規卒業生……卒業証明書、親の留学同意書
・主婦……夫の在職証明書と源泉徴収票、留学同意書
・勤め人……休職証明書か在職証明書、源泉徴収票
・会社を辞めて留学する人……在職している(いた)ことを証明する書類、源泉徴収票
・自営業者……営業許可証のコピー、納税証明書

▼アメリカでの日程表

②B－1(商用ビザ)に必要な書類

▼会社が書いた手紙

会社が申請者にどのような業務を委託するか、滞在期間、給料の保証について綴った手紙。

▼会社の年次決算報告書や税金申請書

▽会社の案内書かパンフレット

英文の場合は添付して提出します。日本語の場合は参考書類として面接の際に提示します。

③B－2(観光ビザ)に必要な書類

▼旅行費用を持っていることを証明する書類

預金残高証明書などを提出します。

▽推薦状

ボランティアをしたり、I－20を発行してくれない学校に通う場合は、推薦状を準備したほうがいいでしょう。

■より詳しく知るために

観光・商用ビザを申請するにあたってより詳しく知りたい場合は、申請用紙や提出書類のサンプルが記載されたグローバルJネットワーク発行「就労・渡航ビザ申請マニュアル」をお読みください(２６０頁参照)。

08

ビザによっては家族も就労可能

夫婦・親子で申請するには

■家族は同行者として申請可能

ビザ申請者に家族があれば、家族は同行者としてビザを申請することができます。家族は申請者と同じ期間アメリカに滞在できます。ただし申請できるのは**配偶者**と**21歳未満の未婚の子供**だけです。

また、BビザとQビザは家族ビザが適用されないので、家族は個別にビザを申請しなければなりません。通常、「B－1ビザ」が発給されることになります。

■提出する書類

家族も一緒に申請する場合、元となる申請者本人（以下プリンシパルと呼ぶ）の提出書類の他に、家族ひとりにつき次の書類が必要です。

①家族と一緒に申請する場合

222～224頁で説明した▼の書類が必要です。

家族にも申請料金がかかります。そして、14歳以上80歳未満の家族は、**面接**を受けなければなりません。

F、M、Jビザの場合、渡航する家族の人数分、家族用の「I－20」か「DS－2019」を用意します。署名欄にはプリンシパルが署名します。

②家族があとで申請する場合

プリンシパルはすでにビザを取得して渡航しており、家族があとから申請する場合は、①と同じ書類の他に、次の書類を提出する必要があります。

・プリンシパルのパスポートの顔写真の頁のコピー
・プリンシパルのビザのコピー
・プリンシパルのI－94のコピー
入国審査官が入国の際に滞在期限を記入してパスポートに挟んでくれる用紙が「I－94（滞在許可証）」です。
・残高証明書（就労ビザ以外）
プリンシパルおよび配偶者の名義の書類を提出。
・家族関係の証明をする書類

戸籍謄本や婚姻証明など家族関係を証明できる書類を提出します。英文翻訳と翻訳証明を添付します。

子供が学齢児童の場合、審査が厳しくなることがあります。領事館では子供はなるべく日本で教育を受けたほうがいいという考え方をしており、子供の年齢（小学校高学年～高校生）によっては、ビザの申請が却下されることがあります。

却下されないためには、子供の先生に推薦状などを書いてもらうといいでしょう。

■就労が可能な家族

プリンシパルの家族は、アメリカの学校、公立の小中高校、無料のアダルト・スクールに通うことができますが、就労することはできません。

例外として、A－1、A－2、G－1、G－3、G－4、J－2保持者の配偶者と子供は「就労許可（Application for Employment Arthorization)」を申請して許可されれば就労できます。ただし、J－2の場合は、家計を助けるために働くことはできず、あくまでレジャーのために働くという名目で許可されます。

E－1、E－2、L－2の配偶者も許可されれば就労できますが、子供は就労できません。

就労希望者は移民局にI－765（就労許可申請書）を郵送で提出します。オンライン登録も可能です。申請時点で雇用主が決まっていなくてもかまいません。

申請用紙は移民局のウェブサイトからダウンロードします（155頁参照）。申請用紙のインストラクションの部分に、郵送先や提出書類の詳細について記載されています。

申請用紙には該当する雇用認可カテゴリーにチェックマークを記入する欄がありますが、どこにも該当しないので、「Spouse of E（or A, L, J）Non-immigrant」と記入してください。

申請者は後に移民局のアプリケーション・サービスセンターに出向いて、写真撮影と指紋採取をおこないます。

就労許可の審査は申請書の受理から通常90日以内におこなうことになっています。もし90日たっても結果が出ない場合、仮の就労許可証（Interim Employment Arthorization Document）を要請できます。

移民局から送られてきた書類（受理したという内容のもの）と身分証明書を持参して最寄りの移民局地方事務所に出向き、手続きをおこないます。

09

Fビザ保持者に認められたD／S

学生ビザの有効期間と滞在期間

■Fビザ保持者の特別な滞在資格

これまでアメリカ大使館・領事館では、5年間有効の比較的長期の学生ビザを発給してきましたが、最近では2年、1年、半年といった短期ビザも発給しています。

できるだけ長い期間アメリカに滞在したいと思っていたのに、許可されたのは1年間のビザだった……とがっかりした人がいるかもしれませんが、それほど肩を落とす必要はありません。ビザの**有効期限と滞在期限は違う**ものだからです。ビザは通行手形であって、滞在許可ではありません。

アメリカへの入国者は、最初の入国地で入国審査を受けます。審査官は「I－94（滞在許可証）」に滞在期間を記入し、その用紙をパスポートにホッチキスでとめてくれます。

Fビザを保持している渡航者は、「**D／S（Duration of Status）**」という滞在資格が認められます。D／Sとは「学業が終わるまでアメリカでの滞在を認める」というものです。したがって、Fビザ保持者の場合は×年×月×日までと滞在期限が規定されるわけではありません。

Mビザ（専門学校生）の場合は、×年×月×日までと滞在期限が規定されたものになります。

■ビザが切れても引き続き滞在可能

Fビザ保持者の場合、前述のD／Sという滞在資格が認められているため、1年のビザしか発給されなかった人でも、アメリカ国内で授業料を払って通学しているかぎり、合法的に学生の身分でいることができます。

たとえば1年間語学学校に通学し、その後大学に入学した場合でも、そのまま引き続き学生として合法的に滞在が認められています。転校する際は、学校の留学生アドバイザーに相談して転校の手続きを進めていきます。

ただし、Fビザの期限を過ぎた人がいったんアメリカ国外に出ると、再入国の際に学生ビザが必要になります。学生ビザの申請は短期間ではすまないこともあるため、注意が必要です。

■滞在資格を証明するI－94とI－20

「**I－94（滞在許可証）**」と「**I－20（入学許可証）**」は留学生にとって非常に重要な書類となります。

不法滞在者の取り締まりが強化された昨今、いつ何時身分証明書の提示を求められるかわかりませんが、留学生の場合は、パスポートとともにI－94とI－20を提示します。この2つの書類は、留学生がアメリカで合法的に滞在する学生であることを証明してくれます。

このとき、学生ビザが切れていても、I－20とD／Sが記載されたI－94があれば合法的に滞在している留学生であることを証明できるので、問題はありません。

学校に通学していない場合、学校側が移民局に通報するシステムになっているため、たとえ学生ビザが有効期限であろうとも不法滞在となります。

■グレース・ピリオド

D／Sという滞在資格が認められているF－1ビザの学生には、×年×月×日までという滞在有効期限が定められていません。

D／Sの場合、学業を修了してから合法的に滞在を認められる「**グレース・ピリオド**」という期間が定められています。つまり学業を修了した人は、グレース・ピリオドの間に帰国すればいいわけです。

Fビザのグレース・ピリオドは、**学業修了後60日間**です。卒業後のプラクティカル・トレーニング（PT）での滞在を認められた人も、同じく**PT修了後60日間**です。

Jビザでも D／Sという滞在資格が認められることがありますが、その場合のグレース・ピリオドは30日です。途中退学する場合、グレース・ピリオドは15日間です。

Mビザの場合は滞在期限が×年×月×日と特定されていますので、グレース・ピリオドはありません。ただし、Mビザの場合も途中退学すれば、15日以内に国外退去しなければなりません。

10

専門外の弁護士ではダメ

移民専門の弁護士探し

■ビザ申請手続きは必ず専門家に依頼

弁護士の専門分野は細分化されているため、その道の専門家を選ぶことです。たとえば**就労ビザ**や**移民ビザ（永住権）**の申請を依頼するなら、**移民専門の弁護士**を選びます。移民専門の弁護士は、国別や部門別に得意分野を持っているので、それも確かめましょう。

近くに弁護士がいるからといって、専門外の弁護士（たとえば会社の顧問弁護士など）に就労ビザや永住権の申請を依頼するのはやめたほうがいいでしょう。

移民専門の弁護士であれば「**American Immigration Lawyers Association**」（ＴＥＬ　２０２−５０７−７６００　http://www.aila.org/）の会員になっているので、その弁護士が信頼のおける人物かどうかを問い合わせてみましょう。

■弁護士の探し方

①**口コミで探す**

自分が抱えている問題と同じような問題を解決したことのある弁護士を、紹介してもらいましょう。その場合でも直接会って自分の目で確かめることが大切です。

②**電話帳や新聞の広告で探す**

日本人の多い都市では、コミュニティーの情報を提供する新聞や情報誌が発行されています（１３３頁参照）。新聞や情報誌には弁護士の広告が掲載されているので、内容を検討して電話をかけてみるといいでしょう。たいていの場合、日本語を話すスタッフがいて、最初の相談は無料となっています。

③**非営利団体に紹介してもらう**

地元の法律相談所や日本語が話せるスタッフのいる日本人関連のソーシャルサービス機関（44頁参照）に連絡をとれば、照会してもらえる場合があります。

■弁護士への支払い

大きく分けて、**時間給**、**固定料金**、**成功報酬**、と3通りの支払い方法があります。

弁護士によって料金は異なりますが、1時間60～400ドルとさまざまです。平均100～250ドルと考えておけばいいでしょう。

固定料金は、あらかじめ費用を予測して先に支払うものです。

成功報酬は、交通事故や傷害事件などの訴訟で、示談成立や勝訴になったときにのみ支払うものです。訴訟開始前に示談が成立した場合は、示談金額の3分の1、公判中の成立で4割、勝訴の場合で5割が一般的です。

移民専門の弁護士の場合、固定料金プラス経費（通信費など）というのが多いようです。

■弁護士に会うときの心構え

弁護士に会ったときは、資格を持っていることを確かめ、解決してもらいたい問題をはっきり述べましょう。

そして、提供してくれるサービスの内容、料金、支払い方法などを聞き、問題がうまく解決されなかった場合の料金についても確認しておきましょう。

何人かの弁護士を候補として選んだ段階で、もう一度信頼のおける友人や知り合いなど第三者の意見を求めるのも賢明な方法です。さらに念を入れる場合は、州の弁護士協会に問い合わせ、その弁護士がかつて訴えられたことがあるかどうかを調べるといいでしょう。

実際にサービスを受ける前に何らかの形で契約を交わしますが、その際、サービスの内容と料金、契約キャンセルの条件などをきちんと確認することも大事です。

弁護士は法律的な知識と経験を持っていますが、あくまでもサービス提供者です。クライアントはお金を払ってサービスを受ける立場にあるのだということを、しっかりと認識する必要があります。弁護士に全面的に依存するのではなく、問題解決がどうなっているのかをそのつど確認するように心がけてください。専門的な言葉がわからなければ必ず聞き返し、わかりやすい言葉で説明してもらいましょう。

また、弁護士に払った料金の領収書などもきちんと保管し、何か問題があったときの証拠として使えるようにするのが賢明です。時には弁護士に騙されることもあります。そういうときには被害を拡大させないためにも、前述のソーシャル・サービス機関に相談しましょう。

入国をめぐる悲喜劇

■手錠をかけられて

ノービザで渡航したAさんは、アトランタの空港で就労目的だと疑われて入国拒否にあった。

帰国のために用意された飛行機は翌日の便だったため、Aさんは手錠をかけられ鉄格子のついた車に乗せられて、まるで牢獄のような移民局収容所に連れていかれた。

翌日、再び連れていかれた空港では、鍵のついたトイレに閉じ込められ、解放されたのは飛行機の離陸10分前。成田に着くまで自分のパスポートも航空券も見ることはできなかった。

まるで囚人のような扱いを受けたAさんは、人権が侵害されたと落ち込み、できれば訴えを起こしたいと思っている。

■訴えることは難しい

Aさんは囚人というわけではなく被疑者として扱われたのではないか、というのが弁護士の見方だ。

Aさんの場合は、アメリカの裁判所に訴えることになるので、アメリカの弁護士に依頼することになる。

弁護士に依頼する場合、打ち合わせが必要だが、Aさんのような場合は打ち合わせのためのアメリカ入国は難しい。そのため、アメリカの弁護士に来日してもらうか、日本でサービスを提供しているアメリカの弁護士に依頼する必要がある。

いずれにしても、多大な裁判費用がかかることになる。

■芸能人も別室へ

アメリカの入国審査は厳しいことで定評がある。芸能人も例外ではない。顔を見ただけでは、アメリカ人の入国審査官には、芸能人も一般人も区別がつかない。時には疑われて別室に連れていかれる芸能人もいるようだ。

Bさんはアメリカの入国審査で疑われて別室に連れていかれたが、ちょうど係官がランチタイムとなったため、他の日本人とともに取り調べ室に残された。

残された日本人の顔をよ~く見てみると、なんと紅白歌合戦にも出演している超有名な歌手。部屋の向こうではお付きの人たちがハラハラしながら様子を見守っている。

Bさんは超有名歌手に話しかけようとしたが、ふてくされていてジロリと睨まれたため、話しかけるのを諦めた。

取り調べの結果、Bさんも歌手もめでたく入国させてもらえることになったが、気をもませる出来事だった。

DATA

各種手続きに関する資料

びその配偶者と子
（G１、G３、G４の配偶者と子は許可されれば就労可）

Hビザ……現地採用職能者ビザ（年間発給枠あり）

- H－1B　◎　専門職能者
- H－1C　◎　人手不足で働く看護師
- H－2A　◎　短期の季節的農業労働者
- H－2B　◎　H－２A以外の短期労働者
- H－３　◎　職業訓練や特殊教育分野での研修者
- H－４　×　H－１～H－３の配偶者と子

Iビザ……特派員ビザ

- I　○　特派員およびその配偶者と子

Jビザ……文化交流訪問者ビザ

- J－１　◎　米政府が認めた研修プログラムの参加者
- J－２　△　J－１の配偶者と子

Kビザ……婚姻ビザ

- K－１　△　アメリカ市民の婚約者
- K－２　△　K－１の子
- K－３　△　アメリカ市民の配偶者
- K－４　△　K－３の子

Lビザ……同系企業内転勤者ビザ

- L－1A　◎　同系企業内転勤者（管理職）
- L－1B　◎　同系企業内転勤者（専門技術職）
- L－２　△　L－１の配偶者と子（配偶者は許可されれば就労可）

Mビザ……学生ビザ

- M－１　△　専門学校の学生
- M－２　×　M－１の配偶者と子

Nビザ……特別移民の配偶者と子へ発給されるビザ

- N－８　△　国連職員として特別移民の資格を得た未成年の両親（子が21歳になったり結婚するとビザ資格を失う）
- N－９　△　N－８の親の他の子および特別移民の資格を得た外国人の21歳未満の子

Oビザ……優れた能力を持つ人に発給されるビザ

- O－１　◎　科学、芸術、教育、ビジネス、スポーツの分野で卓越した能力のある人
- O－２　◎　O－１（芸術、スポーツ）を補佐する人
- O－３　×　O－１、O－２の配偶者と子

Pビザ……スポーツ・芸能ビザ

- P－１　◎　スポーツ選手や芸能人
- P－２　◎　芸術家や芸能人
- P－３　◎　文化的演技をする芸術家や芸能人
- P－４　×　P－１～P－３の配偶者と子

※P－１～P－３の年間発給数は25,000人。

Qビザ……国際文化交流訪問者ビザ

- Q　◎　国際的文化交流活動に参加する人

Rビザ……宗教活動家ビザ

- R－１　◎　宗教関係者
- R－２　×　R－１の配偶者と子

◎　アメリカで就労して報酬を得ることができる
○　本人のみ就労できる
△　許可されれば就労できる
×　就労できない

アメリカのビザ一覧表

移民ビザ（Immigrant Visa）

アメリカに永住する外国人に与えられるビザで、永住許可証（通称グリーンカード）が与えられ、アメリカに住むかぎり、自由に生活、勉強、就労ができます。

非移民ビザ（Non-Immigrant Visa）

定められた目的に従って一時的にアメリカに居住する外国人に与えられるビザで、ＡビザからＲビザまで分類されます。

◆日本のアメリカ領事館に申請して領事館で発給を受けるビザ
……Ａ、Ｂ、Ｃ、Ｄ、Ｅ、Ｆ、Ｇ、Ｉ、Ｊ、Ｍ、Ｎ、Ｒ

◆アメリカの移民局に申請して日本の領事館で発給を受けるビザ
……Ｋ、Ｌ、Ｏ、Ｐ、Ｑ

◆アメリカの労働局と移民局に申請して日本の領事館で発給を受けるビザ
……Ｈ

Ａビザ……外交官ビザ

Ａ－１　○　高級官吏およびその配偶者と子
Ａ－２　○　Ａ－１以外の政府職員およびその配偶者と子
Ａ－３　○　Ａ－１、Ａ－２に該当する政府職員の使用人およびその配偶者と子
（Ａ－１、Ａ－２の配偶者と子は、許可されれば就労可）

Ｂビザ……観光・商用ビザ

Ｂ－１　×　商用を目的とした渡航に発給
Ｂ－２　×　観光を目的とした渡航に発給

Ｃビザ……通過ビザ

Ｃ－１　×　一時通過する一般人
Ｃ－２　×　一時通過する国連高級職員
Ｃ－３　×　Ｃ－１とＣ－２以外の政府職員、配偶者と子、使用人

Ｄビザ……乗務員ビザ

Ｄ－１　×　来た時と同便で出国する乗務員
Ｄ－２　×　来た時とは違う便で出国する乗務員

Ｅビザ……駐在員ビザ

Ｅ－１　○　貿易駐在員およびその配偶者と子
Ｅ－２　○　投資家、投資駐在員およびその配偶者と子
（Ｅ－１、Ｅ－２とも配偶者は許可されれば就労可）

Ｆビザ……学生ビザ

Ｆ－１　△　語学学校・大学・大学院の学生
Ｆ－２　×　Ｆ－１の配偶者と子

Ｇビザ……国際機関関係者ビザ

Ｇ－１　○　米政府が認めた国から国際機関へ主席代表者として派遣される人およびその配偶者と子
Ｇ－２　○　Ｇ－１以外の代表者とその配偶者と子
Ｇ－３　○　米政府が認めていない国から国際機関へ派遣される代表者およびその配偶者と子
Ｇ－４　○　国際機関の職員、使用人およびその配偶者と子
Ｇ－５　○　Ｇ－１～Ｇ－４の使用人およ

在ポートランド総領事館
2700 Wells Fargo Center,
1300 S.W. 5th Avenue, Portland, Oregon 97201
TEL:1-503-221-1811
Fax:1-503-224-8936

[管轄州]
オレゴン州、アイダホ州のシアトル総領事館
管轄地域以外

在ヒューストン総領事館
2 Houston Center, 909 Fannin, Street,
Suite 3000 Houston, Texas 77010
TEL:1-713-652-2977
Fax:1-713-651-7822

[管轄州]
テキサス州、オクラホマ州

在ハガッニャ総領事館
GITC Building, #604, 590 South Marine
Corps Drive Tamuning, Guam, 96913
TEL:1-671-646-1290, 646-5220
Fax:1-671-649-2620

[管轄州]
グアム、北マリアナ諸島

在ボストン総領事館
Federal Reserve Plaza, 14th Floor
600 Atlantic Avenue Boston,
Massachusetts 02210
TEL:1-617-973-9772～4
Fax:1-617-542-1329

[管轄州]
メイン州、マサチューセッツ州、バーモント州、
ニューハンプシャー州、ロードアイランド州、
コネチカット州のニューヨーク総領事館
管轄地域以外

在ニューヨーク総領事館
299 Park Avenue, 18th Floor,
New York, NY 10171
TEL:1-212-371-8222
Fax:1-212-319-6357

[管轄州]
ニューヨーク州、ニュージャージー州、ペンシルベニア州、デラウエア州、メリーランド州、ウエストバージニア州、コネティカット州のフェアフィールド郡のみ、プエルトリコ、バージン諸島

在サイパン出張駐在官事務所
2nd floor, Bank of Hawaii Bldg,
Marina Heights Business Park, Puerto Rico,
Saipan, MP96950-0407
[P.O.Box 500407 Main Post Office, Saipan,
MP 96950-0407, U.S.A.]
TEL:1-670-323-7201, 323-7202
Fax:1-670-323-8764

[管轄州]
サイパン

在ロサンゼルス総領事館
350 South Grand Avenue, #1700
Los Angeles, California 90071
TEL:1-213-617-6700
Fax:1-213-617-6727

[管轄州]
アリゾナ州、カリフォルニア州 ロサンゼルスオレンジ、サンディエゴ、イムペリアル、リヴァーサイド、サンバーナディノ、ヴェン チュラ、サンタバーバラ、サンルイオビスポの各郡

在ホノルル総領事館
1742 Nuuanu Avenue
Honolulu, Hawaii 96817-3201
TEL:1-808-543-3111
Fax:1-808-543-3170

[管轄州]
ハワイ州、米国の領土中、
他の総領事館の管轄地域以外

在マイアミ総領事館
80 S.W. 8th Street, Suite 3200
Miami, Florida 33130
TEL:1-305-530-9090
Fax:1-305-530-0950

[管轄州]
フロリダ州

アメリカにおける日本政府公館

日本国大使館
2520 Massachusetts Avenue N.W.
Washington D.C., 20008-2869
TEL:1-202-238-6700
Fax:1-202-328-2187

[管轄州]
ワシントン DC

在サンフランシスコ総領事館
50 Fremont Street, #2300
San Francisco, California 94105
TEL:1-415-777-3533
Fax:1-415-974-3660

[管轄州]
ネバダ州、カリフォルニア州の
ロサンゼルス総領事館の管轄地域以外

在シアトル総領事館
601 Union Street, #500
Seattle, Washington 98101
TEL:1-206-682-9107～10
Fax:1-206-624-9097

[管轄州]
ワシントン州、アラスカ州、
モンタナ州、
アイダホ州のアイダホ郡以北

在シカゴ総領事館
Olympia Centre, #1100
737 North Michigan Avenue
Chicago, Illinois 60611
TEL:1-312-280-0400
Fax:1-312-280-9568

[管轄州]
イリノイ州、インディアナ州、ミネソタ州、
ウィスコンシン州、アイオワ州、カンザス州、
ミズーリ州、ネブラスカ州、ノースダコタ州、
サウスダコタ州

在アトランタ総領事館
One Alliance Center, 3500 Lenox Road, #1600
Atlanta, GA 30326
TEL:1-404-240-4300
Fax:1-404-240-4311

[管轄州]
アラバマ州、ジョージア州、
ノースカロライナ州、サウスカロライナ州、
バージニア州

在アンカレッジ出張駐在官事務所
3601 C Street, #1300
Anchorage, Alaska 99503
TEL:1-907-562-8424
Fax:1-907-562-8434

[管轄州]
アラスカ州内

在デトロイト総領事館
400 Renaissance Center, #1600
Detroit, Michigan 48243
TEL:1-313-567-0120, 0179
Fax:1-313-567-0274

[管轄州]
ミシガン州、オハイオ州

在デンヴァー総領事館
1225 17th Street, #3000
Denver, Colorado 80202
TEL:1-303-534-1151
Fax:1-303-534-3393

[管轄州]
コロラド州、ユタ州、ワイオミング州、
ニューメキシコ州

在ナッシュビル総領事館
1801 West End Avenue, #900
Nashville, TN 37203
TEL:1-615-340-4300
Fax:1-615-340-4311

[管轄州]
アーカンソー州、ケンタッキー州、
ルイジアナ州、ミシシッピ州、テネシー州

17.Marital Status 婚姻事項

- ○ Married 既婚
- ○ Single (Never Married) 未婚(婚姻歴無)
- ○ Widowed 死別
- ○ Divorced 離婚
- ○ Separated 別居

18. Spouse's Full Name *(Even if divorced, separated; include maiden name)*
配偶者の氏名(離婚・別居の場合も記入。旧姓を含む)

19. Spouse's DOB (*dd-mmm-yyyy*)
配偶者の生年月日(西暦年)
Day 日 Month 月 Year 年
Select

20. Name and Street Address of Present Employer or School 現在の勤務先または学校名と住所
Name: 名前 Address: 住所

21. Present Occupation
(*If retired, write "retired". If student, write "student".*)
現在の職業(定年退職した場合は"retired"
学生は"student"と書く)

22. When Do You Intend To Arrive In The U.S.?
米国への到着予定日
(*Provide specific date if known*)
(できるだけ具体的な日付を記入)
Day 日 Month 月 Year 年
Select

23. E-Mail Address Eメールアドレス

24. At What Address Will You Stay in The U.S.? 米国に滞在中の住所
STREET ADDRESS Line 1
STREET ADDRESS Line 2
CITY 市
STATE 州
POSTAL CODE 郵便番号

BARCODE

25. Name and Telephone Numbers of Person in U.S. Who You Will Be Staying With or Visiting for Tourism or Business 観光や商用で個人を訪問する場合の相手の氏名と電話番号
Name 名前
Home Phone 自宅の電話番号
Business Phone 勤務先の電話番号
Cell Phone 携帯電話の番号

DO NOT WRITE
IN THIS SPACE
ここには何も
記入しないで下さい

50 mm × 50 mm
PHOTO
staple or glue
photo here
ここにホチキスかのりで
写真を貼付して下さい

26. How Long Do You Intend
To Stay in the U.S.? 米国での予定滞在期間

27. What is The Purpose of Your Trip? 渡航の目的

28. Who Will Pay For Your Trip?
誰ば旅行費用を支払いますか

29. Have You Ever Been in The U.S.? これまでに米国に行ったことがありますか。 ○ Yes はい ○ No いいえ
When? いつ
Day 日 Month 月 Year 年
Select
For how long? 期間

DS-156
02-2003
PREVIOUS EDITIONS OBSOLETE
Page 2 of 2

30. Have You Ever Been Issued a U.S. Visa?
これまでに米国査証を発給されたことがありますか。
○ Yes はい ○ No いいえ
WHEN? いつ
Day 日 Month 月 Year 年
Select
WHERE? どこで

31. Have You Ever Been Refused a U.S. Visa?
これまでに米国査証を拒否されたことがありますか。
○ Yes はい ○ No いいえ
WHEN? いつ
Day 日 Month 月 Year 年
Select
WHERE? どこで

オンライン用ビザ申請用紙（DS - 156）

※オンライン登録が必要（詳細は 222 頁参照）。

U.S. Department of State
NONIMMIGRANT VISA APPLICATION

Approved OMB 1405-0018
Expires 08/31/2004
Estimated Burden 1 hour
See Page 2

Please type or print your answers in the spaces provided.
タイプまたは活字で各項目に英語記入して下さい

1. Passport Number 旅券番号

2. Place of Issuance: 発行地
City 市
Country 国 Select
State/Province 州

3. Issuing Country 発行国 Select

4. Issuance Date (*dd-mmm-yyyy*) 発行年月日
Day 日 Month 月 Select Year 西暦年

5. Expiration Date (*dd-mmm-yyyy*) 有効期間満了日
Day 日 Month 月 Select Year 西暦年

6. Surnames (*As in Passport*)
パスポートに記載されている姓

7. First and Middle Names (*As in Passport*)
名とミドルネーム（パスポートに記載されている名とミドルネーム）

8.Other Surnames Used (*Maiden, Religious, Professional, Aliases*) その他の姓（旧姓、宗教上、職業上の名前、別称）

9.Other First and Middle Names Used その他の名とミドルネーム

10. Date of Birth (*dd-mmm-yyyy*) 生年月日
Day 日 Month 月 Select Year 西暦年

11. Place of Birth: 出生地
City 市
Country 国 Select
State/Province 州・都道府県

12. Nationality 国籍 Select

13. Sex 性別
Male 男
Female 女

14. National Identification Number (*If applicable*) 身分登録番号（該当者のみ）

15. Home Address (*Include apartment number, street, city, state or province, postal zone, and country*) 市町村、番地、部屋番号等全て記入）
Street Address Line 1
Street Address Line 2
City 市町村
State 都道府県
Postal Code 郵便番号
Country 国名 Select

16. Home Telephone Number 自宅の電話番号
Business Phone Number 勤務先電話番号
Mobile/Cell Number 携帯電話の番号
Fax Number 自宅のファックス番号
Business Fax Number 勤務先のファックス番号
Pager Number ポケットベルの番号

DO NOT WRITE IN THIS SPACE
ここには何も記入しないで下さい

※記入の仕方については、GJN 発行のマニュアルをお読みください（260 ～ 261 頁参照）。

- Do you seek to enter the United States to engage in export control violations, subversive or terrorist activities, or any other unlawful purpose? Are you a member or representative of a terrorist organization as currently designated by the U.S. Secretary of State? Have you ever participated in persecutions directed by the Nazi government of Germany; or have you ever participated in genocide?
  輸出規制違反、破壊活動、テロ活動、その他の不法行為をすることを目的に入国するつもりですか。米国国務長官により現在指定されているテロ組織の代表者、または構成員ですか。ナチスドイツ政府の指示によって迫害に関わったことがありますか。また大量虐殺に関わったことがありますか。
  ○ Yesはい ○ Noいいえ

- Have you ever violated the terms of a U.S. visa, or been unlawfully present in, or deported from, the United States?
  米国査証の規定に反する行為、不法滞在、または米国から強制退去処分を受けたことがありますか。
  ○ Yesはい ○ Noいいえ

- Have you ever withheld custody of a U.S. citizen child outside the United States from a person granted legal custody by a U.S. court, voted in the United States in violation of any law or regulation, or renounced U.S. citizenship for the purpose of avoiding taxation?
  米国籍の子供を米国裁判所の定めた親権者に渡さずに、米国外に引き止めた事がありますか。また米国で法律や条例に反し投票したり、課税を免れる目的で米国市民権を放棄したことがありますか。
  ○ Yesはい ○ Noいいえ

- Have you ever been afflicted with a communicable disease of public health significance or a dangerous physical or mental disorder, or ever been a drug abuser or addict?
  あなたは公衆衛生上危険な伝染病にかかったことがありますか。危険な身体的または精神的障害を患ったことがありますか。麻薬常習者や麻薬中毒者だったことがありますか。
  ○ Yesはい ○ Noいいえ

While a YES answer does not automatically signify ineligibility for a visa, if you answered YES you may be required to personally appear before a consular officer.
「はい」と回答したからといって、自動的に査証取得資格がないと判断されるわけではありませんが、領事との面接が必要になる場合があります。

39. Was this Application Prepared by Another Person on Your Behalf?
この申請書はあなた以外の方によって作成されましたか。

○ Yesはい ○ Noいいえ

(If answer is YES, then have that person complete item 40.)
〈「はい」の場合は実際に作成した人が40の問いを記入して下さい〉

40. Application Prepared By 申請書作成者:

NAME 名前:

Relationship to Applicant 申請者との続柄:

ADDRESS 住所:

Signature of Person Preparing Form 申請書作成者の署名: ______________________________
Date 日付〈日-月-西暦年〉______________________

41. I certify that I have read and understood all the questions set forth in this application and the answers I have furnished on this form are true and correct to the best of my knowledge and belief. I understand that any false or misleading statement may result in the permanent refusal of a visa or denial of entry into the United States. I understand that possession of a visa does not automatically entitle the bearer to enter the United States of America upon arrival at a port of entry if he or she is found inadmissible.
私は、この申請書の質問事項をすべて読み、理解したこと、また各質問に対し私が記述した回答は、私の知る限り、また信じる限りにおいて真実、かつ正確であることを証明します。また偽りの供述や、誤解を招くおそれのある供述をすれば査証の発給や米国への入国を永久に拒否されることがあることを承知しています。また私は、米国に到着した時点で入国資格がないことが判明すれば、たとえ査証を持っていても米国に入国できないことを承知しています。

APPLICANT'S SIGNATURE 申請者署名 ______________________________
DATE 日付〈日-月-西暦年〉______________________________

Privacy and Paperwork Reduction Act Statements

INA Section 222(f) provides that visa issuance and refusal records shall be considered confidential and shall be used only for the formulation, amendment, administration, or enforcement of the immigration, nationality, and other laws of the United States. Certified copies of visa records may be made available to a court which certifies that the information contained in such records is needed in a case pending before the court.

Public reporting burden for this collection of information is estimated to average 1 hour per response, including time required for searching existing data sources, gathering the necessary data, providing the information required, and reviewing the final collection. You do not have to provide the information unless this collection displays a currently valid OMB number. Send comments on the accuracy of this estimate of the burden and recommendations for reducing it to: U.S. Department of State, A/RPS/DIR, Washington, DC 20520.

DS-156 **Page 2 of 2**

WHAT TYPE OF VISA? 査証の種類

Select

WHAT TYPE OF VISA? 査証の種類

Select

32. Do You Intend To Work in The U.S.?
あなたは米国で働く予定ですか。 ○ Yesはい ○ Noいいえ
(If YES, give name and complete address of U.S. employer.
(「はい」の場合、米国の会社名と住所を記入してください)

33. Do You Intend To Study in The U.S.?
あなたは米国で勉強する予定ですか。 ○ Yesはい ○ Noいいえ
(If YES, give name and complete address of the school.)
(「はい」の場合、米国の学校名と住所を記入してください)

34. Names and Relationships of Persons Traveling With You
あなたと一緒に渡航する人の氏名と続柄

35. Has Your Visa Ever Been Cancelled or Revoked?
これまでに米国査証を取り消されたことがありますか。
○ Yesはい ○ Noいいえ

36. Has Anyone Ever Filed an Immigrant Visa Petition on Your Behalf?
誰かがあなたのために移民査証の請願書を提出したことがありますか
○ Yesはい ○ Noいいえ
If Yes, Who? 「はい」の場合、誰が提出しましたか

37. Are Any of The Following Persons in The U.S., or Do They Have U.S. Legal Permanent Residence or U.S. Citizenship?
Mark YES or NO and indicate that person's status in the U.S. (i.e.,U.S. legal permanent resident, U.S. citizen, visiting, studying, working, etc.).
下記の中で米国に滞在している人、米国の永住権または市民権を持っている人はいますか全ての項目にチェックし、該当者が米国内にいる場合はその滞在資格を明記して下さい。(米国永住者、米国市民、旅行者、学生、就労者など)

○ Yesはい ○ No いいえ	Husband/Wife 夫 / 妻 Select	
○ Yesはい ○ No いいえ	Fiance/Fiancee 婚約者 Select	
○ Yesはい ○ No いいえ	Father/Mother 父 / 母 Select	
○ Yesはい ○ No いいえ	Son/Daughter 息子 / 娘 Select	
○ Yesはい ○ No いいえ	Brother/Sister 兄弟 / 姉妹 Select	

38. **IMPORTANT: ALL APPLICANTS MUST READ AND CHECK THE APPROPRIATE BOX FOR EACH ITEM.**
重要:全ての申請者は次の事項を必ず読み、それぞれの項目について、「はい」(該当する)または、「いいえ」(該当しない)にチェックして下さい。
A visa may not be issued to persons who are within specific categories defined by law as inadmissible to the United States (except when a waiver is obtained in advance). Is any of the following applicable to you? 法律により、合衆国入国不適格に該当する人には査証が発行されません(事前に免除が認められた場合を除く)。次の項目の中で該当するものはありますか。

- Have you ever been arrested or convicted for any offense or crime, even though subject of a pardon, amnesty or other similar legal action? Have you ever unlawfully distributed or sold a controlled substance(drug), or been a prostitute or procurer for prostitutes?
これまでに何らかの違法行為によって逮捕されたり有罪判決を受けたことがありますか(恩赦、大赦などの法的処置がとられた場合も含む)。違法に規制薬物(麻薬など)を人に渡したり、売ったりしたことがありますか。売春をしたり、売春の斡旋をしたことがありますか。 ○ Yesはい ○ Noいいえ

- Have you ever been refused admission to the U.S., or been the subject of a deportation hearing, or sought to obtain or assist others to obtain a visa, entry into the U.S., or any other U.S. immigration benefit by fraud or willful misrepresentation or other unlawful means? Have you attended a U.S. public elementary school on student (F) status or a public secondary school after November 30, 1996 without reimbursing the school?
米国への入国を拒否されたこと、または国外退去審問の対象になったことがありますか。不正にまたは故意に事実を偽って米国査証の取得または第三者への取得の手助け、米国への入国の手助け、またその他の米国移民法の恩恵を得ようとしたことがありますか。1996年11月30日以降学生(F-1)の資格で米国の公立学校(Grade K-8)に在学したこと、または米国の公立学校(Grade 9-12)に学費を納めず在学したことがありますか。 ○ Yesはい ○ Noいいえ

WORK EXPERIENCE - PRESENT 現在の職業

Job Title:肩書

Date *(mm-dd-yyyy)* From 雇用期間（月一日一西暦年）から Date *(mm-dd-yyyy)* To （月一日一西暦年）まで

Employer's Name and Address:雇用主の名前および住所

Telephone Number 電話番号

Describe Your Duties:職務内容

WORK EXPERIENCE - PREVIOUS これまでの職業

Job Title:肩書

Date *(mm-dd-yyyy)* From 雇用期間（月一日一西暦年）から Date *(mm-dd-yyyy)* To （月一日一西暦年）まで

Employer's Name and Address:雇用主の名前および住所

Telephone Number 電話番号

Describe Your Duties:職務内容

WORK EXPERIENCE - PREVIOUS これまでの職業

Job Title:肩書

Date *(mm-dd-yyyy)* From 雇用期間（月一日一西暦年）から Date *(mm-dd-yyyy)* To （月一日一西暦年）まで

Employer's Name and Address:雇用主の名前および住所

Telephone Number 電話番号

Describe Your Duties:職務内容

WORK EXPERIENCE - PREVIOUS これまでの職業

Job Title:肩書

Date *(mm-dd-yyyy)* From 雇用期間（月一日一西暦年）から Date *(mm-dd-yyyy)* To （月一日一西暦年）まで

Employer's Name and Address:雇用主の名前および住所

Telephone Number 電話番号

Describe Your Duties:職務内容

I certify that I have read and understood all the questions set forth in this form and the answers I have furnished on this form are true and correct to the best of my knowledge and belief. I understand that any false or misleading statement may result in the permanent refusal of a visa or denial of entry into the United States.
私はこの書式の質問事項をすべて読み、理解したこと、また各質問に対し、記述した回答は、私の知る限り、また信じる限りにおいて真実、かつ正確であることを証明します。また偽りの供述や、誤解を招く恐れのある供述をすれば査証の発給や米国への入国を永久に拒否されることを承知しています。

APPLICANT'S SIGNATURE 申請者署名＿＿＿＿＿＿＿＿ DATE *(mm-dd-yyyy)* 日付（月一日一西暦年）＿＿＿＿＿＿

ビザ申請用紙（DS - 158）

※F、M、Jビザ申請者が記入。

U.S. Department of State
CONTACT INFORMATION AND WORK HISTORY
FOR NONIMMIGRANT VISA APPLICANT
非移民査証申請者の連絡先および職歴書

OMB APPROVAL NO. 1405-0144
EXPIRES: 01/31/03
ESTIMATED BURDEN: 1 Hour

PLEASE TYPE OR PRINT YOUR ANSWERS IN THE SPACE PROVIDED BELOW EACH ITEM
PLEASE ATTACH AN ADDITIONAL SHEET IF YOU NEED MORE SPACE TO CONTINUE YOUR ANSWERS
タイプまたは活字体で各項目所定の箇所に英語で記入してください
それぞれの箇所で書ききれない場合は別紙に記入し添付してください

1. Last Name*(s)* 姓　First Name*(s)* 名　Middle Name ミドルネーム

2. Date of Birth *(mm-dd-yyyy)*
生年月日（月ー日ー西暦年）

3. Place of Birth 出生地
Country 国　City / Town 市／町／村　State / Province 都道府県

4. Permanent Home Address and Telephone Number *(include apartment number, street, city, state or province, postal zone, and country)*
実家などの連絡のつく住所および電話番号（国名、郵便番号、都道府県、市町村、部屋番号等全て記入）

5. Full Name and Address of Spouse *(if applicable) (postal box number unacceptable)* 配偶者の氏名及び住所（該当者のみ）（私書箱は不可）
Name *(Last, First, Middle)* 名前（姓・名・ミドルネーム）　Address 住所　Telephone Number 電話番号

6. Full Names and Addresses of Children, Parents, and Siblings *(postal box number unacceptable)* 子ども、両親または兄弟／姉妹の氏名及び住所（私書箱は不可）
Name *(Last, First, Middle)* 名前（姓・名・ミドルネーム）　Address 住所　Relationship 続柄　Telephone Number 電話番号

7. List at Least Two Contacts in Applicant's Country of Residence Who Can Verify Information About Applicant *(do not list immediate family members or other relatives) (postal box number unacceptable)*
申請者が現在居住する国内で、申請者について確認できる連絡先を2ヶ所以上明記してください。（家族や親族を除く）（私書箱は不可）
Name *(Last, First, Middle)* 名前（姓・名・ミドルネーム）　Address 住所　Telephone Number 電話番号

Paperwork Reduction Act Statement

*Public reporting burden for this collection of information is estimated to average 1 hour per response, including time required for searching existing data sources, gathering the necessary data, providing the information required, and reviewing the final collection. In accordance with 5 CFR 1320 5(b), persons are not required to respond to the collection of this information unless this form displays a currently valid OMB control number. Send comments on the accuracy of this estimate of the burden and recommendations for reducing it to: U.S. Department of State (A/RPS/DIR)Washington, DC 20520.

DS-158
07-2002　Page 1 of 2

※記入の仕方については、GJN発行のマニュアルをお読みください（260～261頁参照）。

ビザ申請用紙（DS - 157）

※ 16 歳以上の申請者が記入。

U.S.Department of State

SUPPLEMENTAL NONIMMIGRANT VISA APPLICATION 非移民査証補足申請書

Approved OMB 1405-0134
Expires 06/30/2002
Estimated Burden 1 Hour*

PLEASE TYPE OR PRINT YOUR ANSWERS IN ENGLISH IN THE SPACE PROVIDED BELOW EACH ITEM タイプまたは活字体で各項目所定の箇所に英語で記入して下さい
PLEASE ATTACH AN ADDITIONAL SHEET IF YOU NEED MORE SPACE TO CONTINUE YOUR ANSWERS 枠内に書ききれない場合は、別紙にて回答、添付してください

1. Last Name(s) *(List all Spellings)* 姓（スペルを全て記入してください）

2. First Name(s) *(List all Spellings)* 名（スペルを全て記入してください）

3. Full Name *(In Native Alphabet)* 姓名（母国語の文字で記入してください）

4. Clan Tribe Name *(If Applicable)* 氏族名、又は部族名（該当者のみ）

5. Spouse's Full Name *(If Married)* 配偶者の姓名（既婚の場合のみ）

6. Father's Full Name 父親の姓名

7. Mother's Full Name 母親の姓名

8. Full Name and Address of Contact Person or Organization in the United States *(Include Telephone Number)* 米国内での連絡先、氏名、または組織名と住所及び電話番号

9. List All Countries You have Entered in the Last Ten Years *(Give the Year of Each Visit)* 過去10年間に渡航した全ての国（渡航年も記載）

10. List All Countries That Have Ever Issued You a Passport あなたが取得した事のあるパスポートの国籍をすべて記入してください

11. Have You Ever Lost a Passport or Had One Stolen? パスポートを紛失又は盗難された事はありますか？
☐ Yes はい ☐ No いいえ

12. Not Including Current Employer, List Your Last Two Employers 現職に就く直前の雇用主を2箇所記入してください

Name 名称 Address 住所 Telephone No. 電話番号 Job Title 肩書 Supervisor's Name 上司の姓名 Dates of Employment 雇用期間

13. List all Professional, Social and Charitable Organizations to Which You Belong (Belonged) or Contribute (Contributed) or with Which You Work (Have Worked). 現在もしくは過去に、所属、貢献、勤務していた、職業的、社会的、慈善的な団体を全て記入してください

14. Do You Have Any Specialized Skills or Training, Including Firearms, Explosives, Nuclear, Biological, or Chemical Experience? 火器、爆発物、原子力、生物学、化学における経験を含み専門的技能がありますか。又は訓練を受けた事がありますか？
☐ Yes はい ☐ No いいえ If YES, please explain 「はい」の場合、説明してください

15. Have You Ever Performed Military Service? 兵役に従事した事がありますか？ ☐ Yes はい ☐ No いいえ
If Yes, Give Name of Country, Branch of Service, Rank/Position, Military Specialty, and Dates of Service. 「はい」の場合、国名、支部、肩書、軍事的専門分野、所属していた期間を記入してください

16. Have You Ever Been in an Armed Conflict, Either as a Participant or Victim? 武力衝突に関与した事、またはその被害を受けた事がありますか？ ☐ Yes はい ☐ No いいえ
If YES, please explain. 「はい」の場合、説明してください

17. List All Educational Institutions You Attend or Have Attended. Include Vocational Institutions But Not Elementary Schools. 専門学校を含み、現在もしくは過去に在籍した事のある教育機関を全て記入してください（小学校を除く）

Name of Institution 学校名 Address/Telephone No. 住所／電話番号 Course of Study 専攻 Dates of Attendance 在籍年月日

18. Have You Made Specific Travel Arrangements? 既に具体的な旅行の手配をしていますか？ ☐ Yes はい ☐ No いいえ
If YES, please provide a complete itinerary for your travel, including arrival/departure dates, flight information, specific location you will visit, and a point of contact at each location. 「はい」の場合、出発／到着日程、便名、訪問地、及び各訪問地での連絡先を含む、旅行の完全な予定を記入してください

Paperwork Reduction Act Statement

*Public reporting burden for this collection of information is estimated to average 1 hour per response, including time required for searching existing data sources, gathering the necessary data, providing the information required, and reviewing the final collection. You do not have to provide the information unless this collection displays a currently valid OMB number. Send comments on the accuracy of this estimate of the burden and recommendations for reducing it to : U.S.Department of State,A/RPS/DIR, Washington,DC 20520.

DS-157
01-2002

※記入の仕方については、GJN 発行のマニュアルをお読みください（260 ～ 261 頁参照）。

入学許可証（I－20）

U.S. Department of Justice
Immigration and Naturalization Service

Certificate of Eligibility for Nonimmigrant (F-1) Student Status - For Academic and Language Students (OMB NO. 1115-0051)

Page 1

Please read Instructions on Page 2
This page must be completed and signed in the U.S. by a designated school official.

SEVIS

1. Family Name (surname):
First (given) Name: Middle Name:
Country of birth: Date of birth(mo/day/year):
Country of citizenship: Admission number:

2. School (School district) name:
School Official to be notified of student's arrival in U.S.(Name and Title):
School address (include zip code):
School code (including 3-digit suffix, if any) and approval date:
__________ approved on __________

For Immigration Official User

Visa issuing post **Date Visa Issued**

Reinstated, extension granted to:

Student's Copy
N0000123456

3. This certificate is issued to the student named above for:

4. Level of education the student is pursuing or will pursue in the United States:

5. The student named above has been accepted for a full course of study at this school, majoring in __________.
The student is expected to report to the school no later than __________ and complete studies not later than __________. The normal length of study is __________ months.

6. English proficiency:
This school requires English proficiency.
The student has the required English proficiency.

7. This school estimates the student's average costs for an academic term of ______ (up to 12) months to be:
a. Tuition and fees $ ______
b. Living expenses $ ______
c. Expenses of dependents (0) $ ______
d. Other (specify): $ ______
Total $ ______

8. This school has information showing the following as the student's means of support, estimated for an academic term of ______ months (Use the same number of months given in item 7).
a. Student's personal funds $ ______
b. Funds from this school $ ______
Specify type: ______
c. Funds from another source $ ______
Specify type: ______
d. On-campus employment $ ______
Total $ ______

9. Remarks: ______

10. School Certification: I certify under penalty of perjury that all information provided above in items 1 through 9 was completed before I signed this form and is true and correct; I executed this form in the United States after review and evaluation in the United States by me or other officials of the school of the student's application, transcripts, or other records of courses taken and proof of financial responsibility, which were received at the school prior to the execution of this form; the school has determined that the above named student's qualifications meet all standards for admission to the school; the student will be required to pursue a full course of study as defined by 8 CFR 214.2(f)(6); I am a designated official of the above named school and am authorized to issue this form.

Name of School Official　Signature of Designated School Official　Title　Date Issued　Place Issued (city and state)

11. Student Certification: I have read and agreed to comply with the terms and conditions of my admission and those of any extension of stay as specified on page 2. I certify that all information provided on this form refers specifically to me and is true and correct to the best of my knowledge. I certify that I seek to enter or remain in the United States temporarily, and solely for the purpose of pursuing a full course of study at the school named on page 1 of this form. I also authorize the named school to release any information from my records which is needed by the INS pursuant to 8 CFR 214.3(g) to determine my nonimmigrant status.

Name of Student　Signature of Student　Date

Name of parent or guardian If student under 18　Signature of parent or guardian　Address (city)　(State or Province)　(Country)　(Date)

Form I-20 A-B (Rev. 04-27-88)N

For Official Use Only
Microfilm Index Number

会員への特典

日本からでも海外からでも入会できます。また、入会時は日本に在住していて、その後海外に移住した場合、会報は海外にも送付します（追加料金なし）。

①会報『グローバルＪ通信』（隔月刊）の無料配布
②アメリカのビザ一般に関する電話相談と他機関への照会
③「ギブ＆テイク友の会」や「メーリングリスト」を通しての会員交流
④抽選永住権の募集期間と代行手続き案内をダイレクトメールで通知
⑤申し込んだ本や資料の送料が無料

会員になるには

5,000円（入会金2,000円、年会費3,000円）を以下のいずれかの方法で支払って、入会希望者のデータ（住所、氏名、電話番号、ファクス番号、携帯・PHS番号、Ｅメールアドレス、性別、生年月日、職業、既婚か未婚か）をお知らせください。氏名にはふりがなをふってください。夫婦の場合はどちらか１人が会員になってください。入会を確認しだい、案内書、会報などをお送りします。

◆郵便局を利用する場合…郵便局にある郵便振替払込用紙を利用してお支払いください。

郵便振替：00100-7-573403
加入者名：グローバルＪネットワーク

払込用紙の通信欄に入会希望者のデータを記入してください。入会手続きはこれで完了です。

◆銀行を利用する場合…三井住友銀行川崎支店にお振り込みください。

口座番号：普通 7890611
口 座 名：グローバルＪネットワーク

振り込みを終えたら、Ｅメール、ファクス、郵送のいずれかで入会希望者のデータをお知らせください。

◆海外で入会する場合

日本の家族に頼んで、日本の郵便局か銀行口座を利用して5,000円をお支払いください。振り込みを終えたら、Ｅメール、ファクス、郵送のいずれかで入会希望者のデータをお知らせください。

またはUS50ドルのパーソナルチェックか、アメリカの郵便局で作成したUS50ドルのInternational Postal Money Orderのチェック（宛先は代表者Michiko Yamamoto）を同封して、入会希望者のデータをお知らせください。

〈連絡先〉 グローバルＪネットワーク
〒212-0005 神奈川県川崎市幸区戸手4-9-3-1307
TEL/FAX：044-511-8117（平日 12:00～18:00）
E-mail：gjn@fiberbit.net
http://www.fiberbit.net/user/gjn/

グローバルＪネットワークの紹介

グローバルＪネットワークとは

「グローバルＪネットワーク（GJN)」は、日本から海外に渡航した人々と日本にいる渡航希望者のネットワークづくりを目的として、1994年に結成された情報サービス機関です。

「グローバルＪネットワーク」のＪはJapanに住む人々、住んでいた人々を意味します。日本人だけでなく、日本で生まれたり、生活した経験のある人々も含んでいます。

海外から帰ってきた人、これから海外に出かけていく人、現在海外に住んでいる人……の輪をつくって、地球上で生きるグローバルな人間のつながりを広げていく中で、生まれ育った国から海外に出ていくことの意義や自分らしい生き方などについて、一緒に考えていきたいと思っています。

グローバルＪネットワークの活動

◆本の編集と小冊子の発行

アメリカ渡航やビザの申請に関する本の編集や小冊子を発行しています。

◆機関誌『グローバルＪ通信』（隔月刊）の発行

隔月刊で会報『グローバルＪ通信』を発行しています。主にアメリカのビザや永住権についての最新情報を提供し、ビザの発給状況や入国審査状況などのレポートとともに、お役立ちも掲載しています。

◆電話相談と翻訳

アメリカのビザ、永住権、イミグレーションでの出入国問題に関する相談などを電話で受け付けています。関連書類の翻訳、公証サイン付きの翻訳もおこなっています。

◆ノービザ渡航、ビザ申請をサポート

ノービザ渡航やビザ申請の際に必要なオンライン登録、面接予約、ビザ申請書の作成をおこなっています。

◆「メーリングリスト」を通しての会員交流

「グローバルＪネットワーク・メーリングリスト」を通して、会員内外の交流を図っています。

◆抽選永住権の応募希望者をサポート

抽選永住権に関する的確な情報を迅速にお伝えし、代行手続きもおこなっています。会員には募集のお知らせをダイレクトメールでおこないますので、応募の機会を逃すことがありません。

◆抽選永住権の当選者をサポート

希望者には抽選永住権の申請代行手続きをおこないます。代行を依頼された当選者には翻訳費用を別途お支払いいただくだけで、永住権取得までフォローいたします。

就労・渡航ビザ申請マニュアル

弁護士を通しての申請が必要な就労ビザ（H－1B、L、E）について解説。弁護士に依頼する段階にいくまでの案内書として役立つマニュアル。

自分で申請できる渡航ビザ（商用、観光、研修、ジャーナリストビザ）についても解説。申請に必要な書類の見本も掲載されているため、このマニュアルがあれば、自分でビザ申請が可能。

〈目次〉

Ⅰ　アメリカで働くには
Ⅱ　弁護士なしで日本で申請できるビザ
Ⅲ　雇用主を探すには
Ⅳ　申請手続き
Ⅴ　申請のための機関

〈資料〉

仕事探しに役立つ日本語メディア
申請用紙の書き方
申請用紙の記入例 DS-157
申請用紙の記入例 DS-156
申請用紙の記入例 DS-158
ビザ一覧表
渡航の理由を綴った手紙（観光ビザ）
ビザの申請理由をサポートする手紙
渡航の理由を綴った手紙（商用ビザ）
渡航の理由を綴った手紙（Ｉビザ）
渡航同意書
推薦状
在職証明書
会社概要
源泉徴収票
給与明細書
日程表
履歴書

マニュアルの購入方法

各マニュアルとも送料込みで960円です。海外へ郵送希望の場合は1200円（または12ドル）です。希望のマニュアル名を書いて、以下のいずれかの方法でお支払いください。

◆日本でのお支払い方法

・切手を郵送
100円以下の少額切手を組み合わせて、下記の住所まで郵送してください。
〒212-0005
神奈川県川崎市幸区戸手4-9-3-1307
グローバルＪネットワーク

・郵便振替を通しての振り込み
郵便振替：口座番号　00100-7-573403
名　　義：グローバルＪネットワーク

◆海外からのお支払い方法

・上記の方法
・ドルのパーソナルチェックか、海外の郵便局で購入したドルのInternational Postal Money Orderを郵送してください。宛先には代表者名の「Michiko Yamamoto」と記入してください。

GJN発行のマニュアル

婚約・結婚を通しての永住権申請マニュアル

婚約者ビザや永住権の申請方法、永住権申請に必要な外国人との結婚手続きについても解説。このマニュアルがあれば、自分でビザや永住権の申請が可能。

〈目次〉

Ⅰ　どの方法で申請するかを決めるために
Ⅱ　永住権取得やKビザを請願するには
Ⅲ　結婚の手続き
Ⅳ　提出する書類と面接審査
Ⅴ　アメリカ大使館・領事館について
Ⅵ　永住権についての注意点
Ⅶ　グローバルJネットワークのサポート

〈資料〉　記入見本付き

申請用紙の書き方
婚姻要件宣誓書(Affidavit of Competency to Marry)
婚姻要件宣誓書の翻訳フォーム
婚姻届受理証明書の翻訳フォーム（大）
婚姻届受理証明書の翻訳フォーム（小）
I-130（永住権請願用紙）
I-129F（Kビザ請願用紙）
G-325A（Biographic Information）
DS-230 part 1（Biographic Data 経歴書）
DS-230 part 2（Sworn Statement 宣誓供述書）
I-864（Affidavit of Support 扶養宣誓供述書）
I-134（Affidavit of Support 扶養宣誓供述書）
Kビザの申請用紙 DS-156 オンライン登録
Kビザの申請用紙 DS-156 K
Kビザの申請用紙 DS-157
アメリカ大使館の周辺地図
移民局

学生ビザ申請マニュアル

学校の探し方から学生ビザの申請まで、このマニュアルがあれば、自分でビザ申請が可能。申請用紙の入手方法と記入の仕方、申請に必要な書類と書き方の見本、エッセイ、推薦状の見本なども掲載。

〈目次〉

Ⅰ　学校に関する情報を集めるには
Ⅱ　学生ビザを申請するには
Ⅲ　アメリカ大使館・領事館について
Ⅳ　学生ビザ取得後の注意点
Ⅴ　学生ビザに関するＱ＆Ａ
Ⅵ　グローバルJネットワークのサポート

〈資料〉

申請用紙の書き方
申請手続きに関するQ&A
学校の案内書と願書を取り寄せる手紙（見本）
願書を提出する教育機関やビザの申請時に提出する推薦状（見本）
留学への同意と費用を保障する保護者の手紙(見本)
英文の封筒の書き方
学生ビザの申請者が書いた手紙（見本1）
学生ビザの申請者が書いた手紙（見本2）
勤務先が発行した休職を認める手紙（見本）
会社から発行してもらう休職・休暇証明書（見本）
会社から発行してもらう在職証明書（見本）
給与明細書（見本）
源泉徴収票の部分翻訳（見本）
申請用紙の記入例 DS-156、DS-157、DS-158
地図：アメリカ大使館　（東京）と領事館（大阪）

著者略歴

山本美知子（やまもと・みちこ）

1950年、大阪で生まれる。1973年、関西大学文学部英文学科を卒業して、ロンドンでメイドやウエイトレスをして働きながら英語を勉強。1977年、帰国して京都の語学学校に勤務。1981年、サンフランシスコで日系会社の事務員、日本人渡米者組織「のびる会」のスタッフとして働く。1983年、帰国して実務翻訳業に従事。1987年、中国を旅行。この旅行を機に旅行体験記を書き、現在はフリーライター。「グローバルＪネットワーク」代表。川崎市在住。

著書に『アメリカ暮らしの生き方美人』（亜紀書房）、『女ひとり中国を行く』（北斗出版）、『出ようかニッポン、女31歳』（講談社文庫）、『女ひとり海を渡る』（素朴社）、共著に『充実新版 アメリカで働くためのＱ＆Ａ 100』『新版 アメリカ暮らし すぐに使える常識集』『アメリカで結婚・出産・子育ての安心ガイド』（亜紀書房）がある。

アメリカで遊学・永住権ガイド
学ぶ・働く・結婚する

2009年10月10日　第1版第1刷発行

著　者　　山本美知子

発行所　　株式会社 亜紀書房
〒101-0051
東京都千代田区神田神保町1-32
電話　03-5280-0261
FAX　03-5280-0263
振替　00100-9-144037
http://www.akishobo.com/

印刷・製本　株式会社トライ
http://www.try-sky.com/

装　幀　　日下充典

装　画　　小峯聡子

本文イラスト　中村純司

ISBN978-4-7505-0917-4